Hans Prutz

Radewins Fortsetzung der Gesta Friderici Imperatoris des Otto von

Freising

Ihre Zusammensetzung und ihr Wert. Eine quellenkritische Untersuchung

Hans Prutz

Radewins Fortsetzung der Gesta Friderici Imperatoris des Otto von Freising
Ihre Zusammensetzung und ihr Wert. Eine quellenkritische Untersuchung

ISBN/EAN: 9783743450554

Hergestellt in Europa, USA, Kanada, Australien, Japan

Cover: Foto ©Thomas Meinert / pixelio.de

Hans Prutz

Radewins Fortsetzung der Gesta Friderici Imperatoris des Otto von

Freising

RADEWIN'S

Fortsetzung der Gesta Friderici imperatoris

des Otto von Freising,

ihre Zusammensetzung und ihr Werth.

Eine quellenkritische Untersuchung

von

Dr. ph. Hans Prutz,

Docent der Geschichte an der Friedrich-Wilhelms-Universität zu Berlin.

Danzig,

Verlag von A. W. Kafemann.

1873.

Inhaltsübersicht.

Unter den Quellen für die Geschichte Kaiser Friedrich I. bis zum Schlusse des Concilos von Pavia im Frühjahr 1160 nehmen des Bischofs Otto von Freising und seines Fortsetzers Radewin Gesta Friderici imperatoris ohne Frage den ersten Platz ein.

Die hervorragende Stellung, welche Otto von Freising in der Geschichte des gesammten geistigen Lebens des zwölften Jahrhunderts eingeräumt werden muss, die nahen verwandtschaftlichen Beziehungen, welche den Bischof mit dem staufischen Hause verbanden, das pietätvolle Verhältnis, in welchem wir namentlich Kaiser Friedrich I. selbst zu ihm finden, des Bischofs mannigfache Theilnahme an den wichtigsten politischen Ereignissen seiner Zeit erheben ihn auch als Geschichtschreiber seiner Zeit weit über alle zeitgenössischen Historiker. Dazu kommt dann noch seine hohe Bildung und seine an den besten Mustern des Alterthums geübte Meisterschaft des sprachlichen Ausdrucks: es ist daher nicht zu viel gesagt, wenn man behauptet, Otto von Freising bezeichne den Höhepunkt in der Entwickelung der deutschen Historiographie des Mittelalters.

Dem entspricht es denn auch, dass Otto von Freising nach den verschiedenen Seiten seines tiefen und reichhaltigen Wesens hin der Gegenstand eingehenden Studiums und liebevoller Vertiefung geworden ist. Erst zuletzt hat denn auch seine Bedeutung als Historiker seiner Zeit ihre Würdigung gefunden und ist der Werth seiner Geschichte Kaiser Friedrich I. kritisch untersucht und festgestellt worden [1]).

So oft sein Name mit dem Ottos von Freising, dessen unvollendet nachgelassenes Werk über die Geschichte Kaiser Friedrich I. er bis auf das Jahr 1160 fortgeführt hat, zusammen genannt wird und so innig seine Arbeit mit der seines nach Abkunft, Rang und

---

[1]) Der Werth der Gesta Friderici imperatoris des Bischofs Otto von Freising für die Geschichte des Reiches unter Friedrich I. Von Hermann Grotefend, Dr. ph. Hannover 1870.

1

Einfluss so viel höher gestellten Meisters stofflich auch zusammen-
hängt, so ist doch die literarische Persönlichkeit des Radewin [1] bisher ebenso wenig zum Gegenstande einer eingehenden Darstellung
gemacht worden, wie die zwei Bücher, durch welche derselbe seines
verewigten Freundes Werk weiter führte, in Rücksicht auf ihre
Glaubwürdigkeit, die ihnen zu Grunde liegende Tendenz und die
Quellen, aus denen sie geschöpft sind, bisher einer kritischen Prüfung unterzogen worden sind.

Es hat eigentlich geradezu den Anschein, als ob man die hohe
Meinung, die man mit Recht von Otto von Freising hegen darf, ohne
weiteres auch auf den Fortsetzer desselben übertragen habe und
ohne die Arbeit des letzteren eingehender zu prüfen sie der des
Bischofs, welcher sie sich nach Anlage und Form auf das genaueste
anschliesst, auch in Rücksicht auf die Worthschätzung völlig gleich-
stellen zu können geglaubt habe. Namentlich hat das auch noch
der letzte, um des Otto von Freising Werke ja so verdiente Herausgeber des Radewin in der Sammlung der Monumenta Germaniae
historica, Herr Dr. Roger Wilmans, gethan, während doch eine so
eingehende Beschäftigung mit dem Texte des Radewin gerade diesen
Gelehrten fast mit Nothwendigkeit hätte auf die Eigenschaften seines
Autors führen müssen, welche zu dem gewöhnlich über denselben
gefällten günstigen Urtheile durchaus nicht stimmen wollen und bei
näherer Prüfung denn auch zu einem Ergebnis führen, welches uns
nöthigt dem Radewin einen sehr viel niedrigeren Platz anzuweisen

---

[1] Wie Wilmans in seiner Ausgabe recht dazu gekommen ist die Form
des Namens Ragewin aufzunehmen, ist mir nicht ersichtlich; die dafür von
ihm vorgebrachten Gründe reichen entschieden nicht aus. Denn wenn auch
einzelne Codices Ragewinus und Rahwinus schreiben und Wilmans selbst
meint, mit den Formen Ragewinus, Rahwinus und Radewinus sei, ohne dass die
Bedeutung des Namens irgendwie geändert wurde, nur je nach dem Dialekte
des Abschreibers gewechselt worden, so spricht für Radewinus als die ursprüng-
liche und daher richtigste Form doch folgendes: in den Klosterneuburger Urkunden (vgl. § 1) heisst der Name stets Ruodwinus, Ruodewinus etc.; die besten
Codices, nach Wilmans Bezeichnung 1., 2., 3. und 6., haben Radewinus; in
der Dedication heisst es gleichfalls Radewinus. Zum Ueberfluss bietet nun auch
noch die Münchener Handschrift, welche ein unserm Autor zuzuschreibendes
Gedicht über die Theophilussage behandelt und neuerdings von Wilhelm
Meyer veröffentlicht ist (in den Sitzungsberichten der philosophisch-philologi-
schen Klasse der Münchener Akademie der Wissenschaften) die Form Radewinus:
ich glaubte daher, dieselbe gleich jetzt wieder in ihr Recht einsetzen zu sollen.

als er ihn bisher eingenommen hat. Wäre Wilmans den deutlich
genug zu Tage tretenden Spuren dieser Art nachgegangen, so hätte
auch seine Ausgabe des Radewin eine wesentlich andere Gestalt angenommen und es wäre denen, welche dieselbe für die Geschichte
Kaiser Friedrich I. benutzten, die unangenehme Täuschung erspart
geblieben bei genauerer Prüfung einen beträchtlichen Theil von
Radewins für gut begründet und glaubwürdig gehaltenen und auch
von Wilmans dafür gelten gelassenen Berichte als eine Entlehnung
der Art sich enthüllen zu sehen, dass der Urheber derselben nicht
gut mit einem anderen Namen als dem eines Plagiators wird bezeichnet werden können.

Das Urtheil über Radewin und den Werth seines Werkes wird
sich danach freilich wesentlich anders gestalten und der Fortsetzer
des Otto von Freising wird den Ehrenplatz, den er bisher an der
Seite seines Lehrers und Meisters eingenommen hat, unwiederbring-
lich verlieren. Auf die Art aber, wie das Werk desselben entstanden ist, und die eigenthümliche Zusammenfügung desselben aus den
heterogensten Bestandtheilen fällt von hier aus ein ganz neues Licht,
welches für die Würdigung und die kritische Behandlung der mittelalterlichen Historiographie überhaupt vielleicht in mehr als einer
Hinsicht einen lehrreichen Fingerzeig geben kann.

Bei der untrennbaren Zusammengehörigkeit des Verfassers mit
seinem Werke und dem massgebenden Einflusse, welchen — im
Mittelalter noch mehr als etwa heutigen Tages — die Stellung und
die persönlichen Beziehungen des Geschichtschreibers, insofern dadurch ja nicht blos die Denkweise desselben, sondern auch die
Quellen, welche er zu benutzen Gelegenheit fand, bedingt waren,
nothwendig ausüben mussten, beginne ich die nachfolgenden kritischen Untersuchungen über das dritte und vierte Buch der Gesta
Friderici imperatoris mit einer kurzen Darstellung der persönlichen
Verhältnisse Radewins, welche der Natur der Sache nach freilich
nichts wesentlich neues zu bieten vermag, um dann von Radewins
Werk, der Art und der Zeit seiner Entstehung und von dem Werthe
der Form, in der es uns vorliegt, zu handeln. Darauf soll der Kreis
festgestellt werden, den Radewin mit seiner Bildung beherrschte,
um dann den Quellen nachzugehen, die von dem Fortsetzer des Otto
von Freising benutzt sind, und das Werk so in seine — wie wir
schon werden — sich sehr scharf sondernden Bestandtheile zu zerlegen. Dann erst wird es möglich sein den Werth von Radewins

1*

der ausgestellt per manum Rachwini notarii. Eine undatierte Urkunde, die jedoch nach 1153 ausgestellt sein muss[1]), führt Rawinus
capellanus als Zeugen auf; eine andere nach dem September 1156
ausgestellte[2]) bezeugt Radewin als Canoniker der Freisinger Kirche.
Per manum Rahuwini notarii ist dann endlich wieder die letzte Urkunde ausgestellt, die wir von Otto von Freising besitzen, die letzte
vielleicht, die derselbe überhaupt hat ausstellen lassen, nach dem
14. Juni 1158[3]).

Die innige Verbindung mit Otto von Freising und die Auszeichnung, deren er sich von Seiten desselben zu erfreuen hatte,
wurden Radewin aber noch in anderer Hinsicht förderlich. Dass
sein Oheim ihm die vollendete Chronik durch Radewin hatte überbringen lassen[4]), musste Kaiser Friedrich I. Aufmerksamkeit auf diesen lenken, um so mehr als Radewin in dem Gefolge Ottos mehrfach an dem kaiserlichen Hofe ein- und ausging: im September 1157
war er auf dem glänzenden, durch die Anwesenheit zahlreicher
fremder Gesandtschaften verherrlichten Würzburger Reichstage zugegen[5]); höchst wahrscheinlich ist es ferner, dass Radewin in Begleitung Ottos von Freising auch im Sommer 1158 in dem Lager
zu Augsburg verweilte, als der Kaiser sich zum Zuge gegen Mailand anschickte, der Bischof aber sich Dispens von der Theilnahme
an der Heerfahrt auswirkte[6]).

Nicht lange danach, am 22. September 1158, drückte Radewin
zu Morimond seinem sterbenden Meister die Augen zu[7]). Darauf
begab sich Radewin, — wir wissen nicht, ob noch nach einer Verfügung Ottos oder etwa im Auftrage der Freisinger Domherren —
zum Kaiser nach Italien, wo er so Gelegenheit fand dem roncalischen Reichstage beizuwohnen[8]).

Was Radewin an des Kaisers Hof geführt hat, können wir nur
vermuthen. Handelte es sich nicht blos darum dem Kaiser über
das Ende des ihm besonders werthen Oheims durch einen Augenzeugen desselben genauen Bericht erstatten zu lassen, so möchte
man annehmen, dass Radewin Ottos unvollendet nachgelassenes
Werk, die beiden ersten Bücher der Gesta, Friedrich zu überbringen
gehabt habe. Andererseits könnte man auch annehmen, dass Rade-

---

[1]) Ebendas. 1, 365. — [2]) Archiv. f. Kunde oester. Gesch. Quellen IX, 262.
— [3]) Meichelbeck I, 1, 340. Vgl. unten § 7, 5, c. — [4]) S. Ottos Brief an
Kaiser Friedrich im Eingange des Chronicon. — [5]) S. unten § 7, 3. — [6]) IV,
11. Vgl. unten § 7, 5. — [7]) IV, 11. — [8]) S. unten § 7, 4.

win in Angelegenheiten der Wiederbesetzung des Freisinger Bischof-
stuhles, vielleicht geradezu im Interesse des nachher zum Nachfolger
Ottos erhobenen Bischofs Albert an den kaiserlichen Hof gegangen sei. Für erstere Annahme spricht folgendes: das frühestens
1156 begonnene Werk Ottos kann damals nicht lange erst bis zum
Schlusse des zweiten Buches geführt gewesen sein[1]), und Otto hatte,
wie aus seinen Worten am Schlusse des zweiten Buches deutlich
hervorgeht.[2]), die Absicht gehabt, das seit 1156 Geschehene in einem
dritten Buche darzustellen, hatte auch, wie wir sehen werden, gewisse Vorarbeiten dazu schon gemacht[3]). Radewin nun ist beauf-
tragt worden den von Otto fallen gelassenen Faden der Erzählung
weiter zu führen entsprechend einer schon von Otto selbst getroffenen
Verfügung. Das Zusammentreffen dieser Umstände macht es nun
höchst wahrscheinlich, dass Radewin damals eben im Interesse des
von Otto nachgelassenen und ihm zur Weiterführung anvertrauten
Werkes nach Italien zum Kaiser geeilt und eben damals von demselben mit dieser ehrenvollen Aufgabe betraut worden sei. Gleich
damals wird Radewin denn auch wol in Betreff des Materials, dessen
er zu seiner Arbeit bedurfte, an den kaiserlichen Kanzler Ulrich
und den Protonotar Heinrich gewiesen sein, deren Mittheilungen für
das dritte und vierte Buch der Gesta in ähnlicher Weise die Grundlage bilden[4]), wie Kaiser Friedrichs Brief über seine Thaten an Otto
von Freising für die beiden ersten Bücher des Werkes.

Sei es weil er ihm bei seiner Erhebung zum Bischof irgendwie
nützlich gewesen, sei es allein in Rücksicht auf die hohe Gunst,
welche er bei Otto genossen hatte, oder auf die Auszeichnung, welche
ihm von dem Kaiser zu Theil wurde, auch bei Ottos Nachfolger,
Bischof Albert von Freising (1158. November 22. — 1184. November 11.), hat Radewin in hohem Ansehn gestanden und gedenkt
seinerseits desselben mit rühmenden Worten: IV, 13 sed prudentissimus episcopus, und ibid. extr. per subrogationem piissimi pa-
storis Adalberti.

So verdankt Radewin denn auch dem Bischof Albert allem An-
scheine nach seine Würde als Propst. Aus zwei Scheftlarer or

---

[1]) Vgl. Radewins Prooemium: — — etiam praesentis operis pagina —
praebet documentum, quae ab auctore — — quasi de sinu domini sui
funere — rapta. — [2]) Quare huic secundo operi terminus detur, ut ad ea, quae
dicenda restant, tertio locus servetur volumini. — [3]) Vgl. unten § 2. 5. — [4]) Vgl.
§ 2, 2 und § 8.

Urkunden vom Jahre 1168[1]) und 1170[2]) hat Wilmans a. a. O. den
Nachweis geführt, dass Radewin, welcher sich im Eingange seines
das dritte Buch einleitenden Schreibens an den Kanzler Ulrich und
den Protonotar Heinrich bezeichnet als professione canonicus, ordine
diaconus, dignitate prepositus, — Propst zu S. Veit in Freising gewesen ist. In den oben angeführten Urkunden Ottos von
Freising kommt Radewin sowol als Notar wie als Zeuge immer nur
mit dem Zusatze capellanus, notarius, cartularius, canonicus vor,
niemals als Propst; selbst die letzte Urkunde Ottos von Freising,
die nach dem 14. Juni 1158 ausgestellt ist, weist ihn ohne die
Propstwürde auf. Dazu kommt nun noch, dass in einer Urkunde
Ottos von Freising vom Jahr 1157[3]) als Zeuge vorkommt Haremodus praepositus S. Viti. Alles das führt darauf hin, dass Radewin die Propstei zu S. Veit erst durch Bischof Albert von Freising
erhalten hat.

Ueber die Zeit von Radewins Tod können wir keine näheren
Bestimmungen ausfindig machen. Nur so viel steht nach Wilmans'
Untersuchungen fest, dass Radewin nicht vor 1170 und nicht nach
1177 gestorben sein kann. Denn 1170 kommt er noch urkundlich
in seiner Würde als Propst von S. Veit vor[4]). Bis 1177 aber muss
Radewin gestorben sein, weil wir in diesem Jahre bereits einen
anderen Propst zu S. Veit finden. Dass Radewin 1170 oder sehr
bald danach gestorben sei, wird dadurch wahrscheinlich gemacht,
dass der Appendix, welchen wir nach den von Wilmans a. a. O.
entwickelten Gründen als Radewins Werk ansehen müssen, als eine
Skizze, einen Grundriss, welcher der beabsichtigten Fortsetzung zum
Anhalt und Leitfaden dienen sollte, gerade mit dem Jahre 1170 ab-
schliesst: der Tod wird dem Fortsetzer Ottos von Freising die Feder
aus der Hand genommen haben.

§ 2. Radewins Werk.

1. Veranlassung.

Radewins Werk ist ein officiöses, entstanden auf Wunsch Kaiser
Friedrich I. und mit von demselben befohlener Unterstützung kaiserlicher Beamter abgefasst.

Otto von Freising hatte den Wunsch ausgesprochen, dass sein

---

[1]) Mon. Boica 8, 516. — [2]) Ebendas. 517. — [3]) Melchelbeck I. 1, 336—37.
— [4]) Mon. Boica 8, 517.

getreuer Radewin das Werk vollende, von dem er selbst nur zwei
Bücher zum Abschluss gebracht, das er aber weiter zu führen be-
schlossen und auch aller Wahrscheinlichkeit nach schon angefangen
hatte[1]). Radewin sagt in dem Prolog: — praesentis operis pagina
— — nostrae parvitati quasi de sinu domini sui funere rapta — —
eius iussu — promovenda committitur.

Dem Wunsche Ottos von Freising hat auch Kaiser Friedrich
beigestimmt und Radewin ausdrücklich den Befehl gegeben seine
Geschichte weiter zu führen. Denn in der angeführten Stelle des
Prologes heisst es auch: pariterque serenissimi et divi imperatoris nutu fovenda et promovenda committitur, und dem entsprechend IV, 11: Ego autem, qui huius operis principium eius ex
ore adnotavi finemque eius de principis iussu perficiendum suscepi. Auf diese Thatsache nimmt Radewin auch wieder Bezug in
dem Schlussworte: nos tamen obedientiae nostrae fructus consola-
bitur, qua praecipienti paruimus.

2. Theilnahme des Kanzlers Ulrich und des Protonotars Heinrich.

Otto von Freising hatte seiner Geschichte Friedrich I. eine von
dem Kaiser selbst ihm gelieferte Uebersicht über das bis zum Herbst
1156 Geschehene, also eine Quelle ersten Ranges zu Grunde legen
können, und wir wissen, wie eng er sich an diese werthvolle Quelle
angeschlossen hat[2]).

In gleich günstiger Lage war Radewin nun freilich nicht, immerhin aber noch besser unterstützt als die meisten Geschichtschreiber
des Mittelalters es gewesen sind.

Radewin wendet sich gleich bei Beginn seines Werkes an den
kaiserlichen Kanzler Ulrich und den Protonotar Heinrich. In dem
Epilog sagt er: De qualitate autem operis, vos dilectissimi domini
mei, videritis, quos in hoc opere arbitros elegimus et correctores.
Er meint, vielmehr als er selbst seien diese beiden Männer befähigt
gewesen Kaiser Friedrichs Geschichte zu schreiben. So heisst es
im Prolog: Et vestrae quidem prudentiae potissimum labor iste debebatur, apud quos exacta historiae fides reperitur; sed praeiudicanti-
bus vobis in hac parte diversarum occupationum curis, non tam
vacat ad scribendum distractos animos applicare quam scriptis aliorum
accusationem vel debitam accomodare laudationem. Das, auf diese

---

[1]) S. unten § 2, 5. — [2]) Vgl. H. Grotefend a. a. O.

Aeusserung folgende Citat aus Josephus ist doch nicht als eine allgemeine Sentenz zu fassen, sondern dahin zu verstehen, dass Radewin im Gegensatz zu dem von Josephus ausgesprochenen Tadel sich glücklich preist in zweifacher Hinsicht, einmal nämlich insofern er da, wo er auf die Mittheilungen anderer angewiesen sei, nicht dem Gerede des ersten besten zu folgen brauche, sondern wirklich unterrichtete Gewährsmänner, nämlich eben Ulrich und Heinrich, zu Rathe ziehen könne, dann aber insofern er da, wo er aus eigener Kenntnis rede, durchaus ohne parteiische Vorliebe für seinen Herrscher oder für sein Volk schreiben könne. Dass der erste Theil dieses Satzes so zu fassen ist, geht auch daraus hervor, dass Radewin weiterhin Ulrich und Heinrich geradezu als seine in hoc opere praeceptores bezeichnet und eingesteht, ohne die Hülfe dieser Männer würde er sich des ihm gewordenen Auftrages überhaupt nicht entledigen können: Ego enim re vera, nisi vestra fretus ope et studio, sub hoc fasce succumberem.

Danach stellt sich also das Verhältnis zwischen Radewin und den beiden kaiserlichen Räthen so dar, dass diese, ohne Frage im Auftrage des Kaisers selbst, dem Historiker, welcher auf Friedrichs Befehl das Werk Ottos von Freising, dem der Kaiser selbst einst eine authentische Darstellung seiner Thaten geliefert hatte, fortzusetzen unternahm, das dazu nöthige Material lieferten, und zwar in doppelter Hinsicht: nicht blos durch Mittheilung officieller Aktenstücke, welche der kaiserlichen Kanzlei jeder Zeit zur Verfügung standen, sondern auch insofern als sie, von denen Radewin selbst sagt, qui rebus ipsis tamquam familiares et conscii secretorum interfuistis, ihm durch den Bericht über das, was sie selbst mit erlebt hatten, nützlich wurden.

Was die beiden kaiserlichen Räthe dem Geschichtschreiber nun an Material mitgetheilt haben, wie Radewin es benutzt und in wie weit die Ungleichmässigkeit des Materials auf die Gestalt und den Werth des Werkes von Einfluss gewesen ist, wird weiterhin Gegenstand der Untersuchung sein. Für jetzt handelt es sich für uns zunächst um

3. Die Zeit der Entstehung des III. und IV. Buches der Gesta Friderici imperatoris.

IV, 76 schliesst Radewin sein Werk entsprechend dem IV, 75 ausgesprochenen Satze: Quia vero huius operis libellos numerum evangelicum excedere non proposuimus — mit den Worten: Haec a glorioso principe acta sunt usque ad praesentem annum, qui ab incarnatione Domini millesimus centesimus sexagesimus, regni autem eius septimus, imperii quintus numeratur. Dies hat man bisher — und auch noch der letzte Herausgeber der Gesta hat es so aufgefasst — dahin gedeutet, dass Radewin sein Werk 1160 abgeschlossen habe. Das ist jedoch nicht richtig, vielmehr ist die Entstehung des dritten und vierten Buches der Gesta um wenigstens vier Jahre später anzusetzen.

a) Zunächst ist die von Radewin gegebene Bezeichnung des Jahres nicht blos ungenau, sondern in sich widerspruchsvoll. Denn das siebente Jahr der Regierung Friedrichs I. ist ja bereits mit dem 9. März 1159 zu Ende gegangen. Der annus imperii quintus weist allerdings auf 1160, und zwar auf die Zeit bis zum 18. Juni. Sollte nun aber in dem annus regni septimus ein blosses Versehen, — sei es Radewins selbst, sei es eines späteren Abschreibers — enthalten sein, so dürfte in Rücksicht auf die ausgeschriebene Zahl 1160 und annus imperii quintus doch nur emendiert werden annus regni octavus. Dann würde der Abschluss des Werkes also in die Zeit bis zum 9. März 1160 zu setzen sein. Das aber ist undenkbar: denn die in dem vierten Buche zuletzt erzählten Ereignisse gehören dem Februar 1160 an; so gleichzeitig kann das Werk nicht entstanden sein, zumal da es gerade in diesem Theile auf Briefen beruht, die nach den Ereignissen in Italien geschrieben sind, erst über die Alpen an ihre Adressaten und dann von diesen in Radewins Hände gelangen mussten.

b) Wenn Radewin ferner am Schlusse seines Prologes sagt: Ego etenim re vera nisi vestra fretus ope ac studio, sub hoc fasce succumberem, frustra per me conatus tanti imperatoris gesta attingere, cuius si quis magnitudinem animi et imperii cum annis conferat, aetatem ultra putet[1]. Ita enim late et magnifico per orbem terrarum arma circumtulit, tantum opere pace belloque gessit, ut qui res eius legerit, non unius, sed multorum facta regum seu imperatorum arbitretur, — so muss man doch fragen: was hatte denn Kaiser Friedrich bis zum Schlusse des Paveser Concils gethan, dass ihm solche überschwänglichen Lobpreisungen deshalb hätten mit Recht zu Theil werden können? Der

---

[1] Cf. Otto Procem. ob victoriosissimi principis virtutes tanta Romani imperii pollet auctoritas etc.

mühelose Feldzug gegen die Polen, die Kämpfe in der Lombardei, die erste Demüthigung Mailands und die Zerstörung Cremas — die hierher gehörigen Thaten, die Radewin nachher ja auch selbst berichtet, sind doch nicht so gewaltig und so ohne ihres gleichen. Niedrige Schmeichelei aber, wie sie, wenn Radewin noch keine anderen Thaten Friedrichs kannte, in diesen Worten liegen würde, kann man dem Fortsetzer des Otto von Freising durchaus nicht schuld geben, wenn er auch hier und da Wendungen gebraucht, die daran erinnern, dass wir es mit einem officiösen, einem Hofhistoriographen zu thun haben. In einem ganz anderen Lichte aber und wenn auch noch immer stark ausgedrückt, so doch nicht ohne Berechtigung gesprochen erscheinen jene Worte, wenn Radewin die glänzendste, die nach allen Seiten hin den gewaltigsten Eindruck machende Waffenthat Friedrichs, die Zerstörung Mailands, kannte und in seinem Prologe schon auf dieselbe hindeuten wollte.

Dass nun Radewin die Zerstörung Mailands gekannt, dass er erst nach derselben, also erst nach dem Frühjahr 1162 geschrieben hat, geht aus folgendem hervor.

c) IV, 76 spricht Radewin bei der allgemeinen Charakteristik Friedrichs auch von dessen Palastbauten: In Italia quoque apud Modoicium. Laudam et in aliis locis ac civitatibus in renovandis palatiis aedibusque sacris tantam liberalitatis magnificentiam declaravit, ut totum imperium tanti imperatoris et munere et memoria in perpetuum fungi non desinat. Während wir über den Zeitpunkt der Erbauung der hier erwähnten Pfalz zu Lodi keine bestimmte Angabe besitzen, wissen wir, dass die Pfalz zu Monza, die hier als von Friedrich gebaut oder wiederhergestellt erwähnt wird, erst nach der Zerstörung Mailands aufgeführt worden ist. Denn bei der Schilderung der furchtbaren Bedrückungen, welche die Mailänder nach der Zerstörung ihrer Stadt und nach ihrer Vertheilung in vier offene Flecken zu ertragen gehabt haben, wird in den Annales Mediolanenses Mon. Germ. hist. SS. 18, 374—75 die Leistung von Spanndiensten u. s. w. bei dem Bau der kaiserlichen Pfalz zu Monza ganz besonders erwähnt.

Daraus ergiebt sich, dass Radewins Werk nicht 1160, sondern frühestens 1162—63 abgefasst sein kann. Aber die Entstehung desselben muss noch weiter hinausgerückt werden.

d) IV, 73 erwähnt Radewin des Erzbischofs Eberhard von Salzburg durch Krankheit unterbrochene Reise nach dem Concile zu

Pavia und nimmt daraus Veranlassung de vita et moribus eius quaedam vorzubringen. Er beginnt Erat autem vir venerabilis etc.: zu
der Zeit, wo Radewin über Eberhard schreibt, ist derselbe demnach
schon verstorben[1]. Eberhard von Salzburg starb aber am 22. Juni
1164. Also kann Radewin erst nach diesem Zeitpunkt sein Werk
beendet haben. Doch werden wir auf eine noch spätere Zeit für die
Abfassung desselben hingeführt.

e) III, 14 wird des Bischofs Hartmann von Brixen Erwähnung gethan. Radewin nennt ihn virum, qui tunc inter Germaniae episcopos singularis sanctitatis opinione et austerioris vitae
conversatione praeeminebat. In dieser Stelle spricht Radewin also
doch auch von Hartmann von Brixen unverkennbar als von einem
gestorbenen. Dabei konnte er grade über diesen Mann ganz besonders gut unterrichtet sein, da Hartmann mit Otto von Freising in
sehr genauer Verbindung stand: denn Hartmann folgte, als Otto
1137 Bischof von Freising wurde, demselben in der Würde eines
Propstes zu Klosterneuburg in Oesterreich[2]. Hartmann starb nun
aber erst den 23. December 1164, — mithin kann Radewins
Buch nicht vor 1165 geschrieben sein und die Wendung am
Schlusse von IV, 76 ist dahin zu verstehen, dass Radewin bis
hierher das bis zum Jahr 1160 von Friedrich Gethane erzählt
hat, nicht dass er 1160 als das Jahr bezeichnet, in dem er schreibt.

f) Gegen einen Einwand noch muss die so gewonnene Zeit-
bestimmung gesichert werden, den man leicht gegen sie erheben
möchte. Nach dem Prologe empfiehlt Radewin sein Werk viris
prudentissimis, pace et militia exercitatis, Oulrico et Heinrico, sacri
palatii uni cancellario, alteri protonotario. Der letztere kommt in
seinem Amte als Protonotar vom 18. November 1157 an bis zum
August 1167 vor. Dagegen scheint sich eine Schwierigkeit daraus
zu ergeben, dass Ulrich als Kanzler vom 1. August 1159 bis zum
7. September 1162 vorkommt, also Radewin, wenn er 1165 schrieb,
diesen doch nicht mehr als Kanzler anreden konnte: denn Kanzler
Ulrich folgte 1161 dem den 16. August 1161 gestorbenen Günther
von Henneberg als Bischof von Speier[3] nach und ist bereits Ende
1163 gestorben.

---

[1] Vgl. auch die Ausdrücke passus est, — credidit u. s. w. — [2] Meichelbeck I, 1, 325. — [3] Wenn Ulrich dennoch bis zum 7. September 1162 als
Kanzler zeichnet, so erklärt sich das einfach daraus, dass er damals noch nicht
geweiht war und überhaupt erst nach seiner Rückkehr aus Italien in seine neue

Der scheinbare Widerspruch aber löst sich sehr einfach. Der Prolog, in welchem Ulrich noch als Kanzler angeredet wird, ist nicht bei dem Schlusse des Werkes, also frühestens 1165, sondern bei dem Beginne desselben geschrieben worden. Das zeigt zunächst schon der Ausdruck: Radewin sagt: — praesentis operis pagina — — nostrae parvitati — — committitur, d. h. wird übertragen, und: Sed ubi eloquentiae et styli me superat pondus, sensus et integra veritas rerum gestarum — — exaequabit, — d. h. wird ausgleichen. — Bei uns pflegt man Vorreden allerdings erst zu schreiben, wenn das betreffende Buch abgeschlossen vorliegt; im Mittelalter war das anders[1]) und musste es anders sein schon aus ganz äusserlichen Gründen, denn solche Abschnitte nachträglich an die Spitze eines Werkes zu setzen, verbot schon die Einrichtung der Handschriften und die Art des Schreibens im Mittelalter. Diesen äusseren Grund können wir nun gerade in diesem Falle recht deutlich als wirksam erkennen. Bei der Schilderung der letzten Krankheit Ottos von Freising IV, 11 berichtet Radewin unter anderem: — inter caetera, quae sollicitus de salute sua praevidebat, etiam hunc codicem manibus suis offerri praecepit eumque litteratis et religiosis viris tradidit etc. Es handelt sich dabei um die Prüfung, ob sich Otto auch nicht in dem über den Magister Gislebert Gesagten irgend einer Begünstigung ketzerischer Lehren schuldig gemacht habe. Der Bericht über diesen Gislebert steht Gesta II, 53: mithin kann Radewin mit seinem „hunc codicem" doch nur die jene Stelle enthaltende und zugleich in seinen eigenen Händen befindliche Handschrift der Gesta meinen, und wir sehen, dass Radewin das dritte und vierte Buch in unmittelbarem Anschluss an des Otto von Freising Arbeit und in dieselbe Handschrift schrieb, in die er einst seines Meisters Dictat verzeichnet hatte. Mithin kann auch der Prolog doch nicht nachträglich geschrieben, sondern muss bei Beginn der Arbeit aufgezeichnet sein.

Würde eintrat: denn während des ganzen Mailänder Krieges befindet er sich in des Kaisers Gefolge und kehrt erst im Spätsommer 1162 mit demselben durch Burgund nach Deutschland zurück. S. Stumpf, Reichskanzler n. 3861, 72, 95. 96, 3902—5, 11, 13, 16, 17, 19, 22, 23, 27—29, 36, 39, 41, 42, 55—57, 65.

[1]) Auch des Otto von Freising Prologe zu Gesta I, und zu dem Chronicon sind deutlich erkennbar als bei Beginn der Ausarbeitung geschrieben. Ein lehrreiches Beispiel für dasselbe Verhältnis, die Abfassung der Vorrede bei Beginn des Werkes, giebt Richer Ms 3. 355: vgl. Wattenbach, Deutschlands Geschichtsquellen (3. Aufl.) 1. 300.

Danach steht also abweichend von den bisherigen Annahmen fest, dass Radewin seine Fortsetzung der Gesta Friderici imperatoris spätestens 1162 begonnen und frühestens 1165 beendet hat.

g) Es erübrigt demnach jetzt noch, wenn Radewin nicht vor 1165 seine Arbeit geschlossen haben kann, nach der anderen Seite hin eine Zeitgrenze zu gewinnen und zu bestimmen, an welchem Termin von 1165 ab das Werk vollendet sein muss.

So bestimmte Daten, wie wir sie bisher gewonnen haben, ergeben sich da freilich nicht. Verschiedene Erwägungen führen aber auch nach dieser Seite hin zur Gewinnung eines festeren Anhaltes.

Die ganze Art, in der Radewin namentlich noch in dem letzten Kapitel (IV, 76) von dem Kaiser und dessen Machtfülle spricht, zeigt so viel, dass er denselben zu der Zeit, wo er sein Werk schloss, noch im Vollbesitze der Gewalt diesseits und jenseits der Alpen, also auf dem Gipfel der Macht angelangt sah. Diesen aber hatte Friedrich erreicht nach der Zerstörung Mailands (1162), behauptet hat er sich auf demselben bis zu dem im October 1166 angetretenen dritten Zuge nach Italien, welcher die Stiftung des Veroneser Bundes, den Aufstand der Lombarden und den Untergang des kaiserlichen Heeres durch die römische Pest herbeiführte und damit Friedrich I. von der bisher inne gehaltenen Höhe der Macht jäh herabstürzte. Je häufiger und je nachdrücklicher Radewin die Unbeständigkeit und Hinfälligkeit der menschlichen Dinge betont, um so mehr darf aus seinem Schweigen von der Katastrophe, die Friedrich 1167 getroffen, geschlossen werden, dass dieselbe zu der Zeit, wo Radewin schrieb, noch nicht eingetreten war. Auch die Art, wie IV, 38 Herzog Wolf VI. Erwähnung gethan wird, lässt deutlich erkennen, dass Radewin noch vor dem Tode des Sohns desselben, des jungen Wolf VII., der 1167 ein Opfer der römischen Pest wurde, geschrieben hat.

In Rücksicht auf diese Verhältnisse dürfen wir also annehmen, dass das etwa 1162 begonnene Werk Radewins frühestens 1165 und spätestens 1166 zum Abschlusse gebracht worden ist.

4. Die Gestalt, in welcher das Werk vorliegt.

Der bisherige Gang unserer Untersuchung hat zu dem Ergebnis geführt, dass des Radewin Fortsetzung zu den von Otto von Freising begonnenen Gesta Friderici imperatoris nicht 1160, sondern 1165—66 abgeschlossen ist und zwar geschrieben im Auftrage des

Kaisers und mit der — ohne Frage vom Kaiser selbst veranlassten — Beihülfe der über alle hier in Betracht kommenden Fragen besonders gut unterrichteten kaiserlichen Beamten, des Kanzlers Ulrich und des Protonotars Heinrich.

Nach den Worten aber, mit welchen Radewin sich im Beginn seiner Arbeit an diese beiden Männer wendet, und denen, mit welchen er dieselbe am Schlusse deren Kritik anheimstellt, gewinnt es beinahe den Anschein, als ob das Buch so, wie es aus Radewins Feder hervorging, noch nicht zur Veröffentlichung bestimmt war, sondern von den genannten Vertrauensmännern geprüft, verbessert und dann erst herausgegeben werden sollte. Denn wenn Radewin im Prologe sagt: Vos itaque ambos — — iudices eligo rogans, ut exactum a me laborem sine contumelia suscipiatis et qui rebus ipsis tamquam familiares et conscii secretorum interfuistis, si quid corrigendum est ad regulam veritatis emendare, si quid parum aut superflue dictum est, vel radere vel superaddere, quantum satis est, non pigritemini, — so unterwirft er doch zum voraus sich und sein Werk einer unbedingten Censur. Er wiederholt diese Unterwerfung am Schlusse des Epilogs: De qualitate autem operis vos, dilectissimi domini mei, videritis, quos in hoc opere arbitros elegimus et correctores. Vobis enim adiudicandum erit, quod editis, per vos iudicandum, quod delendum duxeritis. Aus diesen Aeusserungen geht doch zweifellos klar hervor, dass Radewins Werk zunächst ein noch zu begutachtender Entwurf und nicht mit Nothwendigkeit in dieser Gestalt zu veröffentlichen war.

Als in diesem Sinne unfertig erscheint Radewins Werk nun auch noch in einigen anderen Punkten: denn in einem bereits abgeschlossenen, definitiv für die Veröffentlichung redigierten Werke würde doch nicht eine Stelle stehen geblieben sein wie III, 24: Eodem loco hiisdemque diebus nuntii regis Daciae N. nuper electi principis adeunt praesentiam. Ebenso wenig passt doch in ein solches eine Stelle wie IV, 14: Nobiles quoque complures et milites strenuissimos, quorum nomina mihi scribenti non occurrunt, aut varius belli eventus aut morborum vis per id tempus idem tempestatis turbo involvit. Auf dieses Verhältnis weist auch hin die Stelle III, 31: Occisi sunt ibi quidam alii nobiles, quorum unus erat Johannes dux et maior de exarchatu Ravennatensium, et regii milites N. et N. capti quidam, caeteri ad castra revertuntur.

Die nach alledem vorbehaltene Redaction der Arbeit, durch welche dieselbe erst die Gestalt erhalten sollte, in der sie dann veröffentlicht werden sollte, ist also augenscheinlich nicht eingetreten. Den Grund davon können wir nur vermuthen, aber wiederum mit viel Wahrscheinlichkeit. Von den beiden zur Durchsicht des Werkes bestimmten Männern war der eine, Ulrich, als Radewin sein Werk abschloss, nicht blos nicht mehr in seiner Stellung als Kanzler, sondern schon seit wenigstens zwei Jahren gestorben; der andere, Heinrich, war aber eben damals in Italien: er nahm an dem unglücklichen Feldzuge gegen Rom Theil — am 6. August 1167 kommt er in einer kaiserlichen Urkunde am Monte Mario bei Rom vor [1] —, scheint jedoch dem Verhängnis, welches über Friedrichs Heer hereinbrach, entgangen und bei dem in Folge von Reinalds von Dassel Tod eintretenden Avancement unter den höheren Kanzleibeamten aus seiner Stellung als Protonotar in die eines Kanzlers eingerückt zu sein. Das kann ihn an der Erfüllung der Radewin einst gegebenen Zusage gehindert haben. Vielleicht hat auch die schwere Krisis, in welche das staufische Kaiserthum durch die Ereignisse des Jahres 1167 geworfen wurde und die alle die Erfolge gefährdete, deren Gewinnung Radewin in seinem Werke zu verherrlichen gehabt hatte, nicht blos dem Kaiser selbst, sondern allen mit ihm an der Leitung der Staatsgeschäfte betheiligten Zeit und Lust zu solchen literarischen Beschäftigungen genommen, wie sie Radewin dem nunmehrigen Kanzler durch die Uebersendung seines Werkes zumuthete.

5. Die Art der Entstehung von Radewins Werk.

Wilmans in der Einleitung zu seiner Ausgabe der Gesta Fridorici imperatoris Mon. Germ. hist. a. a. O. hat mit durchaus schlagenden Gründen dargethan, dass der in den Handschriften der Gesta mit diesen zugleich überlieferte Appendix ebenfalls den Radewin zum Verfasser hat; er gründet darauf die gewiss völlig das Richtige treffende Vermuthung, dass Radewin mit dem vierten Buche sein Werk nur vorläufig abgeschlossen und eine Fortsetzung desselben zu geben beabsichtigt habe, zu welcher die chronologische Grundlage, die Skizze, der Grundriss gleichsam in den annalistischen Aufzeichnungen des Appendix erhalten ist. Aber Wilmans hat die lehrreichen Consequenzen nicht gezogen, die sich hieraus ergeben und

---

[1] Stumpf u. 4088.

auch für die Auffassung des dritten und vierten Buches der Gesta einen sehr fruchtbaren Gesichtspunkt eröffnen.

Wenn nämlich Wilmans Recht hat mit der Annahme, dass der Appendix das chronologische Gerippe ist, an welches ein fünftes und sechstes Buch der Gesta nach Art der vier ausgeführten Bücher sich anschliessen sollte, so ist doch auch Grund anzunehmen, dass sich die ausführliche Erzählung, die Radewin im dritten und vierten Buche giebt, an eine ähnliche Skizze, einen ähnlichen Leitfaden angeschlossen habe. So verhält es sich denn auch thatsächlich, und in dieser Weise ist Radewins Werk wirklich entstanden. Ja, wir können gleich noch mehr behaupten: Radewin lag für den ersten Theil seiner Fortsetzung des Otto von Freising eine von diesem selbst noch herrührende Aufzeichnung solcher Art, wie er sie uns in dem Appendix hinterlassen hat, vor und ist von ihm seiner Darstellung zu Grunde gelegt worden.

Im Epilog sagt Radewin an den Kaiser gewendet: Hoc de latissimis gestorum tuorum pratis, augustorum optime, tam dilectus patruus tuus Otto episcopus quam nostrae humilitatis diligentia flores legit, unde huius opusculi coronam texeremus. Schon diesen bildlichen Ausdruck möchte man auf ein Verhältnis wie das eben bezeichnete deuten können. Otto und Radewin haben aus der Fülle von Friedrichs Thaten eine Anzahl wie Blumen ausgesucht, um dann aus ihnen dieses Werk wie einen Kranz zu winden. Doch würde diese Stelle auch eine allgemeinere Erklärung zulassen. Schlagend aber ist, was Radewin im Prolog sagt, was aber Wilmans wie alle früheren misverstanden hat. Wenn es im Prologe nämlich heisst: Parendum ergo tam magnis praeceptoribus deliberavi, malens potius de rudis informitate sermonis subire iudicium quam de perfida desidia seu desido perfidia notari, si tam clari ac magni viri michique carissimi domini tam praeclarae materiae cooptum opus et memoriale pariter cum illo in interitum atque oblivionem passus fuissem venire, so wird man doch nur bei flüchtigem Ueberlesen cooptum opus et memoriale als das „begonnene und denkwürdige Werk" verstehen: die Stellung der Worte und die ganze Fügung des Satzes weist vielmehr darauf hin, dass opus und memoriale coordiniert sind, einander entsprechen; auch heisst memorialis ja gar nicht „denkwürdig", sondern „das Gedächtnis zu befördern geeignet" oder „bestimmt", und memoriale die Denkschrift, das Gedenkbuch. Es heisst also den Radewin, der gerade seinen Prolog mit minu-

tiösem Fleisse stilistisch ausgefeilt hat, zu einem sehr schlechten
Stilisten machen und dann es mit dem Sinne der Worte sehr oben-
hin nehmen, wenn man cooptum opus et memoriale als das begonnene und denkwürdige Work verstoht, es kann füglich vielmehr nicht
anders verstanden werden als: das begonnene Work und das Gedenkbuch, — dieso beiden hat Radewin nicht mit Otto zugleich dem
Untergange verfallen lassen.

Was nun aber neben dem Werke Ottos unter einem Gedenk-
buche desselben zu verstehen sein wird, kann nach dem Obigen doch
nicht mehr zweifelhaft sein: mit memoriale bezeichnet Radewin
die Notizen, welche Otto als Grundlage für die von ihm
beabsichtigte Fortsetzung der Gesta gesammelt hatte und
die wir uns den von Radewin zusammengestellten und in dem Appendix enthaltenen ähnlich denken müssen.

Auch sind die Spuren, welche diese Art ihrer Entstehung in
Radewins Werk zurückgelassen hat, noch deutlich erkennbar und an
einigen Stellen können wir die verarbeiteten und mit breiteren Zuthaten umkleideten chronologischen Notizen dieses Memoriale noch
ganz scharf ausscheiden: III, 1 beginnt Radewin mit dem Lobe der
rastlosen Thätigkeit des Kaisers: Ordinato in Alemanniae partibus
summa prudentia imperio, tota terra illa iam inusitatam et diu in-
cognitam tranquillitatem agebat etc. Indignum siquidem ratus est,
si exercitatum bellicis negotiis animum sine utilitatibus imperii per
desidiam dissolvi pateretur. Anno itaque ab incarnatione
Domini 1157, mense Augusto contra Polanos procinctum
monet. Est autem Polimia, quam modo Sclavi inhabitant, sicut
placet his, qui situs terrarum descriptionibus notant, etc. Hier ist
der nach seiner ganzen Ausdrucksweise in dieser Umgebung auffallende Satz Anno itaque — movet sachlich und chronologisch der
Anhalt des Autors, der Grundstock gewissermaszen, an welchen die
weitere Ausführung sich anschliesst. Für die Art dieser weiteren
Ausführung ist der Beginn des folgenden Satzes: Est autem Polimia etc. höchst charakteristisch. Dieselben oder sehr ähnliche
Wendungen kehren bei Radewin unter gleichen Verhältnissen mehrfach wieder, und immer scheidet sich dann nach vor- und rückwärts
ein ähnlicher Satz aus, der augenscheinlich dem Memoriale Ottos
von Freising entnommen ist.

Ein gleiches Verhältnis ist z. B. zu Beginn von III, 6 erkennbar, und zwar hat sich die dort aufgenommene Notiz augenschein-

lich unmittelbar an die oben nachgewiesene über den polnischen Feldzug angeschlossen. Denn auf diese nehmen die Worte: Non multo post
apud Herbipolim civitatem Constantinopolitani imperatoris legati
coram principe cum muneribus suam peragunt legationem, — unmittelbar Bezug, denn III, 5 hat Radewin zuletzt schon von dem
Weihnachten 1157 zu Magdeburg gehaltenen Tage gesprochen, wo
der Polenherzog gegen sein Versprechen nicht erschien, während
III, 6 sich auf den Ende September 1157 gehaltenen Reichstag zu
Regensburg bezieht. Eine dritte Stelle, die unverkennbar aus dem
Radewin vorliegenden Memorial Ottos von Freising herrührt und sich
der chronologischen Anordnung nach wieder unmittelbar an die oben
erwähnte über den Regensburger Tag angeschlossen haben muss,
ist III, 8: Mense Octobri mediante imperator apud Bisuntium curiam
celebraturus in Burgundiam iter aggreditur. Ganz ähnlich wie III, 1
an die Notiz über den polnischen Zug Friedrichs die geographische
Ausführung mit einem Est autem Polimia angefügt wurde, wird
hier die Nennung Besançons benutzt um mit ganz derselben Wendung Est autem Bisuntium etc. eine ähnliche Abschweifung ein-
zuleiten.

Zu derselben Beobachtung giebt III, 12 Gelegenheit, wo der
Eingang: Reversus de Burgundia imperator — — — in Saxoniam
iter flectit diesque nativitatis Domini in civitate Magdeburg celebravit
den aus Ottos Memorial stammenden Grundstock bilden, an welchen
das Weitere sich ansetzt, besonders aber der Satz: Deinde Baioariam tendens Ratisponae curiam magna cum frequentia principum
in octava epiphaniae agit. Ibi inter caeteros qui tunc crebri aderant, etiam regis Ungariae Gaisae legati affuere, — mit der folgenden Erläuterung Siquidem frater eius nomine Stephanus etc. die
allertreffendste Parallele bildet zu den III, 1 und III, 6 gebrauchten
ganz ähnlichen Wendungen Est autem Polimia und Est autem Bisuntium etc. Auch III, 13: In eadem curia dux Boemorum Bolislaus — — — ab imperatore et imperii primis ex duce rex creatur
anno ab incarnatione Domini 1158 erscheint als eine der Notizen,
die Radewin unter weiterer Ausführung doch der Hauptsache nach
unverändert aus seiner Vorlage in sein Werk herübergenommen hat.

Bezeichnend ist und eine Bestätigung der hier entwickelten Ansicht giebt auch der Umstand, dass diese Spuren der Benutzung
annalistischer Notizen verschwinden, sobald Radewin nach der Darstellung der Beilegung des zu Besançon entstandenen Confliktes

zwischen Kaiser und Papst sich dem grossen italienischen Zuge
Friedrichs zuwendet. Da hat er augenscheinlich eine solche Vorlage
nicht mehr gehabt. Otto hat sich ja im Lager zu Augsburg von dem
Kaiser verabschiedet, hat an dem Zuge gar nicht mehr Theil genommen und ist nicht lange darnach gestorben. Sein Memorial, das
Radewin benutzte, hat also mit dem Beginn des Jahrs 1158 geschlossen.

§ 3. Radewins Literaturkenntnis.

Ehe wir in dem Folgenden den Versuch machen das Werk
Radewins, von welchem Zeit und Art der Entstehung nunmehr fest
stehen, in Rücksicht auf die Quellen, die ihm zu Grunde liegen.
näher zu analysieren und so einen sichereren Massstab für die Bestimmung seines Werthes als Quelle zu gewinnen, wird es nöthig
sein alles dasjenige auszuscheiden, was der Verfasser nach Art der
mittelalterlichen Schriftsteller anderswoher entlehnt und oft aus rein
stylistischen Rücksichten eingefügt hat. Denn erst auf das als Radewins Eigenthum Nachgewiesene wird man die Grundsätze der
Quellenkritik mit Erfolg anwenden können. Mit dieser Ausschei-
dung der von fremd her entlohnten Stücke, die Radewin seinem
Werke einverleibt hat oft ohne seine Quelle zu nennen, betreten
wir ein Gebiet, das zu durchforschen doch vor allen die Pflicht des
Herausgebers der Gesta gewesen wäre: leider hat sich derselbe
gerade dieser Aufgabe so gut wie ganz fern gehalten und leicht auf
der Oberfläche hingehend nichts davon gemerkt, dass ein sehr beträchtlicher Theil von Radewins Werk nicht blos völlig werthlos,
sondern ein geradezu unerhörtes Plagiat zu nennen ist, dessen Enthüllung die Autorität des Fortsetzers Ottos von Freising arg herab-
setzt, zugleich aber auch die Ausgabe des III. und IV. Buches der
Gesta, wie sie in den Mon. Germ. hist. vorliegt, als völlig unge-
nügend erscheinen lässt.

Der weitere Gang dieser Untersuchung wird zeigen, dass dieses
Urtheil nach keiner Seite hin zu hart ist.

1. Die Bibel.

Bei der Bestimmung der Literaturkenntnis Radewins tritt natürlich wie bei allen mittelalterlichen Historikern zunächst die Bibel in
den Vordergrund. Obgleich dieselbe von Radewin weniger reich-

lich ausgebeutet ist wie das sonst wol zu geschehen pflegte, so bedient sich derselbe biblischer Worte doch häufiger als das· von seinem
Herausgeber angemerkt worden ist.

Gleich im Eingange des Prologos citiert Radewin aus Hiob 7, 6
sed dies hominis velocius transire quam a texente tela succiditur,
während die gleich folgende Stelle et vitam eius velocius umbra
aut vento declinare unverkennbar anklingt an Hiob 14, 2: qui
quasi flos — et fugit velut umbra und Psalm 101, 12: dies mei
sicut umbra declinaverunt. Aehnlich schwebt dem Radewin bei
III, 10 quasi gladium igni adderet wol vor Genesis 22, 6: ipse
vero portabat in manibus ignem et gladium. Der Vergleich zwischen dem Glanze des gegen Mailand heranrückenden kaiserlichen
Heeres und dem strahlenden Lichte von Mond und Sonne veranlasst
III, 32 das Citat aus Cant. 6, 9: Pulchra ut luna, electa ut sol,
terribilis ut castrorum acies ordinata. IV, 11 führt Radewin Lucas 14, 10: Amice, ascende superius und gleich darauf Matthaeus 6,
3: Nesciat sinistra tua, quid faciat dextera tua an. IV, 40 wird
Joel 1, 4: Residuum locustae comedit brucus et residuum bruci
comedit eruca angeführt.

Dazu kommen denn noch, da man die Reden des Erzbischofs
von Mailand IV, 4 und des Bischofs von Piacenza IV, 24, — selbst
wenn der ersteren ein gewisser historischer Kern zu Grunde liegen
sollte, — doch in ihrer Einzelausführung durchaus als rhetorische
Paradestücke des Radewin auffassen muss, noch hinzu als biblische
Citate aus IV, 4 Genesis 1, 28: Crescite et multiplicamini et
dominamini piscibus maris et volatilibus terrae und aus IV, 24
Ezechiel 28, 12: Tu signaculum similitudinis, plenus sapientia et
perfectus decore in deliciis paradisi Dei fuisti und Psalm 106, 27:
Et omnis sapientia eorum devorata est.

2. Josephus.

Nächst der Bibel spielt als Citatenquelle bei Radewin eine sehr
bedeutende Rolle des Josephus Werk de bello iudaico, welchen
Radewin freilich nicht — wie manche Stellen anzudeuten scheinen [1])
— in dem griechischen Original, sondern in der im Mittelalter weit
verbreiteten dem Rufinus zugeschriebenen lateinischen Uebersetzung

---

[1]) III, 32 — rectores ordinum, quos antiqui centuriones, hecatoutar-
chos seu chiliarchos appellare consueverunt.

benutzt hat[1]). Allerdings führt Radewin den Josephus nur ein einzigesmal an, nämlich im Prologe: Quidam enim, ut ait Josophus, etc.[2]) Aber ausser der dort ausgehobenen Stelle hat Josephus unserm Geschichtschreiber noch eine ganze Anzahl von Sentenzen oder doch sentenzartigen Wendungen darreichen müssen, welche häufig ohne jeden Hinweis auf eine Entlehnung, häufig durch ein „ut ait quidam" als solche gekennzeichnet, durch das ganze Work zerstreut erscheinen. So rühren aus Josephus her III, 40: Nam, ut ait quidam, quod reverentia dignum est, in famo negligitur; IV, 11: Si quis autem, ut ait quidam, durior misericordiae sit iudex, res tribuat quidem historiae, lamenta vero scriptori; III, 11: — ex appetitu libertatis, quae, ut dicitur, res inaestimabilis est.

Ueber das sonstige Verhältnis des Radewin zu Josephus' Work und sein systematisches und massenhaftes Ausschreiben aus demselben wird unten § 4 genauer gehandelt werden.

3. Vergil, Ovid, Sallust.

Die klassische römische Literatur, auf deren Studium nach Radewins eigenem Bericht IV, 11 Otto von Freising ja ein ganz besonderes Gewicht legte, ist in ihren Hauptvertretern dem Radewin gleichfalls geläufig gewesen. Der bekannten Vorliebe des Mittelalters überhaupt entsprechend sind es von den Dichtern namentlich Vergil und Ovid, deren Kenntnis Radewin durch Citate aus ihren Werken und hier und da auch durch mit unterlaufende Anklänge erkennen lässt.

So führt er III, 4 aus Vergil Aeneis VI, 853 an[3])

   Parcere prostratis et debellare superbos
— jedoch ungenau citierend

   Parcere subiectis . . . .

III, 20 lässt die Wendung: Non se ignorare Danaum insidias erkennen, dass Radewin Aeneis II, 65

   Accipe nunc Danaum insidias et crimine ab uno

   Disce omnis
bekannt war. Eine gleiche Reminiscenz veranlasst III, 21 den Ausdruck: sed praevaluit auri sacra fames im Anschluss an Aeneis III, 54: — Quid non mortalia pectora cogis

   Auri sacra fames.

---

[1]) Vgl. unten § 4. — [2]) Die genaue Durchführung des Vergleiches siehe ebenfalls § 4. — [3]) Dies bemerkt Wilmans am Rande.

Von Ovids Werken, die im Mittelalter besonders eifrig gelesen wurden, kennt Radewin die Metamorphosen und Heroiden. Aus Metamorphos. X, 544 stammt die Wendung III, 29: Verum contra audaces non est audacia tuta, und in der Rede, die IV, 24 dem Bischof von Piacenza in den Mund gelegt wird, wird aus Heroid. XVII, 166 angeführt der Vers:

An nescis longas regibus esse manus [1])?

Und wenn III, 40 dem zwischen Mailand und dem Kaiser vermittelnden Grafen Guido von Biandrate in seiner an die Bürgerschaft gehaltenen Friedensrede die Worte in den Mund gelegt werden: Tendamus cum rota, forsitan qui modo infimus axe teritur, elevatus rursus ad astra feretur, so klingen dieselben auch sehr dichterisch und scheinen ebenfalls entlehnt, — woher jedoch, habe ich bis jetzt noch nicht ausfindig machen können.

Von den prosaischen Schriftstellern des römischen Alterthums hat Radewin namentlich den Sallust sehr genau gekannt und vielmehr benutzt als Wilmans gemerkt hat.

Bekannt ist zunächst die Benutzung des Vergleiches, welchen Sallust Catilina 53—54 zwischen Cato und Cäsar anstellt, durch Radewin in seiner vergleichenden Charakteristik Heinrichs des Löwen und Wolfs VI. [2]).

Gesta IV, 38 extr.	Sallust. Cat. 53 extr.
Ita memoria nostra ingenti virtute, diversis moribus fuere hi viri duo, dux Heinricus et dux Gwelfo, quos quoniam res obtulerat, silentio praeterire non fuit consilium, quin utriusque naturam et mores, quantum ingenio possem, aperirem.	Sed memoria mea ingenti virtute, diversis moribus fuere viri duo M. Cato et C. Caesar, quos quoniam res obtulerat, silentio praeterire non fuit consilium. quin utriusque naturam et mores, quantum ingenio possem, aperirem.
ibid. Init. Cum strenuo virtute, cum modesto pudore, cum innocente abstinentia certabat. Esse quam videri bonus malebat. Ita quominus appetebat gloriam, eo magis illam assequebatur.	Ib. 54. extr. ... sed cum strenuo virtute, cum modesto pudore, cum innocente abstinentia certabat, esse quam videri bonus malebat; ita quominus appetebat gloriam, eo magis illam assequebatur
ibid. med. — Gwelfo dando, sublevando, ignoscendo, dux Heinricus severitate et malorum pernicie gloriam adeptus est. Illius facilitas, huius constantia laudabatur.	ibid. init. Caesar dando, sublevando, ignoscendo, Cato nihil largiundo gloriam adeptus est. In altero miseris perfugium erat, in altero malis pernicies, illius facilitas,

---

[1]) Diese beiden Citate hat auch Wilmans als solche erkannt — [2]) Bei Radewin sind die Bestandtheile der Charakteristik anders geordnet als bei Sallust: ich lege des letztern Ordnung zu Grunde.

Gwelfo negotiis amicorum Intentus sua negligere nihil denegare, quod dono dignum esset, in magnas potentias affectabat, exercitum, novum bellum exoptabat, ubi virtus enitescere posset. At dux Heinricus studium modestiae, decoris praetendens, non divitiis cum divite neque factione cum factioso, sed pro pacis negotiis absens simul praesensque pugnabat.

huius constantia laudabatur; postremo Caesar in animum duxerat laborare, vigilare, negotiis amicorum Intentus sua negligere, nihil denegare, quod dono dignum esset, sibi magnum imperium, exercitum, bellum novum exoptabat, ubi virtus enitescere posset. At Catoni studium modestiae, decoris, sed maxume severitatis erat. Non divitiis cum divite neque factione cum factioso, sed cum strenuo virtute.

IV, 42 hat Radewin, wie Wilmans richtig erkannt hat, Iugurtha 101 benutzt.

Gesta IV, 42.	Sallust Iug. 101.
Tum Fridericus exhortatur suos...	Interim Sulla, quam primum hostes adtigerant, cohortatus suos ....
Iam parum aberat a vera fuga...	... iumque paullum a fuga aberant...
Mediolanenses, qui prope iam se victoriam adeptos putabant, videntes se circumventos undique a regiis equitibus .... adversus omnia Imparati occidi, capi, viri atque equi afflicti. Tum spectaculum horribile campis patentibus .... Postremo omnia, qua visus erat, telis, armis, cadaveribus aut mortuorum ad mortem sauciatorum.	... At Iugurtha, dum sustentare suos et prope iam adeptam victoriam retinere cupit, circumventus ab equitibus ..... Denique hostes iam undique fusi .... tum spectaculum horribile in campis paludibus sequi, fugere, occidi, capi, equi atque viri adflicti .... Postremo omnia qua visus erat, constrata telis, armis, cadaveribus et inter ea humus infecta sanguine.

Dass aber Radewin den Catilina und den Iugurtha des Sallust noch mehrfach ausser diesen Stellen und wörtlicher als in diesen benutzt hat, ist Wilmans entgangen. So schreibt er III, 40 Sallust Catilina 51 die Rede Cäsars, III, 42 Iugurtha 102 die Rede Sullas aus und IV, 38 wendet er die von Sallust Iugurtha 6 von dem Numiderkönige entworfene Schilderung fast wörtlich auf Herzog Heinrich den Löwen an. Wie stark in allen diesen Stellen die Benutzung ist, zeigt der genauere Vergleich.

Gesta III, 40 (Rede des Grafen von Biandrate).	Sallust, Cat. 51 (Rede Cäsars).
Beatum enim me aestimo ab his, a quibus vacuos esse decet, qui de rebus dubiis consultant. Haec sunt, ut alt quidam, odium, amicitia, ira atque misericordia, ubi illa officiunt, haud facile animus verum providet. Vestra dignitas, fama	Omnis homines, P. C., qui de rebus dubiis consultant ab odio, amicitia, ira atque misericordia vacuos esse decet. Haud facile animus verum providet, ubi illa obficiunt. — — qui demissi in obscuro vitam habent, si quid iracundia

atque fortuna hucusque non in ob-
scuro, sed in excelso fuit, vestraque
facta cuncti mortales novere. Sed de-
cebat in maxima fortuna minimam esse
licentiam.

ibid.

Sed profecto in omni re fortuna dominatur, ea, ut dicitur, cunctas res pro
libitu magis quam pro vero celebrat
obscuratque.

IV, 3.

Quia ergo vel bello vel pace clarum
fieri licet.

deliquere, pauci sciunt; fama atque
fortuna eorum pares sunt, qui in excelso aetatem agunt, eorum facta cuncti
mortales novere. Ita in maxuma fortuna
minima licentia est.

Sallust. Cat. 8.

Sed profecto fortuna in omni re dominatur; ea res cunctas ex lubidine
magis quam ex vero celebrat obscuratque.

Cat. 3.

— vel pace vel bello clarum fieri
licet.

Besonders charakteristisch für die Art, in der Radewin sich aus
dem Sallust mit fremden Federn zu schmücken weiss, ist die Verwerthung der Rede des Sulla an Bocchus von Mauretanien für die
Antwort, welche der Kaiser den sich unterwerfenden Mailändern
auf ihr Friedensgesuch gegeben haben soll.

III, 42.

Divus ergo Augustus placido eos
vultu intuens, ait laetum se esse,
cum tam claram civitatem tantum-
que populum Deus commonuerit,
uti aliquando pacem malint quam
bellum quodque sibi dempserint
acerbam eos persequendi necessitatem seque malle devotis et volentibus quam coactis imperitare. Atque
hoc si a principio illis placuisset, mali
nihil perpessos, plurima vero accepisse
bona. Quoniam autem divinae placuerit
ordinationi, vim et gratiam imperii eos
experiri, studendum illis esse, quo facilius errata superent, poenitudinem eos
facti habere, vinci se posse citius ob-
sequio quam bello, praelium incipere
quemvis etiam ignavum posse, caeterum
finem penes victores esse.

Ad haec — — verba faciunt, se non
hostili animo nec ad oppugnandum
imperium arma cepisse, sed terminos
patrum suorum, iure belli omni modo
suos factos, vastari a suis gentili-
bus pati nequivisse.

Jug. 102.

Rex Bocche, magna laetitia nobis est, quom te talem virum Di
monuere,
ut
aliquando pacem quam bellum
malles — — simul demeres nobis
acerbam necessitatem — — te —
— persequendi — — tutius esse rati
volentibus quam coactis imperitare.
Atque hoc utinam a principio tibi placuisset, profecto plura bona accepisses
quam mala perpessus esses. Sed quoniam humanarum rerum fortuna pleras-
que regit, quoi scilicet placuit et vim
et gratiam nostram te experiri, nunc
quando per illam licet, festina atque uti
coepisti perge, multa atque opportuna
habes, quo facilius errata officis superes.

Ad ea Bocchus ..... se non hostili animo, sed ob regnum tutandum
arma cepisse, nam Numidiae partem,
unde vi Iugurtham expulerit, iure belli
suam factam, eam vastari a Mario
pati nequivisse.

Ein Seitenstück zu der Herübernahme der vergleichenden Charakteristik Cäsars und Catos aus Sallusts Catilina und die Uebertragung derselben auf Heinrich den Löwen und Welf VI. bietet endlich folgende Stelle, wo dem ersteren einfach die Eigenschaften des Iugurtha vindiciert worden.

Gesta IV, 38.	Sallust. Iug. 6.
Qui (sc. Heinricus dux) a primis cunabulis patre et matre orbatus, ubi primum adolevit pollens viribus, decora facie, sed multo maxime ingenio validus, non se luxui neque inertiae corrumpendum, sed uti mos Saxonum est, equitari, laculari, cursu cum aequalibus certare et cum omnes gloria anteiret, omnibus tamen carus esset, eius studium, ut de quodam dicitur, modestiae, decoris et maxime severitatis erat.	Qui cum primum adolevit. pollens viribus, decora facie, sed multo maxime ingenio validus, non se luxui neque inertiae corrumpendum dedit, sed, uti mos gentis illius est, equitare, iaculari, cursu cum aequalibus certare et quom omnis gloria anteiret, omnibus tamen carus esse. Catil. 54: At Catoni studium modestiae, decoris, sed maxume severitatis erat.

Diese Stelle zeigt zugleich, wie Radewin von den verschiedensten Enden her entlehnte Fragmente zusammenzuschweissen und zu einem scheinbar organischen Ganzen zu verbinden versteht — eine Geschicklichkeit, von der weiterhin noch ganz andere Proben werden beigebracht werden können.

4. Sidonius Apollinaris und Einhards Vita Caroli.

Aehnlich wie mehrfach nach dem eben Mitgetheilten den Sallust benutzt Radewin, wie zuerst Stälin, Wirtembergische Geschichte 2, 80 Anm. 3 bemerkt hat, bei der Schilderung, welche er IV, 76 von der äusseren Erscheinung Friedrichs I. entwirft, die Beschreibung, welche Sidonius Apollinaris Epist. 1, 2 von dem Ostgothenkönig Theodorich dem Grossen giebt, begnügt sich aber mit dieser Entlehnung noch nicht, sondern schreibt dazwischen stückweise auch noch Einhards Vita Caroli Magni aus, was so wol Stälin a. a. O. als auch namentlich wieder Wilmans übersehn hat. In beiden Fällen zeigt sich Radewin wieder als einen Meister in geschicktem Ausschreiben und Zusammenfügen der heterogensten Bestandtheile. Man vergleiche:

IV, 76.	Apollin. Sidonius Ep. I. 2.
Igitur divus augustus Fridericus, ut de Theodorico quidam scribit, et moribus et forma talis est, ut et illis dignus sit agnosci, qui eum minus familiariter in-	Igitur vir est et illis dignus agnosci, qui eum minus familiariter intuentur, ita personam suam

tuentur. Ita personam suam deus arbiter et ratio naturae consummatae felicitatis dote sociata cumularunt. Moribus
huiuscemodi, ut laudibus eorum nichil,
ne imperii quidem fraudet invidia.
Forma corporis decenter exacta;
statura longissimis brevior, procerior
eminentiorque mediocribus, flava caesaries, paullulum a vertice frontis crispata. Aures vix superiacentibus crinibus operiuntur,
tonsore pro reverentia imperii
pilos capitis et genarum assidua
succisione curtante. Orbes ocu-
lorum acuti et perspicaces, nasus
venustus, barba subrufa, labra subtilia nec dilatati oris angulis ampliata
totaque facies laeta et hilaris.

Gutturis et colli non obesi, sed pa-
rumper succulenti, lactea cutis et quae
iuvenili rubore suffundatur eumque illi
crebro colorem non ira, sed verecundia
facit. -- — —
In succinctis ilibus vigor. Crura suris
fulta turgentibus, honorabilia et
bene mascula. — —

Si actionem diuturnam forinsecus
perquiras, antelucanos basilicarum et
sacerdotum suorum coetus aut solus
aut minimo comitatu expetit eosque
tam grandi sedulitate veneratur, ut
omnibus Italis erga episcopos et
cleros servandi honorem et reve-
rentiam ipse formans et exemplum
tribuerit.
Eligis quod feriat, quod elegeris,
ferit. — —
— — Cum ludendum est, regiam
tantisper sequestrat severitatem eiusque temperamenti est, ut sit re-
missio non minuus, austeritas non
cruentans.

deus arbiter et ratio naturae consummatae felicitatis dote sociata cumula-
verunt. Mores autem huiuscemodi, ut
laudibus eorum nihil, ne regni quidem
defraudet invidia. Si forma quaera-
tur, corpore exacto, longissimis brevior.
procerior eminentiorque mediocribus.
Capitis apex rotundus, in quo
paululum a planicie frontis in
verticem caesaries refuga crispatur. — — — Aurium legulae, sicut
mos gentis est, crinium superiacentium flagellis operiuntur.

Nasus venustissime incurvus,
labra subtilia nec dilatatis
oris angulis ampliata. Si casu dentium series ordinata promineat,
niveum protinus repraesentant
colorem. — — —
Menti, gutturis, colli non obesi,
sed succulenti, lactea cutis, quae propius inspecta iuvenili rubore suffun-
ditur. Namque hunc illi crebro colorem non ira, sed verecundia facit. — —
In succinctis regnat vigor illbus. —
— Crura suris fulta turgentibus et qui
magna sustentat membra, pes
modicus. — — —
Si actionem diuturnam, quae est
forinsecus exposita, perquiras: antelucanos suorum sacerdotum coetus minimo
comitatu
expetit, grandi sedulitate
veneratur
— — — — — — —
— — — — — — —
Eligis quid feriat, quod elegeris
ferit. — —
Cum ludendum est, regiam tantisper
sequestrat severitatem, hortatur ad
ludum, libertatem communionem-
que.

Auffallend erscheint es dabei eigentlich, dass Radewin nur diesen einen Brief des Apollinaris Sidonius gekannt zu haben scheint
oder — wenn er mehr kannte — doch nur diesen einen benutzt
hat, während er doch auch in den übrigen Briefen für seine Zwecke
reichliche Hülfsmittel, d. h. zur Herübernahme geeignete Stellen finden konnte. Allerdings findet sich in demselben Capitel (IV, 76)
noch eine Stelle, welche auffallend an eine Wendung anklingt, welche
Apollinaris Sidonius in einem anderen Briefe IV, 20 gebraucht, wo
er den königlichen Jüngling Sigismerus schildert.

IV, 76.	Apollin. Sidon. IV, 20.
— — cui magis hoc decorum, ut in castris suis potius Martis pompa ra- diet quam Veneris.	— — cuncta prorsus huiusmodi, ut in actione thalamorum non appareret minor Martis pompa quam Veneris.

Doch wird man aus dieser Uebereinstimmung wol nicht schliessen dürfen, dass Radewin die ähnlich lautende Stelle des Sidonius
gekannt habe; sehr viel näher liegt und sehr viel wahrscheinlicher
ist die Erklärung, dass beide Schriftsteller eine ältere Dichterstelle
nachahmen und daher die Aehnlichkeit des gebrauchten bildlichen
Ausdrucks stammt.

Ausser dem Theodorichs des Grossen Persönlichkeit beschrei-
benden Briefe des Sidonius Apollinaris aber benutzte Radewin IV, 76
auch noch die Schilderung, welche Einhard in der Vita Caroli
von der äusseren Erscheinung des grossen Kaisers gegeben hat, und
zwar ganz in der eigenthümlichen Art, die wir nun bereits zur Genüge an ihm kennen gelernt haben. Einhard seinerseits hat be-
kanntlich den Suetonius nachgeahmt; daher erinnern die betreffenden Stellen bei Radewin denn auch zunächst an Sueton und
man wird auf die Vermuthung, dass Radewin auf diesen ja im Mittelalter viel gelesenen und viel nachgeahmten Schriftsteller gekannt
und benutzt habe, um so mehr gebracht, als die Stelle III, 14:
— Fridericus — — nullos sibi dies ociosos transire passus est, eos
se ratus perdidisse, in quibus non aliquid de utilitatibus imperii —
— disposuisset — unwillkürlich erinnert an das „Amici, diem per-
didi" des Titus bei Sueton, Tit. 8. Jedoch hat Radewin den Sueton
nicht benutzt und die Anklänge an Sueton, die sich gerade IV, 76
finden, erklären sich daraus, dass er Einhards Vita Caroli gerade
an Stellen ausschreibt, welche Nachahmungen Suetons geben. Das
zeigt unwiderleglich die Nebeneinanderstellung folgender Sätze:

IV, 76.	Einhard V. Caroli (Ms 1, 455) c. 22.	Sueton. Claud. 30.
Incessus firmus et constans, vox clara totaque corporis habitudo virilis. Tali corporis forma plurima et dignitas et auctoritas tam stanti quam sedenti acquiritur. Valetudine satis prospera, praeter quod interdum febre effimera corripitur.	(2) Incessu firmo totaque corporis habitudine virili, voce clara quidem, sed quae minus corporis forma conveniret, valetudine prospera, praeter quod antequam decederet per quatuor annos crebro febribus corripiebatur. (1) Inde formae auctoritas tam stanti quam sedenti plurima acquirebatur.	Auctoritas dignitasque formae non defuit vel stanti vel sedenti. (31) Valetudine sicut olim gravi, ita princeps perprospera usus est excepto stomachi dolore. Vgl. auch Caes. 45: valetudine prospera, nisi quod tempore extremo repente animo linqui.
Ibid. In patria lingua admodum facundus, latinam vero melius intelligere potest quam pronunciare.	c. 25 (p. 456) — — — — — graecam vero melius intelligere quam pronunciare poterat; adeo quidem facundus erat, ut — — —	
Vestitu patrio utitur nec protuso aut petulanti.	c. 23. Vestitu patrio, id est francico utebatur.	Calig. 52. Vestitu calceatuque — — — neque patrio neque civili .. usus est.

§ 4. Radewins Plagiate aus Josephus-Rufinus de bello iudaico.

Bereits in der Vorrede, mit welcher er seine Fortsetzung der Gesta Friderici des Otto von Freising einleitet, beruft sich Radewin auf Josephus: Quidam enim, ut ait Josephus, non quod rebus interfuerint. — etc. Obgleich er denselben nur an dieser einen Stelle ausdrücklich nennt, so hat er denselben doch in ähnlicher Weise wie hier in dem Prologe noch vielfach benutzt. Der sentenzenreiche Geschichtschreiber des jüdischen Krieges hat dem freisinger Propste manche Redeblume leihen müssen ohne dass sein Eigenthumsrecht durch Nennung seines Namens gewahrt worden wäre. IV, 11 zu Ende: Si quis autem, ut ait quidam, durior misericordiae sit iudex, res quidem tribuat historiae, lamenta vero scriptori — ist ebenfalls eine Wendung, deren sich Josephus in dem Prologe zum Bellum iudaicum bedient. Auch III, 40: Nam, ut ait quidam, quod reverentia dignum est, in fame negligitur — ist nur eine Lesefrucht aus Josephus.

Dass Radewin des Josephus Werk gekannt hat, kann schon

danach nicht mehr zweifelhaft sein. Doch ist damit noch lange nicht
genug gesagt, und es ist zu bedauern, dass der Herausgeber des
Radewin in den Mon. Germ. hist. sich nicht die Mühe gegeben hat,
die eine Stelle, wo Radewin den Josephus auch namentlich anführt,
in des jüdischen Geschichtschreibers Werk selbst zu ermitteln. Hätte
er dies gethan, so würde ihm so gut wie mir bei dieser Gelegenheit, schon bei einem flüchtigen Durchblättern des Josephus die auffallende Aehnlichkeit nicht entgangen sein, die zwischen einzelnen
Stellen des Radewin und des Josephus vorhanden ist; das im Radewin so häufig vorkommende „ut ait quidam" hätte auf solche
Uebereinstimmungen doch gleich ein ganz besonderes Licht fallen
lassen müssen. Diesen Spuren weiter nachgehend würde er von
dieser einen Stelle aus so gut wie ich zu einer durchgehenden Vergleichung beider Schriftsteller gekommen sein und es hätte dann
seine Ausgabe des Radewin allerdings wol eine ganz andere Gestalt
angenommen und es würde sein Urtheil über den Werth desselben
im Gegensatz zu der von ihm jetzt reproducierten landläufigen Meinung wesentlich anders, nämlich sehr viel ungünstiger ausgefallen
sein. Ein sehr beträchtlicher Theil nämlich von Radewins
Werk, namentlich von seinem Berichte über Kaiser Friedrich I. Kämpfe gegen die lombardischen Städte, vor
allem Mailand und Crema, ergiebt sich bei dieser genaueren Prüfung als capitelweise wörtlich abgeschrieben aus
des Josephus jüdischem Krieg und entbehrt daher sachlich jedes Werths, lässt vielmehr den Radewin als einen
sehr geschickten, aber doch auch völlig gewissenlosen
Abschreiber erscheinen. Es betrifft diese Enthüllung zum guten
Theile namentlich gerade solche Stellen, in denen man den Radewin
bisher für besonders gut unterrichtet und auch im Detail glaubwürdig
ansah, und dann solche, aus denen man auf die vielseitige weltliche
Bildung des Geschichtschreibers schliessen zu können glaubte. Einige
Beispiele werden genügen das veränderte Verhältnis darzuthun.

Wenn Radewin IV, 2 eingehend die altrömische Lagerordnung
schildert, so hat man daraus, zumal da der Geschichtschreiber sich
ja auch sonst durch die hie und da eingestreuten Citate als in der
klassischen Literatur der Römer wol bewandert zu erkennen giebt,
den Schluss ziehen zu dürfen geglaubt, dass Radewin auch mit den
Realien des klassischen Alterthums in ungewöhnlich hohem Grade
vertraut gewesen sei: — die ganze Geschichte aber ist wörtlich aus

Josephus abgeschrieben. Wenn er III, 32 nennt die restores ordinum, quos antiqui centuriones, hecatontarchos seu chiliarchos
appellare consueverunt — so möchte man daraus einen ähnlichen
Schluss ziehen wie aus der vorigen Stelle, — nur dass auch hier
wieder nichts dem Radewin eigen, sondern alles abgeschrieben ist.
Nicht einmal die von einigen vermuthete Kenntnis einiger griechi-
scher Brocken darf man aus der zuletzt angeführten Stelle folgern
wollen.

Denn nicht das griechische Original des Josephus, sondern die
im Mittelalter weit verbreitete Uebersetzung desselben, welche gewöhnlich dem Rufinus Tyrannius von Concordia[1]) (c. 330
bis 410) zugeschrieben wird, hat Radewin benutzt und ausgeschrieben.

Um den Beweis für die soeben aufgestellte Behauptung im einzelnen zu erbringen und zugleich von der höchst eigenthümlichen
Mosaikarbeit einen Begriff zu geben, welche Radewin aus den verschiedensten Stellen entlehnten Fragmenten des Bellum iudaicum
zusammensetzt und für sein Eigenthum ausgiebt, stelle ich in dem
Folgenden die zusammengehörigen Stellen des Radewin und des
Josephus[2]) zusammen: niemand wird danach mehr an der Richtigkeit der von mir aufgestellten Behauptung zweifeln können. Ich gehe
dabei den Radewin der Reihe nach, Capitel für Capitel durch.

1) Gesta Frid. III, prolog.	Joseph. (Rufin.) bell. Iud. III, 15 (fol. 49 b.)
Interrogans generationem pristinam et diligenter investigans patrum memo-riam, multis experimentis invenio, huma-narum rerum nihil firmum, nichil perpetuum, sed dies hominis velocius transire etc. (Hiob 7, 6, vgl. oben).	sagt Titus zu dem sich gefangen geben-den Josephus theilnehmend: humanarum autem rerum nihil firmum atque perpetuum.
2) Ibid. med.	Ibid. prolog. init. (f. 1).
Quidam enim, ut ait Josephus, non quod rebus interfuerint, sed incer-tos et incongruos narrantium rumores auribus colligentes oratorum more per-scribere solent. Qui vero praesto fue-runt, aut vincentis principis obse-quio aut odio eorum, qui victi sunt, contra fidem rerum falsa confirmant.	Quidam non quod rebus interfuerint, sed vana et incongrua narrantium ser-mones auribus colligentes oratorum more perscribunt, qui vero praesto fuerunt, aut Romanorum obsequio aut odio Iudeorum contra fidem rerum falsa confirmant.

[1]) Vgl. Fabricius. Bibl. med. et infim. lat. VI, 131 und Bibliotheca graeca V, 22. Mabil-
len, Museum Ital. I, 12 und im allgemeinen Herzog, Realencyklopädie der protestantischen Theo-
logie. — [2]) Ich benutzte die mehrfach gedruckte Uebersetzung des Josephus von Rufinus in der Ausgabe von Robert Gouillet. Paris 1513 (Datum der Vorrede).

3)   III, 4.

— debere autem dedignari dominos humiliores, non cum, in cuius sit potestate Romanum imperium. .

4)   III, 31 (2. Absatz).

Revertentes autem milites interminatio principum et imperator iratus huiusmodi oratione corripuit: Mediolanenses omnia cum deliberatione faciunt atque prudentia, fraudes et insidias componendo eorumque dolos fortuna prosequitur —

Nostri vero, quibus ob disciplinam et consuetudinem obediendi rectoribus fortuna famulatur, nunc contrario peccant. Non immerito itaque vincuntur, depelluntur[1]. Quia omnium pessimum est, praesente imperatore sine rectore dimicare.

.

cum etiam vincere sine praecepto ducis Infamiae sit. Scituros esse, ait, omnes, qui de caetero arroganter egerint vel minimum quid praeter ordinem moverint, legum severitate se in eos vindicaturum. Circumfusa vero agmina principem pro commilitonibus obsecrabant paucorumque temeritatem condonari cunctorum obedientiae precabantur, emendaturos esse peccatum praesens futurae compensatione virtutis. Placatus imperator est precibus simul et utilitate multitudinis, factum indulgendum putans, multa monens, ut post haec pru-

VI, 12 (fol. 74).

— debere autem dedignari dominos humiliores, non in quorum potestate sunt omnia.

VI, 4 (f. 68b.).

Milites autem interminatio principum et caesar iratus huiusmodi oratione corripuit: Iudei quidem, quos sola regit desperatio, omnia deliberatione faciunt atque prudentia fraudes et insidias componendo eorumque dolos fortuna prosequitur, quia sunt morigeri sibique invicem benevoli ac fideles, Romani vero, quibus ob disciplinam et consuetudinem obediendi rectoribus fortuna famulatur, nunc contrario peccant et intemperantia manuum debellantur, quod omnium est pessimum, praesente caesare sine rectore dimicantes. Certe, inquit, plurimum ingemiscent militie leges, plurimum pater, cum hoc vulnus audierit[*]. Ille cum bellando senuerit, numquam isto modo peccavit, leges autem, cum in eos, qui minimum quid [alias aliquid] praeter ordinem moverint, morte vendicent, nunc totum deseruisse exercitum videant[**]. Modo autem scituros esse, ait, quid arroganter egerint, quia apud Romanos vincere etiam sine praecepto ducis infamiae est. Haec Titus cum indignatione ad rectores prolocutus quod alias, quia lege in omnis erat usurus [sic]. Et hi quidem abierunt quasi iam iamque iuste morituri. Circumfuso vero agmine Titum pro comilitonibus obsecrabant paucorumque temeritatem cunctorum obedientia condonari precabantur, emendaturos enim peccatum praesens futurae compensatione virtutis. Placatus est itaque caesar utilitate simul

---

[1] Der Vergleich mit Rufinus zeigt, dass debellantur zu lesen.

[*] Titus selbst ist in dem durch den Uebereifer der Römer veranlassten Treffen verwundet.

[**] Der Text des Rufinus ist hier arg verdorben.

dentius agerent. Ipse vero quemadmo-
dum se in adversarios ulcisceretur,
iam provocatus arctius cogitabat.

ac precibus, namque unius hominis
animadversionem usque ad factum promovendam putabat, multitudinis vero usque ad veniam [c.5].
Militibus quidem reconciliatus
est, multa monens, ut post haec pru-
dentius agerent, ipse vero quem admodum Iudeorum insidias ulcisceretur
excogitabat.

Sehr lehrreich für die eigenthümliche Art der Mosaikarbeit,
durch welche Radewin aus dem Josephus entlehnten Brocken ein
neues, scheinbar originales Ganze zusammenzuschweissen wusste, ist
III, 32, das sich, so einheitlich es auf den ersten Blick erscheint,
bei genauerer Betrachtung als eine Compilation aus verschiedenen
Entlehnungen erweist.

5)   III, 32.

Itaque postera die, quae lucescit in
8. Kalend. Augusti Fridericus ad obsidionem civitatis ducens exercitum omnes
copias suas in 7 legiones partitur, praeficiens singulis de principibus rectores
ordinum, quos antiqui centuriones, hecatontarchos seu chiliarchos appellare consueverunt, cum signiferis aliisque disciplinae et ordinis custodibus.
Praemissi autem milites cum stratoribus viarum ibant, qui aggerum
maligna corrigerent ac devia complanarent, obstacula praeciderent,
ne perplexo itinere fatigaretur
exercitus. Circum aquilam et signa
alia tubicines et cornicines. Servi
singulorum agminum cum peditibus erant, mulis aliisque iumentis advehentes militum sarcinas.
Hos sequebantur, qui expugnandis civitatibus machinas et caetera tormenta portarent. Omnium
vero agminum postrema erat mercenaria multitudo. Ordinato taliter
militum itinere praemonitisque diligenter, ne quis ordinem deserat, Martio quodam spiritu repleti cum valido clamore
divinum implorant auxilium. Deinde

Ioseph. bell. iud. IV, 5 (fol. 44).

Vespasianus — — proficiscitur ordinato militum itinere sicut Romani consueverunt. Auxiliatores enim, qui levius
armati essent, itemque sagittarios praeire
iussit ad repentinos incursus hostium
cohibendos atque ut suspectas atque
silvas insidiis opportunas scrutarentur.
Cum quibus erat etiam Romanorum
armata portio, equites peditesque. Eos
autem sequebantur de singulis hecatontarchiis deni equites et pedites
armaturam suam ferentes mensurasque
castrorum. Post hos stratores viarum
ibant, qui aggeris maligna corrigerent et devia complanarent sil-
vasque obstantes praeciderent, ne
perplexo itinere fatigaretur exercitus. Deinde suas itemque subiectorum sibi sarcinas et tuitiones caesar
multos cum his equites ordinavit. Post
quos ipse veniebat, lectos pedites equi-
tesque necnon et lancearios secum ducens equitumque praeterea suorum,
agmine comitatus — — Hos sequebantur, qui expugnandis civitatibus machinas et cetera tormenta portarent. Deinde rectores
itemque praefecti cohortibus chiliarchi

ociose et cum omni decore progredientes ambulant, suum quisque ordinem velut in bello custodiens. Quemcumque huius negotii liberum spectatorem contigit affuisse, hunc ego experientius intelligere puto, quod dicitur: Pulchra ut luna, electa ut sol, terribilis ut castrorum acies ordinata.

Peracto itinere Fridericus cum omni exercitu.....

stipati lectis militibus et post hos circa aquilam signa alia. — — Sacras vero signorum effigies itidem sequebantur cornicines et post eos acies in latitudine suis digesta militibus hisque adhaerebat ex more quidam hecatontarchos disciplinae atque ordinis custos. Servi autem singulorum agminum cincti cum peditibus erant mulis aliisque inmentis advehentes militum sarcinas. Omnium vero agminum postrema erat centenaria[1]) multitudo eosque armorum coactores eosque sequebantur armati pedites equitumque non pauci. Itaque peracto itinere Vespasianus cum omni exercitu ad fines Galileae pervenit.

Man sieht, wie Radewin aus des Josephus Darstellung von Vespasians Heeresordnung auf dem Marsche nach Galilaea die einzelnen Bestandtheile derselben in eine etwas andere Reihenfolge zusammenschiebend, ein durchaus willkürliches Bild entwirft von der Ordnung, in welcher Kaiser Friedrich I. Heer bei dem Zuge gegen Mailand gegangen sein soll. Aber noch aus anderen Abschnitten des Josephus entlehnte Stellen hat er geschickt hinein verflochten. Die Stelle gegen Ende des angeführten Abschnittes

6)   III, 32 verglichen mit
Ordinato taliter militum itinere praemonitisque diligenter, ne quis ordinem deserat, Martio quidam spiritu repleti cum valido clamore divinum implorant auxilium. Deinde ociose et cum omni decore progredientes ambulant, suum quisque ordinem velut in bello custodiens.

Ioseph. bell. iud. III, 4 init. (vor der oben benutzten Stelle).
— — indicant, ut exeatur, urgendo aliqua ex causa morantes, ne quis ordinem deserat — — — und: illique Martio repleti spiritu cum clamore dextras erigunt. Deinde ociose et cum omni decore progredientes ambulant, suum quisque ordinem velut in bello custodiens.

charakterisiert diese Art der Arbeit Radowins zur Genüge.

Nicht minder lehrreich für Radowins Geschick sich mit einigen wenigen Aenderungen des Josephus Erzählung von dem Kampfe der Juden gegen die Römer zu eigen zu machen und ohne weiteres mit allem Detail auf den Kampf der Mailänder gegen Friedrich I. zu übertragen ist der Vergleich der folgenden beiden Stellen.

---

[1]) mercennaria ed. Rom. 1475.

7)   III, 37.

Illud etiam non ab re est memorare, quod quidam ex oppidanis vir in oculis suis sibi placitus progressus versus castra imperatoris, velut equitandi imperitiam nostris exprobrans quaedam superbe prolocutus est et quemlibet fortissimum et equitandi peritissimum ad singulare certamen provocavit. (Folgt die Schilderung seiner Reitkünste). Atqui contra steterunt, multi quidem dedignabantur. Erat autem inter eos, ut assolet, etiam qui timeret. Quosdam vero non inconsulta movebat ratio cum mortis cupido non debere confligere

et cum his in discrimen venire, quos neque vincere magnum sit et vinci cum dehonestamento periculosum, non fortitudinis, sed insipientiae videri. Cum autem diu nemo procederet multaque ille nostrorum timiditati illuderet, nobilis comes Albertus de Tyrol — — — obviam venit eumque tripudiantem et vana iactantem deiecit cadentemque dedignavit occidere.

Iosephus b. i. VII, 5 (f. 82).

Hiisdem autem diebus quidam ex Iudeia vir et corpore brevis et visa despicabilis tamque genere quam rebus aliis vilissimus Ionathis nomine progressus ad Iohannis pontificis monumentum, cum alia multa superbe ad Romanos pro locutus est, tum quem fortissimum haberent ad singulare praelium provocavit.

Atqui contra steterant, multa quidem dedignabantur. Erat autem inter eos, ut assolet, etiam qui timerent. Quosdam vero non inconsulta monebat ratio cum mortis cupido non debere confligere. Nam qui de salute sua desperassent, eos neque cautos impetus neque Deum habere placabilem et cum his in discrimen venire, quos neque vincere magnum sit et vinci cum dehonestamento periculosum, non fortitudinis, sed ferocitatis videri: Cum autem nemo diu procederet multaque iudeus Romanorum timiditati illuderet — — — — — donec eum tripudiantem et vana iactantum quidam priscus centurio sagitta transfixit.

In diesem Falle mag man noch dahingestellt sein lassen, ob nicht vor Mailand allerdings ein derartiger Einzelkampf wirklich stattgefunden und Radewin sich zur Beschreibung desselben nur der ihm bekannten Stelle des Josephus bemächtigt habe. Viel bedenklicher schon ist es, wenn Radewin das, was Josephus von den drei Thürmen auf der dritten Mauer Jerusalems sagt, ohne weiteres auf die Befestigungen Mailands überträgt, und dicht vorher das, was Josephus dem Jerusalem belagernden Titus nachrühmt, Friedrich I. vor Mailand thun lässt.

8)   III, 38 init.

Inter haec princeps ipse impiger omnia, quae ad cladem et eversionem urbis erant, providere, muros modo cum paucis modo cum multis et lectis militibus circuire, ubi muros aggrederetur explorare.

Ioseph. b. i. VI, 9 init. (f. 71).

Verumtamen his intra civitatem ita se habentibus Titus cum electis equitibus foris circumiens, qua muros aggrederetur, explorabat.

9)   ibid. med.

Mirabilis autem fuit lapidum magnitudo. Nec enim ex vulgaribus saxis aut quae homines ferre posse crederentur,

—

sic autem manibus artificum formata, ut quatuor columnis sustentata ad similitudinem Romani operis vix aut nusquam in ea iunctura compaginis appareret, unde et arcus Romanus appelatus est.

VI, 5 (f. 69).

Mirabilis autem fuit etiam lapidum magnitudo. Nec enim ex vulgaribus saxis aut quae homines ferre posse, verum secto marmore candido et singulis per triginta cubitos longis latisque per decem ac per quinque altis erant aedificatae. Duae ita inter se copulatae erant, ut singulae turres singula saxa viderentur. Sic autem per manus artificum in faciem angulosque formata, ut nusquam iunctura compaginis appareret.

10)   ibid.

Erant in ea virorum receptacula et coenacula 40 lectorum vel amplius capacia.

VI, 6.

Equali ambitu turribus ornatissimis ambiebatur itemque virorum receptaculis et cocunaculis centum lectorum capacibus.

Ganz ähnlich stellt sich der Zusammenhang zwischen folgenden Stellen des Radowin und des Josephus-Rufinus:

11)   III, 40.

Iamque malis plurimis attriti Mediolanenses. Crescebat autem in civitate cum fame desperatio et in dies singulos utrumque malum amplius accendebatur. Erat nempe collectum ex toto territorio infinitum vulgus diversusque erat victus, cum potentiores quidem amplius haberent, infirmiores autem penuriam deplorarent. Quippe fames super omnes clades habetur: Nam, ut ait quidam, quod reverentia dignum est, in fame negligitur.

VI, 14 (f. 75').

Cum fame autem crescebat desperatio et in dies singulos utrumque malum amplius accendebatur.

Folgt eine ausführliche Schilderung der in Jerusalem wüthenden grässlichen Hungersnoth und der durch dieselbe veranlassten Greuelthaten. Nam quidquid reverentia dignum est, in fame negligitur.

Die darauf folgende Rede, in welcher Graf Guido von Biandrate die Mailänder zur Uebergabe zu bestimmen sucht, ist wiederum nichts weiter als eine mit einigen Radowin eigenen Wendungen untermischte, theils wörtliche, theils auszugsweise Reproduction der Rede, durch welche Josephus nach seinem eigenen Berichte vom römischen Lager aus die Vertheidiger Jerusalems zur Unterwerfung zu bestimmen suchte.

12)   III, 40.

Sensit mecum, qui dixit: Heus, omnium rerum vicissitudo est! Scio, qui
dicunt: Libertas res inaestimabilis est,
pulchrum pro libertate pugnare.
Fateor tamen id in principio debere fieri, semel autem subditum
et qui multo tempore paruisset
imperio, iugum excutere, malae
mortis cupidum, non libertatis
amatorem videri. Validissima lex
est tam feris bestiis quam hominibus praefinita potentioribus
cedere, quique armis vigent, his obe-
dire victoriam. — — — — — — —
Meliores nobis fuerunt patres nostri et
maiores, fide, probitate ceterisque bonis
neque vel amplius nobis gloriam, honorem libertatemque affectarunt, imperio
tamen transalpino resistere non potuerunt.

Ioseph. bell. iud. VI, 12 ff. 74).

Nam licet pulchrum sit pro libertate pugnare, tamen id in principio debere fieri,
semel autem subditum et qui multum tempus paruisset imperio,
excuti ac malae mortis cupidum,
non libertatis amatorem videri.
— — Hunc autem validissimam
legem tam feris bestiis quam hominibus esse praefinitam potentioribus cedere apud eosque esse
victoriam, apud quos robur fuerit armorum. Idcirco etiam maiores eorum, quamquam multum et animis et corporibus
et aliis subsidiis meliores erant, ces-
sisse Romanis. Quod nisi Deum scis-
sent illis favere, numquam perpessi fuissent, ipsos vero concidentes adhuc resistere, cum ex magna parte capta sit civitas.

Auch die historischen Betrachtungen, durch welche bei Radewin
der Graf von Biandrate die Mailänder von der Fruchtlosigkeit ferne-
ren Widerstandes zu überzeugen sucht, schliessen sich in dem Ge-
dankengange im wesentlichen völlig denjenigen an, durch welche
Josephus seine verblendeten Landsleute zur Unterwerfung unter
Titus zu bewegen strebt. Vielfach wird auch hier Josephus wort-
getreu herübergenommen. Namentlich gegen den Schluss hin stimmt
es beinahe wörtlich.

13)   III, 40.

— Brevi autem quamvis armis
claustra murorum perrumpi non possint, fames atque pestilentia pro eis
pugnabit. Versentur, obsecro, in con-
spectu cuiusque filii, coniuges et
parentes, quos paulo post, nisi mu-
tata sententia, aut bellum aut fames ab-
sumet. Non ignavia, sed consideratione
periculorum me quisquam haec suan-
dere crediderit. Ipse ego pro populo
meo, pro civitate mea mori paratus sum
impendamque libenter mercedem salutis vestre sanguinem meum.

Ioseph. l. c.

Quamvis perrumpi tutamina murorum
non potuerunt, famem pro Romanis
pugnaturam. Versentur in con-
spectu
cuiusque filii coniuges et
parentes, quos paullo post
aut bellum aut [fames] absumpserit —
Scio, quia una cum his periclitabitur
mihi mater et coniux et familia non
ignobilis domusque olim clarissima et
propterea fortasse me quisquam haec
suadere crediderit: interficite illos,
accipite mercedem salutis vestre
sanguinem meum.

Die Beschreibung des Lagers, das zur Abhaltung des berühmten Reichstages auf den Roncalischen Gefilden aufgeschlagen war, erscheint als eine höchst anschauliche und um so glaubwürdiger als aller Wahrscheinlichkeit nach Radewin selbst in Roncalia zugegen war[1]): dennoch ergiebt sich auch dieser ganze Abschnitt als aus dem Josephus abgeschrieben.

14)   **IV, 2.**

Nempe antiquam Romanae militiae consuetudinem Romani miles Imperii adhuc observare solet, ut videlicet quotiescumque in hostilem terram intraverint, castrorum primo munitioni studeant. Quae quidem neque iniquo loco erigunt, neque inordinate describunt, sed in plano et campestri, et si quidem inaequale solum fuerit, quoad fieri potest complanatur. Dimensio autem saepissime vel in orbem vel in quatuor angulos designatur. Nam et fabrorum et opificum multitudo et mercatorum copia, quae quantum usus poscit, sequitur exercitum, cum suis papilionibus et ergasteriis aut suburbiorum, si in quadro aut in gyro, ambitus eorum extrinsecus muri faciem praefert. Intus autem castra vicis apte distinctis dirimunt plateasque et portas assimilant tam iumentis aditu faciles quam ipsis, si quis urgeat, intus currentibus sufficienter latas,

Ioseph. b. i. III, 4 (f. 43'), ·

Nec enim cursu capi sunt hostibus faciles, sed quocumque in hostilem terram irruperunt, ante castrorum munitionem numquam prandium[2]) sumunt. Quae quidem non levi opere neque inaequo loco erigunt nec omnes inordinate describunt, sed siquidem inaequale solum fuerit, complanantur. Quatuor vero angulis eorum dimensio designatur. Nam et fabrorum multitudo et ferramentorum (?) copia, quae usus exstructionis poposcerit, sequuntur exercitum. Et interior quidem castrorum pars tabernaculis distribuitur, ambitus autem eorum extrinsecus muri faciem praefert, ordinatis etiam turribus pari spacio dispositis, quarum intervalla talia atque ballistis aliisque machinis saxa intorquentibus omnibusque instrumentis missilium complent, ut cuncta scilicet iaculorum genera in promptu sint. Ex omni vero muri parte quatuor portas aedificant, tam iumentis aditu faciles, tam ipsis, si quis urgeat, cito currentibus latas. Intus autem castra vicos spaciis interpositis dirimunt mediaque tectorum tabernacula collocant et inter haec ducis maxime divum templo simillimum prorsus, ut quasi repentina civitas quaedam existat forumque et opificum stationes et sedes militum primati-

ut quasi repentina civitas quaedam existat. Medio autem ducis vel principis tabernacu-

---

lum templo simillimum circaque rectorum et primatum, ut quemque decet suo ordine, armisque septi milites per contubernia cum decore et laetitia in tentoriis agunt.

bus ordinumque principibus, ubi, si qua sit inter alios ambiguitas, indicent. Ipse vero ambitus et omnia, quae in eo sunt, multitudine simul et scientia fabricantium citius opinione communitur. — — Armis autem septi per contubernia cum decore atque acie in tentoriis agunt.

Der Schluss des Capitels ergiebt sich als ein kurzer Auszug aus einer Stelle, welche der eben als ausgeschrieben nachgewiesenen vorangeht.

15)　　　ibid. extr.

— agunt et militiae disciplina pacis ocio velut procinctu positi exercentur.

Ioseph. ib. (f. 43').

Armis enim uti non ex bello coeperunt neque solum si necesse sit, manus movent, cum in pacis ocio cessaverint, sed veluti armis natura cohaerentes nullas exercitationis inducias nec tempora praestolantur. Meditationes autem eorum nihil a vera contentione discrepant, sed in dies singulos militum quisque omnibus armis tamquam in procinctu positus exercetur; quo etiam facillime praelia tolerant.

Auch allgemeinere Wendungen entlehnt Radewin bald hier bald dort dem Josephus, selbst an Stellen, wo man es am wenigsten erwarten und der Meinung sein sollte, dass Radewin recht aus seinem eigenen Herzen und daher auch mit seinen eigenen Worten redete. Man vergleiche nur aus IV, 11, wo er den Tod seines Gönners, Ottos von Freising, erzählt, folgende Stellen.

16)　　　IV, 11.

Et quia tam in huius praeclari viri nece quam in conflagratione Frisingensis ecclesiae patria mea duplici contritione attrita est, nemo me accuset, si vel patriae miserias vel amantissimi domini et nutritoris mei flebilem interitum prolixiore narratione prosequar, sed dolori veniam tribuat, considerantibus nobis civitatem nostram ad tantum felicitatis gaudium processisse eandemque fere ad ultimos casus inclinatam. Si quis autem,

Iosephus, b. i. Prolog.

Quod si quis me adversus tyrannos eorumque latrocinium accusatorie loqui putet, vel patriae miseriis ingementem calumniari praeter legem hystoriae, dolori veniam tribuat. Ex omnibus enim, quae Romano imperio parent solam civitatem nostram ad summum foelicitatis gradum praecedere eandemque ad ultimos casus

ut ait quidam, durior misericordiae sit iudex, res quidem tribuat historiae, lamenta vero scriptori.

deponi. Et horum auctor nullus exsternus est, si quis autem misericordiae sit iudex, res quidem tribuat historiae, lamenta vero scriptori.

Nicht minder lehrreich für Radewins Kunst im Abschreiben ist der Vergleich von

17)   IV, 33   mit

... totamque regionem depopulatur, statuens non ante obsidere civitatem, quam penuria necessariorum affligerentur. Aut enim tunc inopia victualium coactos ultro supplicaturos, aut si ad finem usque in eadem pertinacia duravissent, obsidione inclusos fame consumendos vel ad deditionem cogendos arbitrabatur multoque faciliores ad affligendum fore, si post intervallum temporis iterum atque iterum anxius incubuisset. Itaque omnes eorum exitus asservari praecepit, frumenti aliarumque rerum eis auferens commercium. — —

Ioseph. b. i. III, 7 (f. 45')

Vespasianus — statuit obsidere civitatem, ut eam usus necessariorum penuria caperet. Aut enim coactos inopia sibi supplicaturos aut si ad finem usque in eadem pertinacia duravisset, fame consumendos eius habitatores putabat multoque facilioris pugnae fore, si post intervallum rursus anxius incubuisset. Itaque omnes eorum exitus asservari praecepit. Illi autem frumenti quidem aliarumque omnium rerum intus habebant copiam praeter salem.

Die Rede, welche Radewin IV, 46 dem Kaiser in seinem Zorn über den hartnäckigen Widerstand der Cremesen in den Mund legt, ist gleichfalls aus Josephus entlehnt, der mit fast denselben Worten den Titus die Vertheidiger Jerusalems anherrschen lässt.

18)   IV, 46.

Tum Fridericus: Etiamne perituros contra nos ipsa vos nostra excitavit humanitas et lenitate nostra vobis alulstis audaciam? Iam diu vobis pugnantibus aliquamdiu pepercimus, captivos vestros miserati fuimus, vadibus nostris fidem servavimus, invidi muris vestris machinas admovimus, semper caedis vestrae cupidos milites continuimus. Ista omnia spernitis et nefaria temeritate nos ad excidium vestrum, ad interitum filiorum seu nepotum vestrorum provocatis. Utar ergo

Iosephus VII, 10 (f. 86).

Sed haec eius humanitas infirmitas videbatur, nostraque lenitate aluistis audaciam? — — — — — — Pugnantibus aliquamdiu parcebam, sponte ad nos venientibus dextram dedi, fidem servavi confugientibus, multos captivos miseratus sum, verberibus urgentes coercui, muris vestris machinas invitus admovi, semper caedis vestrae cupidos milites continui.

iam deinceps belli legibus, contendam
cum pertinacia vestra minime parcens,
qui vobis ipsis parcere noluistis.

Nach einer herausfordernden Gegen-
rede der Juden geht es weiter

ibid. Haec dicens vehementer
iratus, quod in sorte captivorum
constituti aequales cum victoribus
conditiones sibi ponerent, voce
praeconis declarare iussit, ne ulterius ad se profugerent neve
fidem sperarent, nulli enim esse
parcendum, cunctis autem viribus
dimicarent, quantum possent, saluti suae consulerent, iam enim
se omnia iure belli gesturum.

IV, 11. Hoc Titus vehementer
iratus, quod in sorte captivorum
constituti
victorum sibi cenditiones ponerent, declarare quidem his iussit
voce praeconis, ne ulterius ad se
profugerent neve fidem sperarent,
cunctis autem viribus dimicarent, quantumque possent, saluti
suae consulerent, iam enim se
omnia iure belli gesturum.

Lehrreicher noch für die Art wie Radewin die in des Josephus
Geschichte eingeflochtenen Reden sich anzueignen weiss, ist folgender Fall, wo er die Rede Eleazars, der die Bewohner von Massada
vergeblich zum Selbstmord auffordert, zu einer Rede zurecht macht,
welche einer der von den Kaiserlichen an die Belagerungsmaschinen
gebundenen Cremesen an seine Leidensgefährten richtet.

19)   IV, 47.

Ioseph. VII, 24 (f. 94).

O beati, quibus mori bene quam
male vivere continget: ne timeatis
mori, qui magna mala morte effugituri estis. Si viri fortes pro
libertate certantes essemus, non
oporteret nos quoque super hoc aut
cunctari aut exspectare monitorem. Nam mors quidem libertatem animis praestat valdeque
beati, qui pro patria mortui immortali-
tatis ordinem iam receperunt.

Plurimi, inquit, opinione deceptus sum,
qui putarem viros fortes pro libertate certantes bene malle mori
quam vivere. Vos autem ne cuilibet
quidem homini quicquam neque audacia
neque virtute praestatis, qui etiam magna mala effugituri mortem timetis, cum
oporteret vos super hoc neque cunctari neque exspectare monitorem.
Nam mors quidem libertatem ani-
mabus praestat, ad proprium purum-
que locum eas dimittit accedere et omni
clade futuras intactas. (— Auffassung
der Inder vom Tode; Freude des Sterbenden und der Seinen; wie hat Rom
die zu ihm stehenden belohnt? Was
hatten die von Rom besiegten zu lei-
den?) — Quisve non antequam illa pa-
tiatur mori properet? Quorum alii
torti tamque igne quam verberibus excruciati obierunt, [alias
perierunt], alii ferocissimis bestiis ad secundum eorum cibum vivi servati
sunt. Illorum (f. 95) quidem miserrimi

Quam multi nostrorum antecessorum hac
lege talique conditione alii torti tamque igne quam verberibus excruciati obierunt, alii vero semesi a
bestiis ad secundum eorum cibum
vivi servati sunt. Miseriores nos
vobis sumus, qui adhuc vivimus,

qui saepe mortem optantes non accipimus. Dum enim quisque nostrorum secum reputans crudelem seu barbarorum seu gentilium suorum servitutem, videro coniuges ad turpitudinem duci, alius revinctis manibus vocem filii patrem implorantis exaudiet, alius vero infelices senes ad cineres patriae videbit assidere. Haec, inquam, quisque nostrorum considerans aspicere solem durabit, etiam si vivere absque periculo possit? O utinam omnes fuissemus mortui, priusquam civitatem nostram Cremonensium manibus videremus excindi, priusquam patriam sanctam Papiensium impietate funditus erui conspiceremus.

Adhuc eum orare cupientem omnes interpellabant et effrenato quodam impetu ad iaciendum incitabantur.

habendi sunt, quia adhuc vivunt, qui saepe mortem optantes non accipiunt. (Traurige Lage der Juden). Senes vero infelices ad cineres templi assident, et paucae mulieres ad turpissimam pudoris iniuriam ab hostibus reservatas. Haec secum reputans quisquam nostrum aspicere solem durabit, etiam si vivere sine periculo posset? — — — — Atque utinam omnes fuissemus mortis, priusquam illam sacram civitatem hostium manibus videremus excindi, priusquam sanctum templum tanta impietate funditus erui. — — Videbit alius coniugem abduci, alius manibus revinctis vocem filii patrem implorantis exaudiet.

(c. 25). Adhuc eum orare cupientem omnes interpellabant et effrenato quodam impetu pleni ad opus incitabant.

Was auf Radewins Detailschilderungen aus den Kämpfen Kaiser Friedrich I. gegen die Lombarden zu geben ist, zeigt folgende Entlehnung:

20) IV, 57.

Eiusmodi et alii multi latrocinales doli tam ad rapinas quam ad incendia machinarum cum assidue fierent ab his, qui intra munitionem erant, Fridericus et calliditate simul et audacia eorum magis irritabatur.

Ioseph. b. i. III, 7 (f. 45').

At Vespasianus et calliditate consilii et hostium audacia magis irritabatur, quia accepta ex munitione fiducia Romanos ultro incursabant inque dies singulos praelia catervatim et cuiuscumque modi latrocinales doli et eorum, quae casus attulisset, rapinae aliorum aliorumque incendia fiebant.

Gleichen Ursprungs, mithin gleich worthlos ist, was Radewin weiterhin von dem letzten, abgeschlagenen Sturm auf Crema erzählt; er überträgt auf Crema, was Josephus von Vespasians Sturm auf Jotapata berichtet.

21) IV, 58.

Itaque admotis omnibus machinis ad occupandam civitatem hortatur exercitum turresque

Ioseph. b. i. III, 9.

Ac Vespasianus eorum causa, quae acciderant, consolatus exercitum, postquam ita videt accensum neque tam

44

in excelsum erectas ferro
variaque materie tectas, ut et pondere stabiles essent neque ignibus expugnarentur, super aggeres
collocat, iaculatoribus et sagittariis militumque fortissimis plenas.

Qui cum non conspicerentur,
ipsi eos,
qui vel super murum astarent vel
in civitate deambularent, facillime
cernerent telisque appeterent,
cum illi neque a vertice venientes
sagittas facile declinare neque
ulcisci possent. Quotiens autem
ignito ferri pondere et adunco, quo levius haereret, machinas attemptabant,
qui desuper erant aquis ignem restin-
guendo, uncos autem et hamos ferri
contis proceris et sudibus dissolvendo
conatus eorum in irritum revocabant.
In his enim — — statim absciderat.
Et Cremonenses quidem ita resistebant, quamvis multi in dies
singulos occumberent contraque
parum mali hostibus facerent.

exhortationem quam opus deposcere,
aggeres quidem altius tollit, tres vero
turres [quinquagenum pedum in excelsum iubet erigi ferro undique
tectas, ut et pondere stabiles
essent, neque ignibus expugnarentur easque super aggeres collocat, iaculatoribus et sagittariis itemque levioribus missilium
machinis plenas fundibularumque fortissimis. Qui cum non conspicerentur propter altitudinem turrium et
loricas, ipsi vero, qui super murum
astarent, facillime cernerent telisque appeterent, cum illi neque
a vertice venientes sagittas facile declinare neque ulcisci possent, quos non viderent, altitudine quidem turrium librata manu iacula supe-
rante, ferro autem, quo erant septae,
flaminis obstante: ob haec igitur defensionem muri deserunt magisque aggredi
temptantibus occurrebant.

Et Jotapateni quidem ita resistebant, quamvis multi in dies
singulos occumberent neque contra mali quicquam hostibus facerent, quod eos sine periculo prohibere
non poterant.

Auch kürzere Fragmente aus dem Josephus zu entnehmen ver-
schmäht Radewin nicht.

22)   IV, 59 extr.

Porro qui murum transscendere conati
sunt, quamvis singillatim digni
sint memoria, omnium tamen fortissimus demonstratus est Otto
palatii comes de Baivaria.

Ioseph. b. i. VII, 5 (f. 82')

Et quamvis
singillatim digni
essent memoria, qui perierunt, omnium tamen fortissimus demonstratus est — — —

Die Rede, welche Radewin IV, 61 den Patriarchen Peregrin
von Aglei bei den Unterhandlungen wegen der Unterwerfung Cremas
an die Bevollmächtigten dieser Stadt richten lässt, ist dieselbe, welche
Josephus dem Agrippa in den Mund legt, als dieser sich bemüht die
Juden von dem Aufstande gegen die Römer abzuhalten.

23) **IV, 61.**

Si quidem non viderem vos adsentiendum, quae pacis sunt, esse incitatos neque populi Cremensis puriorem sincerissimamque vos partem, numquam processissem ad vos neque consulere confisus essem. Supervacua enim, ut ait quidam, est de utilibus oratio, quando omnium habitatorum conspirat ad deteriora consensus. Quia vero aliquos quidem aetas malorum belli nescios facit, quosdam vero inconsiderata spes libertatis, nonnullos quoque avaritia accendit, paucorum bonorum consilio providendum est, quem ad modum ipsi ab hoc errore corrigantur.

(2) Experti feritatem Germanorum, virtutem et magnitudines corporum, ne dubitetis

eos spiritus gerere maiores corporibus et animas contemtrices mortis habere.

(1) Subeat vobis, si non civitatis iam perditae iamque subversioni proximae, saltem miseratio filiorum vestrorum adhuc superstitum atque coniugum. Parcite reliquiis honimum, si parcere nolulistis caris aditis paternorum moeniam.

Iosephus b. i. II, 16 (f. 33').

Si quidem non viderem vos omnes ad pugnandum cum Romanis esse incitatos neque populi sinceriorem purissimamque partem pacem velle servare, neque processissem ad vos, neque consulere confisus essem. Supervacua quippe de utilibus oratio est, quoniam omnium habitatorum conspirat ad deteriora consensus, quoniam aliquos quidem aetas malorum belli nescios facit, quosdam vero inconsiderata spes libertatis, nonnullos vero avaritia succendit et in confusione capiendum de inferioribus lucrum, quem admodum ipsi ab hoc corrigantur errore et non paucorum improba consilia etiam boni desipiant, existimavi oportere, ut omnibus vobis in unum coactis ea exponerem, quae arbitror expedire. (Beispiele, wen alles die Römer besiegt haben). — Quis vestrum non audivit multitudinem Germanorum, virtutem quoque et magnitudines corporum, ut arbitror, saepe vidistis, si quidem ubique Romani earum gentium captivos habent. Sed illi quidem ita ingentem spaciis regionem incolentes, spiritus autem maiores corporibus gerentes et animam quidem contemtricem mortis. — —

(f. 34¹). Subeat autem vos miseratio etsi non filiorum vestrorum atque coniugum, saltem istius civitatis, quae mater urbium vestrae regionis vocatur. Parcite moenibus sacris, parcite venerabilibus aditis templumque vobis et sancta sanctorum vobis servata

Auch der in der oben angeführten Stelle zwischen corrigantur und Subeat vobis ausgelassene Passus ist, wenn auch nicht ganz wörtlich, so doch seinem wesentlichen Inhalte nach aus Josephus entlehnt.

24)   IV, 61.

Quodsi ab initio suscepti belli pro-
visum non est, sera saltem poenitentia
corrigat excessum, ut qui in portu
praecavere tempestatem noluistis,
vel inter medias procellas pro tempore rebus fractis consulatis.

ibid.

Bonum est, cum adhuc stat navis
In portu praecavere tempestatem
futuram et non eo tempore, qui in medias irruere procellas trepidare.

Nach dem, was aus den bisherigen Zusammenstellungen sich für
die Art ergeben hat, in welcher Radewin des Josephus Werk ausgebeutet hat, wird es nun auch niemanden mehr wundernehmen zu
sehen, dass der freisinger Propst sich auch die Schilderung zu eigen
macht, welche Josephus von dem Einzug des zum Kaiser erhobenen
Vespasian in Rom entworfen hat, und dieselbe uns aufgetischt als
eine getreue Darstellung des festlichen Empfanges, der Kaiser Friedrich I. zu Theil wurde, als derselbe nach dem endlichen Falle
Cremas triumphierend in das getreue Pavia einritt.

25)   IV, 62.

Ubi vero cum appropinquare nuntiatum est, omnis multitudo civitatis ob-
vium per vias et plateas cum senibus et iuvenibus, cum coniugibus et
liberis praestolabatur, et quo transiens
divertisset, eius malestatem
vultusque lenitatem omnium generum
voeibus prosequebatur, bene meritum
triumphatorem et salutis datorem solumque dignum Romanum principem appellari. Tota civitas veluti templum variis
ornamentis decorata erat et diversis odoribus aromaticis plena redolebat. Cum
autem vix per circumstantium multitudinem ad ecclesiam venire potuisset,
antequam in palatio se reciperet,
omnipotenti Deo, qui dat salutem
regibus, pro adepto triumpho vota
solvit et gratulatoria sacra celebravit.

Ioseph. VII, 16 (f. 89).

Ubi vero cum appropinquare nuntiatum est, quamque mansuete singulos suscepisset, qui praecesserant,
indicaretur, omnis iam reliqua multitudo per vias cum coniugibus ac liberis
praestolabatur et quo transiens advenisset videndi eius voluntatem
vultusque eius lenitatem omnium generum vocibus persequebantur, bene meritum et salutis datorem solumque dignum Romae principem appellari. Tota
vero civitas veluti templum sertis et
odoribus plena. Cum
autem vix per circumstantium multitudinem in palatium venire potuisset,
ipse quidem penatibus diis adventus sui

gratulatoria sacra celebrabat.

Der Uebertragung dessen, was Josephus von Titus und der Belagerung Jerusalems erzählt, auf Kaiser Friedrich I. und die Lombarden und die Cremesen insbesondere bleibt Radewin getreu bis
zum Schlusse seines Werkes: nachdem er die Geschichte des pavo-
ser Concils unter Einfügung der darauf bezüglichen Akten erzählt
hat, fährt er wieder den Josephus ausschreibend fort:

26) **IV, 75.**

Itaque dimissurus exercitum advocans ad se proceres et de militia meliores, magnam illis, ait, se habere gratiam pro benevolentia et fidelitate, qua erga se utendo perseverassent. Laudabat etiam in unoque bonos mores et fortitudinem, quam praeliando in multis magnisque periculis monstrassent; quod eos neque hostium multitudo nec magnitudines civitatum vel audacia inconsulta et immanitates efferae adversantium a consueta animi virtute terruissent. Magnam quoque huius rei sibi fore diligentiam, quod debitis praemiis et honoribus virtutes eorum vellet honorare, qui militiae socii fuissent, nec ullum eorum, qui plus aliis laborassaet, iusta vicissitudine cariturum.

Eos etiam, quos noverat fortiter aliquid et egregium in bello fecisse nominatim singulos appellans collaudabat.

Deinde aurum et argentum, vasa ex argento et auro facta itemque vestes preciosas, beneficia fendorum aliaque donaria largiter et regaliter distribuebat. Omnibus autem hoc modo exhilaratis et donatis ut quisque se meritum praebuerat, votis et laudibus cum magno favore ab universo exercitu factis,

quocumque conveniret, dimittit.

Ioseph. VII, 14 (f. 88).

Titus versammelt nach Jerusalems Fall seln Heer um sich: Magnam, ait, illis se habere gratiam pro benevolentia, qua erga se utendo perseverassent. Laudabat autem, quod per omnia bella morigeri fuissent quodque praeliando fortitudinem in multis magnisque periculis demonstrassent patriae amplificautes imperium omnibusque planum facientes hominibus, quia neque hostium multitudo neque munitiones regionum neque magnitudines civitatem nec audacia inconsulta et immanitates adversantium possent umquam Romanorum effugere virtutem. — —
Et illis, qui — militiam — nobiliorem fecissent, dixit se et honores et praemia redditurum, nec ullus eorum, qui plus aliis laborare voluissent, iusta vicissitudine cariturum. Magnam sibi huius rei fore diligentiam, quod magis velut honorare virtutes eorum, qui militiae socii fuissent, quam peccata punire. Confestim ergo iussit eos, quorum partes sunt, indicare, quosnam scirent fortiter aliquid in bello fecisse et nominatim singulos appellans praesentes collaudabat quasi qui domesticis recte gestis nimium letaretur et coronas eis aureas imponebat et torques longasque hastas et signa ex argento facta donabat et uniusculusque ordinem mutabat in melius, quin et ex manubiis aurum et argentum itemque vestes aliamque praedam largiter distribuebat. Omnibus autem ita donatis ut quisque se meritum praebuerat votisque cum universo exercitu factis magno favore descendit vertitque ad sacra pro victoria celebranda, magnaque astante boum multitudine circa aras immolatos omnes exercitui dedit ad epulas. Ipse vero cum honoratis per triduum acta laetitia milites quidem alios quandoque convenit dimittit.

Fassen wir das Resultat dieses Abschnittes unserer Untersuchung kurz zusammen, so lautet dasselbe dahin: Radewin muss
des Josephus Werk über den jüdischen Krieg in der dem Rufinus
zugeschriebenen Uebersetzung zum Gegenstande ganz besonderu
Studiums gemacht und in Folge dessen, was man so nennt, in und
auswendig gekannt haben; er beherrscht den Wortlaut desselben so,
dass er Phrasen und ganze Perioden daraus citiert, wie seinesgleichen
sonst etwa die Bibel zu citieren pflegte; des Josephus-Rufinus Werk
ist für ihn aber nicht blos eine sprachliche Quelle, sondern er hat
es auch sachlich ausgebeutet und massenhaft daraus ausgeschrieben:
ein sehr bedeutender Theil von Radewins Work fällt demnach als
Quelle gänzlich weg und stellt sich als eine Art von Plagiat dar,
wie sie selbst im Mittelalter, wo man in diesem Punkte doch ein
sehr weites Gewissen hatte, durchaus ungewöhnlich gewesen ist.

§ 5. Entlehnungen, deren Quellen nicht nachweisbar sind.

Wird schon nach dem bis jetzt gewonnenen Ergebnis von dem,
was noch Wilmans' Ausgabe der Gesta Frid. imp. als Radewin
selbst zugehörig bietet, ein sehr bedeutender Theil als abgeschrieben
in Zukunft ganz bei Seite gelassen werden müssen, so kommen dazu
noch einige andere Stellen hinzu, bei welchen die Herkunft von
anderswoher deutlich erkennbar ist, die sich auch als Zuthaten scharf
abgrenzen, ohne dass es möglich wäre zu sagen, woher nun Radewin
dieselben genommen hat.

Merkwürdig sind in dieser Hinsicht zunächst III, 33 und III, 38:
in beiden Capiteln nämlich citiert Radewin eine Quelle mit Nennung
des Namens ihres Autors. Für die Schilderung der Festungswerke
von Mailand und für die häufige Treulosigkeit und Rebellion der
Stadt gegen die Könige beruft sich Radewin III, 33 auf: Huius rei
si quis exempla desiderat, ad Leoprandum, qui gesta Longobardorum subnotavit, recurrat. Dieselbe Quelle ruft er III, 38
als Autorität an für die Angabe, dass der Arcus Romanus vor Mailand, dessen Beschreibung er aus dem Josephus entlehnt hat, ursprünglich von einem deutschen Könige zum Kampfe gegen Mailand
erbaut worden sei: — ut in gestis Longobardorum reperitur.
Weder von dem einen noch von dem andern der in Rede stehenden
Fakta findet sich in des Liutprand, Bischofs von Cremona, Werken
auch nur irgend eine Spur; wir wissen ferner nichts davon, dass

Liutprand etwa ein uns nicht erhaltenes Werk „gesta Longobardorum"
geschrieben habe. Wenn man demnach zu der Annahme neigen
möchte, dass zu dem Titel des Werks Gesta Longobardorum durch
irgend einen Irrthum Radewins der falsche Autorname gekommen
sein sollte, so könnte doch nur an eine Verwechselung mit Paulus
Diaconus gedacht werden, und bei dem findet sich auch nichts,
was irgend dem von Radewin Berichteten entspräche. So bleiben
denn nur noch zwei Möglichkeiten: entweder benutzte Radewin an
den angeführten beiden Stellen irgend welche lombardische Aufzeichnungen, die unter der unrichtigen Bezeichnung Gesta Longobardorum umliefen, oder aber Radewin erfand sich um den aufgestellten
Behauptungen grösseres Gewicht zu verleihen den Namen für eine
Quelle, die es gar nicht gab. Es ist schwierig und mislich sich für
das eine oder das andere zu entscheiden. Wenn man aber die Art
bedenkt, in der Radewin den Josephus ausgebeutet hat, und in Betracht zieht, dass weder III, 33 noch III, 38 eine ganz bestimmte,
einer besonderen Quelle bedürftige Thatsache giebt, die eine Stelle
vielmehr sehr allgemeinen Inhalts, die andere — über den Arcus
Romanus — zum grössten Theile aus Josephus abgeschrieben ist,
so wird man es wenigstens nicht für unmöglich halten, dass Radewin sich mit Hülfe einiger Namen einen gelehrten Nimbus zu geben
versucht habe.

Hierher gehört auch die schon oben[1]) berührte zweite Hälfte
von III, 1. An die aus Ottos von Freising Memoriale entlehnte[2])
kurze Aufzeichnung: Anno itaque ab incarnatione Domini 1157 mense
Augusto contra Polanos procinctum movet — schliesst sich da ein
durch das charakteristische: Est autem Polimia etc. eingeführter
geographischer Excurs über Polen, den Radewin selbst als von wo
anders entlehnt einführt durch die Bemerkung: — sicut placet his,
qui situs terrarum descriptionibus notant —. Dass Radewin
hier eine andere Quelle wörtlich ausschreibt, ist zweifellos; die Quelle
selbst scheint nicht mehr vorhanden zu sein, jedenfalls ist es mir
nicht gelungen sie ausfindig zu machen.

Aehnlich verhält es sich noch mit einer anderen Stelle, welche
sich wiederum mit dem so bezeichnenden Est autem als Ausführung
an eine dem Memoriale Ottos von Freising entnommene kurze Notiz
anschliesst, nämlich III, 8: Est autem Bisuntium una metropoleos

---

eius tertiae partis, in quas imperator gloriosus Karolus Magnus suum inter tres filios suos, omnes regio nomine gaudentes, divisit imperium, sita super amnem Tuba. Augenscheinlich liegt hier eine Verwechselung von Seiten Radewins vor. Woher aber diese ganz aus dem Zusammenhange herausfallende und das Verständnis doch nur scheinbar fördernde Notiz genommen sein mag, bin ich bis jetzt nicht im Stande anzugeben: dem Radewin eigen ist sie jedenfalls nicht[1]).

§ 6. Radewins urkundliche Quellen.

Nachdem nunmehr alles dasjenige ausgeschieden ist, was von fremd her entlehnt ist, so dass wir es nur noch mit dem zu thun haben, was Radewin als Geschichtschreiber Kaiser Friedrich I. eigenthümlich ist und als historische Quelle in Betracht kommen kann, handelt es sich noch darum dieses in seine verschiedenen Bestandtheile zu zerlegen und durch Auffindung der von Radewin benutzten Quellen den Werth dieser Aufzeichnungen näher zu bestimmen. Bei dieser Untersuchung sind drei Gesichtspunkte massgebend: 1) Was hat Radewin an urkundlichen Materialien benutzen können und von wo hat er dieselben erhalten? — 2) In welchen Abschnitten berichtet Radewin als Augenzeuge? — 3) Welchen Quellen folgt er, wo er weder urkundliche Materialien benutzt noch als Augenzeuge berichtet?

Dass Radewin bei der Abfassung seines Werkes über eine ungewöhnlich reiche Fülle von urkundlichen Materialien zu verfügen hatte, ist ja bekannt: eine ganze Reihe der für die Geschichte Kaiser Friedrichs I. werthvollsten Urkunden ist ja zunächst als ein Bestandtheil von Radewins Werk auf uns gekommen. Die Verbindungen, die ihm als dem Caplan Ottos von Freising und dem Fortsetzer von dessen unvollendet gelassenem Werke zur Verfügung standen, liessen ihn in den Besitz sowol amtlicher wie privater Aktenstücke gelangen. Danach scheidet sich das von Radewin benutzte urkundliche Material gleich in zwei Gruppen, je nachdem es aus der kaiserlichen Kanzlei oder durch anderweitige Mittheilung ihm zugegangen ist.

Wir beginnen mit der ersten Gruppe.

---

[1]) Auch III, 28: Fuere tamen plerique, sicut alibi de quibusdam dicitur, qui se et rempublicam obstinatis animis perditum irent — — quoniam, ut dicitur, egestas facile habetur sine damno — — talium silentio addictis ist unverkennbar entlehnt. Woher aber?

1. Radewins Benutzung der kaiserlichen Kanzlei.

Wenn nach Radewins Angaben im Prolog zum dritten und im Epilog zum vierten Buche fest steht, dass derselbe sein Werk im Auftrage des Kaisers und auf dessen Befehl von dem Kanzler Ulrich und Protonotar Heinrich unterstützt abgefasst hat, so wird man diese Unterstützung nicht blos darin zu sehen haben, dass die beiden wol unterrichteten Beamten dem freisinger Propst über das Bericht erstatteten, was sie selbst als Augen- und Ohrenzeugen mit erlebt hatten, sondern dass sie demselben auch in die Akten der ihrer Leitung untergeordneten kaiserlichen Kanzlei Einsicht gewährten und so die Mittheilung bei dieser eingelaufener oder von ihr ausgegangener Schreiben, Erlasse, Urkunden u. s. w. ermöglichten. Die meisten officiellen Schriftstücke, deren Einreihung dem Werke Radewins einen besondern Werth verliehen, sind ohne Frage auf diese Quelle zurückzuführen. Wie genau Radewin von dieser Seite her unterrichtet wurde, zeigt III, 18: Iubet notario, ut iis scribendis cartis nomen suum praeferens, Romani episcopi subsecundet, et dictionibus singularis numeri ipsum alloquatur. Aus derselben Quelle wird dann auch die diplomatische Weisheit stammen, welche Radewin IV, 41 verräth, wenn er den an das Volk von Rom geschickten kaiserlichen Gesandten nachrühmt: Qui venientes ad urbem, cum honorifico tam a populo quam a senatu recepti essent interque ipsos et summum pontificem crebri nuntii mediatores dirigerentur, molientibus illis more suo antiquum Romanae urbis fastum, regales se in nullo passi sunt inferiores inveniri, imo et ad se saepius veniri, quam ut illis occurrerent, obtinuerunt.

Doch nimmt Radewin die ihm aus der kaiserlichen Kanzlei mitgetheilten Schreiben und Aktenstücke nicht immer ihrem Wortlaute nach in sein Werk auf; er verarbeitet sie auch und nimmt sie in einer Weise in den Zusammenhang seiner Darstellung auf, dass sie als sein Eigenthum erscheinen. So hat er namentlich III, 3 ff. in dem Berichte über den polnischen Feldzug fast wörtlich einen von dem Kaiser selbst, d. h. der kaiserlichen Kanzlei ausgegangenen Bericht darüber reproduciert, der uns in der für Abt Wibald von Corvei bestimmten Ausfertigung erhalten ist, — in der Jaffé'schen Ausgabe der Wibald'schen Briefe Bibliotheca rerum germanicarum I, n. 470 (p. 601—2). Man vergleiche:

4*

IV, 3.

Imperator ergo cum magnis
copiis Polimiam, quamvis arte et natura admodum munita sit, ita ut prio-
res reges seu imperatores vix magna
difficultate ad fluvium Odderam pervenissent, fretus ope divina, quae visibiliter exercitum praecessit, clausuras
illorum, quas in augustis locis praecisa
silvarum densitate fecerant, et magna
mole ingeniose obstruxerant, pene-
travit et 11. Kalendas Septembris prae-
nominatum amnem, qui ex illa
parte totam Polimiam quasi murus
ambit et profunditate sui gurgitis
omnes excludit aditus, praeter opinio-
nem incolarum cum magno exercitu
transvadavit. Tantum enim omnes
tenebat transeundi desiderium, ut
alii natando, alii quodlibet instrumentum fors obtulisset, eo pro navicula
utendo transirent. Quo viso Polani de
tam improviso malo perculsi et
vehementer exterriti, cum iam nichil
praeter exitium sui et destructionem terrae superesse viderent, quamvis auxilio
vicinarum gentium, Ruthenorum videlicet, Parthorum, Pruscorum et Pomeranorum, maximum collegissent exercitum, in solam fugam spem vitae con-
stituunt, adeo desperatione correpti, ut
proprium solum, propriam patriam suis
manibus incendendo vastarent, insuper
et arces et munitiones destruerent. Inter
quas munitissima castra Glogowa videlicet et Bitun, quae prius ab hoste capta
non fuerant, ne a nostris ibidem praesi-
dia ponerentur, cremaverunt. Imperator
fugientes insecutus et territorium epis-
copii, quod vocatur Frodezlao, trans-
currens, in episcopatum Poznan pervenit totamque terram etiam ipse igne et
gladio depopulatus est, indignum aesti-
mans eis parcere, qui in se ipsos tam
crudeles hostes inventi fuissent.

c. 4. Bolizlaus dux rebus suis ulti-
mum fatum cernens imminere, cum to-

Wibaldi ep. 470.

Polimia quamvis arte et na-
tura admodum munita esset, ut anteces-
sores nostri reges et imperatores vix
magna difficultate ad fluvium Oderam
pervenissent, nos tamen in virtute
Dei, quae visibiliter nos praecessit,
clausuras illorum, quas in augustis locis
praecisa arborum densitate fecerant
et magna ingenii mole obstruxerant,
penetravimus, et in octava assumptionis
S. Mariae fluvium Oderam, qui totam
terram illum quasi muro vallat et
profunditate sua omnes excludit aditus,
praeter spem Polonorum cum omni
exercitu nostro transivimus. Tanta
enim erat omnibus transeundi avi-
ditas, ut alii profundis gurgitibus
se immergerent, alii vero transnata-
rent.

Quo viso Polani

vehementer exterriti et iam nihil
preter exitium et destructionem terrae
sperantes, munitissima castra Glogowe
et Bitum et alia plura, quae prius ab
hoste capta non fuerant, timore nostro
incenderunt et ipsi, quamvis auxilio
vicinarum gentium, Ruthenorum, Parthorum, Pruscorum, Pomeranorum maximum exercitum collegissent, a facie
nostra fugerunt.

Hos vero
fugientes insecuti sumus et per episcopatum Frodezlau in episcopatum
Poznan transcurrentes totam fere terram
igne et gladio vastavimus.

Dux itaque Polouiae, cum totam
terram et populum a facie manus no-

tam terram populumque suum periclitari et prope esse ad interitum cerne-
ret, barones et principes nostros tum
per nuntios cum in propria persona
conveniens, multis precibus, multis la-
crymis, multis quoque promissionibus,
ut sub iugum Romanae deditionis et in
gratiam principis recipi mereretur, po-
stulavit, salutare secutus consilium, ante
intolerabilem calamitatem rebellionis
mutare sententiam, debere autem dedignari dominos humiliores non
eum, cuius in potestate sit Romanum imperium. Imperator iam
edoctus hanc nobilitatem

Parcere prostratis et debellare
superbos praematuram, subitam et a Deo
datam nolens cruentare victoriam ducem
ad deditionem recipiendum decrevit.

c. 5. Itaque in praedicto territorio
Poznan circa partes Crisgowe praefatus dux pedibus imperatoris provolutus, interventu principum hoc
tenore in gratiam receptus est. Primo
iuravit pro se et pro omnibus Polanis,
quod frater suus exul ad ignominiam
Romani imperii non fuerit expulsus.
Deinde pollicitatus est dare duo milia
marcarum imperatori et principibus
mille, imperatrici 20 marcas auri,
curiae 200 marcas argenti ob eam negli-
gentiam, quod ad curiam non venerat
nec de terra debitum fecerat fidelitatem.
Iuravit quoque Italicam expeditionem.
Deinde iuravit, ut in proxima nativi-
tate domini ad curiam Magdeburg celebrandam venire deberet, iuxta iudicium et sententiam Polanorum et
Boemorum super querimonia fratris
sui expulsi plenarie responsurum.
Sicque iurata principi fidelitate, sicut
mos est, et de supradictis omnibus
fideliter adimplendis acceptis obsidibus,
Gazimero videlicet fratre ducis et aliis
nobilibus, gloriosam adeptus victoriam Deo duce feliciter Auqustus
revertitur.

strae periclitari videret,

principes nostros tam
per nuncios suos tam in propria persona
aggrediens, multis precibus multis la-
crimis vix tamen impetravit, ut sub
iuga dominationis nostre redire et gratiam nostram recuperare mereretur.

Aus Iosephus b. i. Vgl. oben § 4, 3.

(Vergil. Aen. VI, 854)

In predicto itaque episcopatu Poznan,
in territorio Crisgowe praefatus dux
Bolizlaus pedibus maiestatis nostrae provolutus interventu principum
hoc ordine in gratiam nostram receptus est. Primo iuravit pro se et pro
omnibus Polanis, quod frater suus exul
ad ignominiam Romani imperii non
fuerit expulsus. Deinde pollicitus est
dare duo milia marcarum nobis et
principibus mille et uxori nostre
viginti marcas auri et curiae nostrae
200 marcas argenti pro ea negligentia,
quod ad curiam nostram non venerat
nec de terra debitam nobis fecerat
fidelitatem. Iuravit quoque expeditionem
Italicam. Deinde iuravit, quod ad curiam nostram Magdeburgh in natali
domini celebrandam venire debeat,
super querimoniam fratris sui expulsi
plenarie responsurus. Sicque iurata
nobis fidelitate

et de supradictis omnibus
fideliter explendis acceptis obsidibus,
Cazimero fratre ducis et aliis nobilibus,
gloriose Deo duce revertimur.

Dieser Vergleich zeigt, dass Wilmans viel zu wenig sagt und das Verhältnis nicht richtig bezeichnet, wenn er meint, Radewin scheine den kaiserlichen Brief an Wibald von Corvei vor Augen gehabt zu haben: vielmehr ist derselbe in diesem ganzen Abschnitte Radewins ausschliessliche Quelle. Die Erzählung Radewins schliesst sich dem kaiserlichen Schreiben mit peinlicher Genauigkeit an und weicht nur stilistisch in einigen Phrasen von der Vorlage ab; ja, lässt durch die ungeschickte Herübernahme von Ausdrücken, die nur in dem kaiserlichen Briefe am Platze waren, sich gleich als abgeschrieben erkennen. Denn wol der Kaiser, nicht aber Radewin hat ein Recht zu sagen III, 4: principes nostros . . . conveniens.

Ausser diesem Berichte Friedrichs über den polnischen Feldzug, den er in den Context seiner Erzählung verflochten hat, hat Radewin nun aber aus der kaiserlichen Kanzlei noch eine grosse Menge zum Theil höchst werthvoller Urkunden und Aktenstücke erhalten, die er meistens als solche wörtlich in sein Werk aufgenommen hat. Es sind folgende:

1) Das Schreiben König Heinrichs II. von England, welches auf dem Würzburger Reichstage 1157 September 28. die englischen Gesandten zugleich mit kostbaren Geschenken dem Kaiser überreichten; III, 7 — Radewin selbst war auf diesem Reichstage zugegen. Vgl. unten § 7.

2) Aus derselben Quelle hat Radewin ohne Frage das berühmte Schreiben Hadrians IV, dessen Ueberreichung auf dem Reichstage zu Besançon den ersten Streit Friedrichs mit der Curie veranlasste — III, 9, — während der auch im übrigen so genaue Bericht wol auf Mittheilungen der Augenzeugen Protonotar Heinrich beruht: vgl. unten § 8.

3) III, 10, — das kaiserliche Rundschreiben über in dem zu Besançon überreichten Schreiben des Papstes enthaltene Anmassung.

4) Auch III, 19 die Eidesformel, welche Reinald von Dassel und Otto von Wittelsbach in Italien beschwören lassen, stammt doch wol aus der kaiserlichen Kanzlei.

5) Eben dorther wird Radewin den Bericht erhalten haben über die Erfolge Reinalds von Dassel und Ottos von Wittelsbach in Italien, III, 19—21. Dass derselbe von einem in den Rechtsfragen unterrichteten Verfasser herrührt, zeigt III, 20 die Wendung: nequaquam se ignorare legem Iuliam maiestatis. Es kommt dazu, dass aller Wahrscheinlichkeit nach der Protonotar Heinrich sich in der Begleitung der beiden kaiserlichen Bevollmächtigten befand.

6) III, 22 der Wortlaut des von den päpstlichen Gesandten vor
des Kaisers Aufbruch nach Italien im Lager zu Augsburg überreichten versöhnlichen Schreibens, durch welches das zu Besançon
gegebene Aergerniss wieder gut gemacht wurde. In den Besitz dieses
wichtigen Documentes zu gelangen war für Radewin um so leichter,
als er ja selbst im Lager zu Augsburg mit Otto von Freising anwesend war: vgl. unten § 7.

7) Das zu Beginn des Mailänder Krieges erlassene Lagerfriedensgebot III, 26.

8) Der Vertrag über die Capitulation Mailands vom 7. September 1158 III, 41.

9) Das Feudalgesetz IV, 7.

10) Das Landfriedensgebot ibid.

11) Das kaiserliche Schreiben über die Erhebung Guidos von
Biandrate zum Erzbischof von Ravenna an Hadrian IV. IV, 16.

12) Die päpstliche Antwort darauf IV, 17.

13) Das Schreiben des kaiserlichen Gegenpapstes Victor IV.
über seine Erhebung IV, 50.

14) Der Bericht Alexanders III. über die Vorgänge bei seiner
Wahl und Weihe an Bischof Gerhard, die Domherrn und die Lehrer
der Universität zu Bologna IV, 51.

15) Das Ausschreiben der schismatischen Cardinäle an die ge-
sammte Geistlichkeit IV, 52.

16) Das Schreiben der Anhänger Alexanders III. an den Kaiser IV, 53.

17) Die kaiserliche Vorladung an Alexander III., „den Kanzler
Roland" — IV, 55.

18) Das Schreiben der Canoniker zu S. Peter in Rom an den
Kaiser mit dem Berichte über die Vorgänge bei der Wahl Alexanders III. IV, 66.

19) Die Actio concilii Papiensis, — IV, 67.

20) Das kaiserliche Ausschreiben über die auf dem paveser
Concil erfolgte Anerkennung Victors IV. als des rechtmässigen Papstes
1160. Februar 16. IV, 69.

21) Das Rescriptum generale a synodo praesidentibus per partes
mundi directum IV, 70.

Was die Benutzung der reichen Urkundenschätze angeht, welche
Radewin durch die kaiserliche Kanzlei zugänglich gemacht wurden,
so liegt weder innerlich noch äusserlich irgend etwas vor, was den

Verdacht einer absichtlichen Ungenauigkeit, tendentiöser Weglassungen oder Zusätze erwecken könnte. Ein Motiv zu einem derartigen Verfahren hätte für Radewin doch auch nur bei dem Berichte über das Schisma, dessen Entstehung und Verlauf vorgelegen. Denn der freisinger Propst stand in dieser wichtigen Frage keineswegs so unbedingt auf dem kaiserlichen Standpunkte; seine Sympathien gehören vielmehr Alexander III., und er macht daraus — wenn er sich auch des vorsichtigsten Ausdrucks bedient, — auch kein Hehl, wie eine päpstliche Neigung auch schon bei dem Berichte über den zu Besançon entbrannten Streit deutlich genug hervortritt. III, 10 nennt er die Uebersetzung, welche Reinald von Dassel von dem päpstlichen Schreiben gegeben, geradezu fida nimis, „allzu treu", und wenn er III, 8 erklärt: „Quas (sc. litteras) et aliarum, quae in hac turbulentia hinc inde discurrebant, rescripta idcirco huic operi interserere curavi, ut quivis lector, qui in partem declinare voluerit, non meis verbis vel assertionibus, sed ipsarum partium propriis scriptis tractus et vocatus libere eligat, utri parti suum velit accomodare favorem" —, und dasselbe mit anderen Worten III, 15 wiederholt, so klingt das doch beinahe so als ob er sich eines eigenen Urtheils in dieser Sache deshalb enthalte, weil dasselbe mit der Auffassung, die er als kaiserlicher Geschichtschreiber zu vertreten berufen war, nicht recht übereinstimmen würde.

Mit einer ganz ähnlichen Wendung leitet Radewin dann IV, 49 die Sammlung der auf das Schisma bezüglichen Aktenstücke ein: Porro in hoc negotio lectorem admonitum esse cupimus, ut non de nostro dicto vel scripto veritatem huius rei metiatur, sed quid rectius sit, quis, ut ita dixerim, iustius induit arma, ex collatione omnium scriptorum, quae undique media discurrere, proprio disquirat iudicio. Nos enim si alterutrius partis res vel attolleremus vel extenuaremus, a proposito decidere videremur. Nec utique sanum esset corpus reliquum historiae, si hanc partem velut principale membrum domestici favoris morbus haberet". — Auch diese Erklärung wiederholt er noch einmal in besonders nachdrücklicher Weise zu Anfang seines Berichtes über das Concil von Pavia IV, 65: Saepius autem lectorem admonitum esse cupimus, ut in hoc facto ad disquirendam rerum veritatem non nostra dicta consulat, sed litteris et scriptis, quae ad manus nostras venerunt et huic operi inserendae visae sunt, innitatur suo servans arbitrio, quando de hac controversia et litis decisione conciliique iudicio sufficienter sibi fides facta videatur; namentlich

aus den Schlussworten spricht die von der gewöhnlichen abweichende
Auffassung Radewins deutlich genug. Dazu kommen nun noch andere
Momente. Radewin setzt den kaiserlicherseits gemachten Angaben
zuweilen einen gewissen Zweifel entgegen; so IV, 18: Haec itaque
causa — — maiorem inter eos simultatis fomitem ministravit, in
tantum, ut quaedam litterae deprehensae dicerentur, a sede apo-
stolica directae, quae Mediolanenses et quasdam alias civitates rursus
ad defectionem hortarentur. IV, 54 leitet Radewin die Mittheilung
des kaiserlichen Einberufungsschreibens für das Concil mit einer
Wendung ein, durch die er für seine Person das Recht des Kaisers
zur Berufung eines Concils und zur Entscheidung des Schismas als
nicht begründet bezeichnet: Auctoritatem autem congregandi concilii
exemplo antiquorum imperatorum, verbi causa Iustiniani, Theodosii,
Caroli, sibi congruere putans... Das beste Zeugnis für die
Unparteilichkeit Radewins aber giebt ohne Frage die Thatsache, dass
derselbe nicht ansteht mit einem ihm von einer anderen Seite her
mitgetheilten Briefe zugleich offene Beschuldigungen und sehr bedenkliche Verdächtigungen gegen den Kaiser und das von dessen
Anhang zu Pavia beobachtete Verfahren in sein Werk aufzunehmen,
IV, 72 extr., und dass er nicht ansteht dem Erzbischof Eberhard
von Salzburg, einem entschiedenen und offenen Gegner des kaiserlichen Papstthums, die höchsten Lobsprüche zu ertheilen, IV, 73.

2. Von Radewin benutzte urkundliche Materialien anderen Ursprungs.

Urkundliche Materialien haben Radewin nun aber nicht blos
durch seine Verbindung mit den ersten Beamten der kaiserlichen
Kanzlei aus dieser zur Verfügung gestanden, sondern eine gleiche
Unterstützung wurde ihm als dem Vertrauten des hochangesehenen
und einflussreichen Bischofs Otto von Freising auch von Seiten der
geistlichen Fürsten zu Theil, welche Otto näher gestanden hatten
und zu denen daher auch sein Caplan in genauere Beziehungen
hatte treten können. Derartigen Ursprungs scheinen folgende Abschnitte zu sein.

1) III, 15 das Schreiben Papst Hadrians IV. an die deutschen Erzbischöfe und Bischöfe in Sachen des zu Besançon ausgebrochenen Streites.

2) III, 16 die Antwort der deutschen Bischöfe auf dieses Schreiben. Diese beiden Aktenstücke wird Radewin wol aus dem bischöflichen Archive zu Freising selbst erhalten haben. Ein gleiches ist
ohne Frage der Fall bei

3) IV, 42, dem kaiserlichen Briefe an Bischof Albert von Freising über den am 15. Juli 1159 erfochtenen Sieg Friedrichs über die Mailänder.

Besonders genau aber ist augenscheinlich Radewins Verbindung mit dem Bischof Eberhard von Bamberg gewesen, denn aus dessen Kanzlei ist der Geschichtschreiber nächst der kaiserlichen für sein Werk am reichlichsten mit werthvollen Mittheilungen versehen worden. Dieser Umstand hat auch im Gegensatze zu Radewins päpstlichen Neigungen auf die Auffassung desselben von dem Streite zwischen Hadrian IV. und Friedrich I. einen sehr nachdrücklichen Einfluss geübt: wir wissen ja, wie gerade Eberhard von Bamberg unter den deutschen Bischöfen bei aller Bereitwilligkeit zur Herstellung des Friedens mitzuwirken von einer Nachgiebigkeit des Kaisers gegen die Ansprüche der Curie am allerwenigsten etwas wissen wollte, sondern die Ehre und Würde des Kaiserthums mit besonderm Nachdrucke vertrat. Das beweisen namentlich die ersten beiden von den Aktenstücken, welche Radewin aus der Kanzlei des Bischofs von Bamberg mitgetheilt worden sind.

1) IV, 19 das Schreiben des Cardinals Heinrich von S. Achilles und Nereus an Eberhard von Bamberg.

2) ibid. Eberhards Antwort darauf.

3) IV, 20 der Brief Eberhards an den Papst selbst, aus welchem seine Gesinnung besonders deutlich spricht.

Auch mit dem ehrwürdigen Erzbischof Eberhard von Salzburg hat Radewin in Verbindung gestanden; schon die warmen Worte, welche er IV, 73 dem Andenken desselben widmet, zeigen dies. So hat Radewin denn auch aus der erzbischöflichen Kanzlei zu Salzburg viele wichtige Mittheilungen für sein Werk erhalten. So:

1) IV, 30 den Brief Eberhards von Bamberg an den salzburger Erzbischof.

2) IV, 31 den Brief des Kaisers an Eberhard.

3) IV, 63 die kaiserliche Mittheilung über den am 26. Januar 1160 erfolgten Fall Cremas vgl. Stumpf, Reichskanzler n. 3879.

4) IV, 71 den Bericht Eberhards von Bamberg an den Erzbischof über das Concil zu Pavia.

5) IV, 72 den auf denselben Gegenstand bezüglichen Brief des Papsts Heinrich von Berchtesgaden an Eberhard von Salzburg.

Endlich theilt Radewin IV, 56 einen Brief des Kaisers an Bischof Hartmann von Brixen mit, vom 23. October 1159, die erste

Mittheilung enthaltend von dem nach Pavia auszuschreibenden Concil
und die Weisung sich bis dahin jeder Parteinahme in dem Schisma
zu enthalten. Das hohe Ansehn, dessen sich Hartmann von Brixen
erfreute, (III, 14) wird denselben Otto von Freising, dem er einst
in der Würde eines Propstes von Klosterneuburg gefolgt war[1]),
nahe gebracht und so auch Radewin die Möglichkeit eröffnet haben
auch diese Verbindung für sein Werk auszunutzen.

Ueber die Art, in welcher Radewin die ihm so mitgetheilten
Schreiben aus den Kanzleien des Erzbischofs von Salzburg, der
Bischöfe von Bamberg, Freising und Brixen benutzt, gilt ganz dasselbe, was oben bei Besprechung über die Verwerthung der ihm
aus der kaiserlichen Kanzlei zugegangenen Aktenstücke gesagt worden ist, und sehr mit Unrecht sucht daher Wilmans in einer Anmerkung auf IV, 71 auf Radewin einen Makel zu werfen. Auf
Grund nämlich einer Wiener Handschrift der von Radewin mitgetheilten Akten nimmt Wilmans a. a. O. zwischen „Usque ad vos
solum perventum est" und das sich daran auf das genaueste an-
schliessende „Angelus magni consilii dirigat vos . . . etc. den in allen
anderen Handschriften des Radewin sowol wie der Akten fehlenden
Satz auf: Nuntius enim vester praepositus, Domino ponente custodiam ori suo, vices vestras cautissime peregit, nec unum locutus
Deo gratias, quod utinam non dixisset" und vermuthet dazu, Radewin habe diesen Satz aus dem Schreiben Eberhards von Bamberg
wol absichtlich ausgelassen. Einmal ist die Autorität der einen
Handschrift allen anderen gegenüber denn doch nicht gross genug
um den allein bei ihr sich findenden Einschub als authentisch zu
beglaubigen, dann aber ist es völlig unerfindbar, in welcher Absicht
Radewin diesen Passus eigentlich ausgelassen haben sollte. Eine
absichtliche Auslassung könnte doch nur den Zweck haben nach der
einen oder der anderen Seite hin, zu Gunsten oder zu Ungunsten
der schismatischen Partei, die Thatsachen zu entstellen oder zu
färben: dazu aber ist der angeführte Satz, der obenein seinem Sinne
nach nicht einmal ganz klar und frei von Widersprüchen ist, doch
durchaus nicht geeignet. Vielmehr unterbricht derselbe den wol-
geordneten und consequenten Gedankengang und trennt zwei Sätze,
die offenbar unmittelbar neben einander stehen müssen.

---

[1]) Meichelbeck I., 1, 325.

§ 7. Radewin als Augenzeuge.

Nächst denjenigen Abschnitten seines Werkes, in welchen seine
Darstellung auf urkundlicher Grundlage beruht oder er dieselbe
geradezu durch Mittheilung von Urkunden und Briefen weiter führt,
wird Radewin eine besondere Autorität noch beizumessen sein da,
wo er als Augenzeuge berichtet. Und das ist öfter der Fall, als
man bisher erkannt hat.

1) Als Augenzeuge schildert Radewin zunächst die letzte Lebens-
zeit und den Tod Bischof Ottos von Freising, IV, 11. Schon die
Worte: manu mea ipsius extrema lumina clausi zeigen das.

2) Auch IV, 12 und 13, der Bericht über die Wunderzeichen,
welche den Brand (1159. April 5.) des freisinger Domes vorher
verkündet haben sollten, — in dem sich unser Geschichtschreiber
in Aberglauben aller Art befangen zeigt — sowie über den Brand
selbst lässt ebenfalls den Augenzeugen deutlich erkennen.

3) III, 7, bei Erwähnung der auf dem Reichstage zu Würzburg
Ende September 1157 anwesenden englischen Gesandten und der
Geschenke, welche dieselben in König Heinrich II. Auftrage dem
Kaiser überbrachten, sagt Radewin mit Bezug auf die letzteren:
Inter quae papilionem unum quantitate maximum, qualitate bonissi-
mum perspeximus. Danach ist Radewin also auf jenem Reichs-
tage selbst zugegen gewesen — ohne Frage im Gefolge seines Bischofs.

4) Auch über den Reichstag zu Roncalia (1158. November) berichtet Radewin IV, 3 ff. als Augenzeuge. Dass Radewin demselben beigewohnt hat, geht schon daraus hervor, dass er
den Bericht darüber — nach der, wie wir gezeigt [1]), aus Josephus
abgeschriebenen Beschreibung des Lagers — beginnt mit den Worten:
Porro qui principes et optimates eidem curiae interfuisse a
nobis visi sunt, isti fuerunt. Auch die Mittheilung am Schlusse
von IV, 4: Fuere etiam, qui ibidem in publico facta imperatoris
carminibus favorabilibus celebrarent, klingt so, als ob sie auf Ohrenzeugenschaft des Berichterstatters selbst beruhte. Auch möchte man
die Vermuthung aussprechen, ob nicht Radewins Bemerkung über
die mathildischen Güter am Ausgange von IV, 10: Quorum prae-
diorum magnitudinem eiusque terrae copiosam opulentiam, qui
ripas Eridani pervagati sunt, non ignorant, — eine Anspie-

---

1) S. oben § 4.

lung enthalten solle darauf, dass Radewin selbst durch den Aufenthalt in Oberitalien Gelegenheit gegeben worden sei, von der Grösse und von dem Reichthum der mathildischen Güter eine Anschauung zu gewinnen.

Auch ist leicht ersichtlich, aus welchem Grunde und unter welchen Verhältnissen Radewin gerade damals nach Italien und an den Hof des Kaisers gekommen sein kann. Am 22. September 1158 hatte Bischof Otto von Freising zu Morimond in Radewins Armen seinen Geist ausgehaucht. Bei der verwandtschaftlichen Verbindung des Kaisers und Ottos und dem Einflusse, den der letztere auch in wichtigen politischen Fragen ausgeübt hatte, so wie bei dem auf beidem beruhenden und so vielfach bethätigten Interesse Friedrichs an dem Gedeihen der freisinger Kirche lag es eigentlich doch nur in der Natur der Dinge, dass man dem Kaiser über Bischof Ottos Ende noch besonders Bericht erstatten liess. Dass man dazu aber gerade Radewin gewählt haben wird, ist an sich schon wahrscheinlich, da gerade er dem Verstorbenen besonders innig verbunden gewesen und namentlich auch bei dem Werke desselben über die Geschichte des Kaisers besonders nahe betheiligt war. Auch könnte die inzwischen schon vollzogene Neuwahl und die Anerkennung des neu gewählten Bischof Albert durch den Kaiser eine Botschaft an Friedrich I. nothwendig gemacht haben. Dazu stimmt, dass, wie wir oben gezeigt, Radewin eben um jene Zeit, schon durch Bischof Albert, die Würde eines Propstes zu S. Veit in Freising erhielt; das scheint doch, als ob Albert dem Notar und Caplan seines Vorgängers einen besondern Dank schuldig gewesen sei. Zieht man ferner in Erwägung, dass Albert von Freising 1165 auf dem Reichstage zu Würzburg den Eid, durch den der Kaiser Alexander III. für alle Zeit abschwören liess, vorweigerte und ihn erst später nach langem Sträuben und nur unter dem mit aller Rücksichtslosigkeit geübten Zwange des Kaisers geleistet hat, so könnte man auch eine Vermuthung aussprechen darüber, inwiefern denn zur Anerkennung Alberts von Freising bei dem Kaiser eine besondere Fürsprache nöthig gewesen sein könnte.

Neben diesem Geschäfte aber hat Radewin damals jedenfalls noch eine andere Angelegenheit an den kaiserlichen Hof und nach Roncalia geführt. Gewiss überbrachte er an Friedrich die nicht lange erst fertig gewordenen beiden ersten Bücher von Ottos Werk über die Thaten des Kaisers, und wie ihn Otto selbst zum Fortsetzer

des Werkes bestimmt hatte, so hat Radewin wol oben damals auch
vom Kaiser den Befehl erhalten dem Wunsche Ottos gemäss zu
handeln; eben damals wird ihn Friedrich in Betreff des zu dieser
Fortsetzung der Gesta nöthigen Materials an den Kanzler Ulrich
und den Protonotar Heinrich gewiesen haben.

5) Aber noch in einer anderen Partie seines Werkes berichtet
Radewin als Augenzeuge, allerdings ohne, wie es bei den bisher
besprochenen Stellen der Fall war, durch eine gelegentlich ge-
brauchte Wendung einen sichern Anhalt für den Nachweis seiner
Augenzeugenschaft darzubieten. Auf einem anderen Wege aber
ergiebt sich, dass Radewin III, 17 dasjenige, was im Juni 1158,
als das kaiserliche Heer sich zum Aufbruche gegen Mailand im Lager zu Augsburg sammelte, dort vor sich gegangen ist, ebenfalls als Augenzeuge berichtet. Dies ergiebt sich aus folgenden Erwägungen:

a) In dem kaiserlichen Lager zu Augsburg ist damals nament-
lich auch Bischof Otto von Freising anwesend. Denn er verliest
nach III, 22 vor dem Kaiser und den versammelten Fürsten das
von den Cardinälen Heinrich und Hyacinth überbrachte päpstliche
Schreiben, durch welches Hadrian IV. die früher gegebene anstössige
Erklärung des Wortes beneficium in dem zu Besançon überreichten
Schreiben zurücknahm. Er wirkt sich dort ferner nach IV, 11 den
Erlass der Theilnahme an dem Zuge gegen Mailand aus.

b) Ist es nun an und für sich und nach der besonderen Natur
des von ihm bekleideten Amtes schon wahrscheinlich, dass Radewin
als Bischof Ottos Notar und Caplan denselben auch auf dieser Reise
an den kaiserlichen Hof begleitet haben wird, so erhält diese Annahme noch eine ausdrückliche Bestätigung dadurch, dass Radewin
nach seiner eigenen Erzählung IV, 11 die ganze letzte Zeit von
Ottos Leben sich in dessen Begleitung befunden hat, bis er ihm
schliesslich in Morimond die Augen zudrückte.

c) Endlich aber besitzen wir aus jener Zeit eine Urkunde Ottos
von Freising „data per manum Rachwini notarii bei Meichelbeck,
Hist. Frising. 1, 339. Dieselbe trägt zwar keine Datierung; doch
ergiebt sich aus der Bezeichnung des Jahres: anno regni Friderici I. 7
(d. i. März 9. 1158 — März 8. 1159), imperii 4 (d. i. Juni 18. 1158
bis Juni 17. 1159), dass dieselbe zwischen dem 18. Juni und
dem 22. September 1158, dem Todestage Bischof Ottos, ausgestellt sein muss. Ferner ist diese Urkunde, wie darin angegeben

ist, ausgestellt consultis — venerabilibus Dominis Heinrico et Hya-
ciucto sauctae Romanae ecclesiae cardinalibus et legatis, qui hoc
tempore in regno Deutonico legatione fungebantur, also zu der Zeit,
wo diese beiden Gesandten Hadrians IV. in Deutschland waren.
Nach Radewins eigenem Berichte aber sind diese eben im Lager
zu Augsburg erschienen, unmittelbar vor des Kaisers Aufbruch nach
Italien. Die erwähnte Urkunde Ottos von Freising, in der Radewin
als ausfertigender Notar erscheint, ist demnach — da Otto sich ja
nachher nach Morimond wendet, die Cardinäle aber gleich nach
Ausrichtung ihrer versöhnlichen Botschaft nach Italien zurückkehren
(III, 23) — zu Augsburg selbst ausgestellt, mithin Radewins An-
wesenheit daselbst auf diesem Wege erwiesen. Also beruhen auch
III, 22—25 auf Augenzeugenschaft.

Dieses Ergebnis ist noch von besonderem Interesse, weil dadurch die Controverse, welche über den Verlauf jener päpstlichen
Gesandtschaft schwebte, endgültig gelöst wird und meine Kaiser
Friedrich I., 1, 413—15 dargethane Ansicht auch von dieser Seite
her eine erwünschte Bestätigung erhält.

6) Wahrscheinlich ist Radewin Augenzeuge auch in dem,
was er von dem im Januar 1158 gehaltenen Reichstage zu Regensburg III, 12 und 13 erzählt. Denn nach III, 13 extr. ist dort Otto
von Freising zugegen gewesen, und nach dem, was wir von Radewins Verhältnis zu Otto wissen, dürfen wir eigentlich annehmen,
dass sich Radewin stets in der Begleitung Ottos befunden hat.

§ 8. Von Radewin benutzte mündliche Mittheilungen.

Neben Urkunden, Briefen und Selbsterlebtem bilden natürlich
eine wichtige Quelle Radewins die Mittheilungen, welche ihm über
einzelne Ereignisse oder ganze Ereignisreihen von dabei betheiligten
oder als Augen- oder Ohrenzeugen zugegen gewesenen Personen
gemacht worden sind. Ein bedeutender Theil der in dem dritten
und vierten Buche der Gesta enthaltenen Angaben wird gerade
auf diesen Ursprung zurückgeführt werden dürfen.

Radewin selbst weist ja gleich in dem Prolog — (quorum parte
utrinque me beatum aestimo, qui in his, quae audivi, non passim
quorumlibet relatorum rumusculis sum me perpessus abrumpi) —
auf das Gehörte, also auf mündliche Mittheilung anderer als eine
Quelle seines Berichtes hin. III, 31 bei der Erzählung vom Ende

des Grafen Ekbert von Pütten vor Mailand nimmt er ausdrücklich auf solche mündlichen Angaben Bezug: Dictum tamen memini a quibusdam etc. und IV, 36: Nos tamen audivimus etc. III, 11 gedenkt Radewin der Absicht Friedrichs I. bei Gelegenheit seines Aufenthaltes in Burgund 1157 zu Dijon mit König Ludwig VII. von Frankreich zusammenzutreffen; diese Begegnung unterblieb, weil König Ludwig vor dem grossen Gefolge des Kaisers Furcht hegte; Radewin führt diese Angabe ein mit der Bemerkung: Nam sicut egomet, referente venerabili viro Heinrico Treconsi episcopo, cognovi. Hier ist also Bischof Heinrich von Troyes der Gewährsmann Radewins.

Nun führt Radewin freilich nicht immer so bestimmt diejenigen an, aus deren mündlichem Bericht er schöpft, bezeichnet auch nicht regelmässig die Stellen, wo er solchen Autoritäten folgt, durch einen auf mündliche Ueberlieferung hinweisenden allgemeinen Zusatz: dennoch vermögen wir eine ganze Anzahl von Stellen auszuscheiden, die höchst wahrscheinlich aus dem Berichte bei den Ereignissen irgendwie betheiligter Augen- und Ohrenzeugen geschöpft sind. Dahin rechnen wir z. B. IV, 23, 25 und 29.

Den Verhandlungen über die Aechtung Mailands in villa, quae vocatur Autimiatum, (1159. Februar 2.) zu Occimiano, wohnten nach Radewins eigener Angabe die Bischöfe Eberhard von Bamberg und Albert von Freising bei. Von ihnen beiden kann Radewin über die dortigen Vorgänge unterrichtet worden sein; vor allem ist man durchaus berechtigt Albert von Freising[1]), mit dem Radewin ja naturgemäss in die vielfachste persönliche Berührung kam, in diesem Abschnitt als den Gewährsmann anzusehn, auf den sich Radewins Bericht IV, 23 stützt.

Ein gleiches gilt von IV, 25 und 29. Denn aus der Urkunde Friedrichs I. 1159. Januar 15. zu Marengo (Stumpf, n. 3845) ergiebt sich, dass Albert von Freising auch damals noch am Hofe des Kaisers war. Für IV, 29 zeigt dasselbe die zu Modena ausgestellte Urkunde bei Stumpf, n. 3852.

Von besonderer Wichtigkeit aber musste für Radewin gerade für Einziehung mündlicher Nachrichten über die von ihm zu erzählenden Ereignisse die Verbindung mit den beiden im Mittelpunkte der Geschichte jener Zeit stehenden kaiserlichen Beamten, dem

---

[1]) Dessen Verbindung mit dem Kaiser erhellt auch aus Stumpf n. 3862.

Kanzler Ulrich und dem Protonotar Heinrich, worden. Sicher nicht aus leerer Schmeichelei nennt Radewin beide in dem Prolog „pace et militia exercitati“: waren doch die meisten der in Friedrichs I. Umgebung hervorragenden Staatsmänner zugleich auch Soldaten, oft Feldherrn, sogar wenn sie dem geistlichen Stande angehörten. Da nun diese beiden Männer durch ihre amtliche Stellung schon Gelegenheit hatten sich über das Geschehene, seien es politische oder kirchliche Angelegenheiten, seien es kriegerische Ereignisse, besonders gut zu informieren, so wird die genaue Verbindung mit ihnen auch dem Geschichtschreiber Friedrichs I. wesentlich zu gute gekommen sein. Der sicherste Weg zur Ermittelung des Antheils, den Ulrich und Heinrich in materieller Hinsicht an dem Werke Radewins gehabt haben könnten, wäre die Zusammenstellung der Regesten beider und deren Vergleich mit Radewins Erzählung. Wie das bei der Benutzung der Mittheilungen Heinrichs von Troyes und Alberts von Freising der Fall war, würde sich auch hierbei wol ergeben, dass über Thatsachen, denen nach den Urkunden einer der beiden kaiserlichen Beamten beigewohnt hat, auch Radewin besser informiert ist als über diejenigen, wo ihm solche Gewährsmänner gefehlt haben. Leider sind nun aber die Subscriptionen von Ulrich sowol wie von Heinrich gerade in den der von Radewin behandelten Zeit angehörigen Urkunden so überaus spärlich, dass sie zur Durchführung eines solchen Vergleiches kein hinreichendes Material darbieten. Kanzler Ulrich kommt nämlich in der Zeit, die Radewins Arbeit umfasst, nur zweimal in kaiserlichen Urkunden vor, nämlich

1159. August 1.   Lodi — Stumpf n. 3861.
„   November 26. Crema —   „   „ 3872.

Jedenfalls ist derselbe also mit dem Kaiser während des Krieges gegen Crema gewesen und es wird daher von dem Berichte Radewins über diesen grossen Kampf manches auf Mittheilungen Ulrichs zurückzuführen sein [1]). So erhält z. B. IV, 36 die an sich auf den ersten Blick wenig glaubwürdige Erzählung von einem Attentate, das auf Anstiften der Mailänder 1159 im Lager zu Lodi auf Friedrich gemacht wurde, eine unerwartete Autorität durch die aus der ersten der beiden oben angeführten Urkunden sich ergebende That-

---

[1]) IV, 44 z. B. wird die Wendung Nam ad portas ubi quisque principum curabat ... bestätigt durch des Otto Morena Mon. SS. 18, 312 Angabe über die Vertheilung der Thore der zu belagernden Stadt unter die Fürsten.

sache, dass Kanzler Ulrich damals in der Umgebung des Kaisers zu Lodi gewesen ist.

Nicht viel besser steht es eigentlich auch mit der Antwort, die wir auf die Frage zu geben vermögen, welche Abschnitte in Radewins Werk denn nach dem im allgemeinen Entwickelten auf den kaiserlichen Protonotar Heinrich als Gewährsmann zurückzuführen sind. Denn auch hier ist das urkundliche Material sehr dürftig. Während der in Betracht kommenden Zeit finden wir den Protonotar Heinrich auch nur in zwei kaiserlichen Urkunden unterzeichnet, nämlich

1157. November 18. Arbois — Stumpf n. 3787.
1160. Februar 14. Pavia —   „   „ 3890.

In zwei anderen, chronologisch zwischen diese beiden gehörigen Urkunden, vom 22. April 1158 zu Kaiserswerth, erscheint Heinricus notarius: es kann aber wol nicht bezweifelt werden, dass dies ein und derselbe ist mit dem Protonotar Heinrich, da ein anderer Kanzleibeamter dieses Namens in jener Zeit nicht nachweisbar ist.

Vergleichen wir damit nun die betreffenden Abschnitte von Radewins Bericht, so trifft die aus der ersten der angeführten Urkunden erhellende Thatsache, dass Protonotar Heinrich den Kaiser im Herbst 1157 auf der wichtigen Reise nach Burgund begleitete, also auch bei dem Conflicte mit den päpstlichen Legaten zu Besançon zugegen war, in überraschender und sehr deutlich redender Weise zusammen mit der anderen Thatsache, dass Radewin über alle hierauf bezüglichen Ereignisse sehr gut unterrichtet ist: er schildert uns nicht blos die merkwürdige Scene zu Besançon mit grosser Lebendigkeit und Anschaulichkeit, sondern er weiss III, 11 auch genau anzugeben, welche von den geistlichen Fürsten Burgunds sich zur Huldigung in Arles am Hofe des Kaisers einfanden: die Richtigkeit seiner Angaben hierüber werden aber bestätigt durch die Urkunden Friedrichs aus der Zeit des Aufenthaltes in Burgund, in welchen wirklich die Erzbischöfe von Nimes und Lyon, sowie die Bischöfe von Valence und Avignon als Zeugen erscheinen[1].

Auf den kaiserlichen Notar Heinrich als den Gewährsmann Radewins darf man ferner schliessen III, 12, wo bei Gelegenheit des Regensburger Reichstages im Januar 1158[2]) und der dort er-

---

[1]) S. Stumpf, n. 3779, 80, 81, 87, 89. — [2]) Ueber Radewins eigene Anwesenheit daselbst — vgl. oben.

schienenen ungarischen Gesandtschaft die Verwickelungen eingehender behaudelt werden, welche damals in Ungarn herrschten und den Anlass zu des Kaisers Einmischung gaben. Denn eben Heinrich, seinen Notar, schickte der Kaiser zusammen mit dem Grafen Heinrich von Dietz in dieser Angelegenheit als Gesandten nach Ungarn[1]).

Ist die oben ausgesprochene Annahme, der in den beiden Urkunden Friedrichs vom 22. April 1158 (Stumpf n. 3806 u. 7) vorkommende Notar Heinrich sei identisch mit dem gleichnamigen Protonotar, richtig, so würde man auch für III, 14 annehmen dürfen, dass der Protonotar, der am 22. April mit dem Kaiser in Kaisersworth ist, für diese Angaben die Quelle Radewins gewesen sei.

Dass der Protonotar Heinrich während des Mailänder Krieges mit in Italien gewesen ist, findet durch seine Unterschrift Stumpf n. 3890 noch eine Bestätigung. So wird denn auch von dem damals in Italien Geschehenen manches Radewin durch diesen Augen- und Ohrenzeugen genauer bekannt geworden sein. Manches Detail aus dem Kampfe vor Crema wird wol aus dieser Quelle stammen. Auf dieselbe wird man auch zurückführen dürfen, was IV, 21 über den mailänder Aufruhr gegen die zur Durchführung der roncalischen Beschlüsse in Mailand eingetroffenen kaiserlichen Bevollmächtigten, Reinald von Dassel — der ja als Kanzler Heinrichs Collège war — und Ottos von Wittelsbach berichtet wird. Auch von dem Concil zu Pavia kann Radewin auf diesem Wege nähere Mittheilungen erhalten haben: Heinrich hatte demselben beigewohnt und wurde dann mit Herzog Heinrich von Kärnthen als Gesandter an dem griechischen Hof nach Constantinopel geschickt: IV, 74.

Weiter in das Einzelne einzugehen und noch andere, bestimmte Abschnitte als auf Mittheilungen des kaiserlichen Protonotars beruhend nachzuweisen fehlt uns das nöthige Material: es liessen sich da eben nur Vermuthungen vorbringen, deren Begründung schliesslich eine rein subjective wäre. Um das Werk Radewins nach dieser Seite hin zu charakterisieren muss daher das bisher Gesagte genügen.

§ 9. Die Reden in Radewins Werk.

Mit wenigen Worten nur muss um die kritische Würdigung Radewins abzuschliessen noch auf die Reden eingegangen werden, durch welche der Fortsetzer Ottos von Freising, auch hierin seinem

---

[1]) Sudendorf, Registrum I, p. 61.

Meister nachahmend, die Geschichtserzählung zu beleben und die Ereignisse nebst den in ihnen handelnden Personen uns näher zu rücken gesucht hat. Das Studium der Historiker des römischen Alterthums hat dazu den Anlass gegeben, und so wird man denn auch dem entsprechend in den Reden, welche mittelalterliche Chronisten geschichtlichen Persönlichkeiten in den Mund legen, nur in den seltensten Fällen die einigermassen getreue Wiedergabe wirklich gehaltener Reden, sondern fast immer rhetorische Uebungsstücke zu sehen haben, die mehr oder weniger mühsam und peinlich bekannten Musterstücken aus der römischen Literatur nachgebildet sind. Auch um die zahlreichen Reden, welche Radewin dem dritten und vierten Buche der Gesta eingefügt hat, steht es nicht besser, und von ganz vereinzelten Ausnahmen abgesehn haben dieselben als Quellen für uns gar keinen Werth. Gerade zu diesen Prunkstücken hat Radewin, wie der oben durchgeführte Vergleich schon zur Genüge gezeigt hat, seinen Lieblingsschriftsteller Josephus sehr stark in Contribution gesetzt, ihn nicht blos nachgeahmt, sondern direkt ausgeschrieben. Demnächst hat er auch bei Sallust starke Anleihen gemacht. Als ganz oder doch fast ganz aus Josephus abgeschrieben fallen so für uns als völlig werthlos fort III, 31 des Kaisers Tadelsworte gegen das übereilt angreifende Heer, dann IV, 46 die Rede, welche Friedrich gegen die frevelhaft trotzigen Vertheidiger Cromas hält; IV, 47 die heroische Apostrophe eines der an die Angriffsmaschinen gebundenen Cremesen an seine Mitbürger; und IV, 61 die Anrede, welche der Patriarch von Aglei an die endlich wegen Capitulation unterhandelnden Cremesen richtet. Ebenso wenig kann, was III, 40 Graf Guido von Biandrate den Mailändern, um sie zum Frieden zu bestimmen, vorträgt, irgend welchen geschichtlichen Werth beanspruchen: die Rede ist eine mühsame Composition aus Fragmenten des Josephus und des Sallust.

Für die nach Radewin auf dem Roncalischen Reichstage gehaltenen Reden, die Eröffnungsrede des Kaisers IV, 3 und die Antwort des Erzbischofs von Mailand IV, 4, möchte man geltend machen, dass Radewin, wie oben gezeigt ist, ja selbst in Roncalia zugegen gewesen ist. Eine unbefangene Prüfung beider Stücke jedoch wird keinen Zweifel darüber lassen, dass diese hohlen und phrasenhaften, farblosen und doch überladenen Ergüsse, die nichts Wesentliches, nichts der Situation Charakteristisches geben und von denen namentlich das zweite in seiner Uebertriebenheit den Stempel des Unhistorischen unverkennbar an sich trägt, nichts sind als das mühsame Machwerk eines gelehrten, mit der Nachahmung antiker Historiographie sich brüstenden Mönches.

Ganz ähnlich verhält es sich mit der angeblichen Rede des Bischofs von Piacenza auf dem Tage zu Occimiano, IV, 24, über das gegen die vertragsbrüchigen Mailänder einzuschlagende Verfahren. Schon ihre bedenkliche Verwandtschaft mit der Rede des Erzbischofs von Mailand zu Roncalia macht sie verdächtig; der rhetorische Schwulst mit dem ein verschwindend kleiner sachlicher Kern umhüllt und zu ganz unverhältnismässigem Umfange aufgebauscht ist, kennzeichnet auch diese Rede als nicht wirklich gehalten, sondern als ein Elaborat Radewins.

Es bleiben uns nun nur noch zwei, verhältnismässig sehr kleine Reden bei Radewin übrig: zunächst III, 22 die Worte, mit denen die Cardinäle im Lager zu Augsburg die Ueberreichung des einlenkenden Schreibens Hadrians IV. einleiten, und IV, 30 die Antwort, welche der Kaiser auf die von Hadrian IV. gegen ihn erhobenen Anschuldigungen giebt. Diesen beiden Stücken, die sich auch von dem sonst üblichen rhetorischen Schwulst frei halten, wird wol etwas mehr Authenticität zugestanden werden dürfen. Bei der Ueberreichung jenes nachgiebigen und versöhnlichen päpstlichen Schreibens im Lager zu Augsburg war, wie wir wissen, Radewin im Gefolge des mit handelnden Otto von Freising selbst zugegen: so konnte ihm der Wortlaut der Rede der Cardinäle genau bekannt werden, zumal da derselbe bei der Wichtigkeit der Verhandlung und der durch die Umstände gebotenen Peinlichkeit in der Beobachtung der Formalien und der Abwägung eines jeden Wortes gewiss auch von seiten der kaiserlichen Kanzlei amtlich aufgezeichnet worden sein wird.

Aehnlich verhält es sich mit den Worten, welche Kaiser Friedrich nach Radewin den päpstlichen Gesandten erwidert, die ein schwere Klagen und Anschuldigungen Hadrians IV. enthaltendes Schreiben überbrachten. Dieselben sind knapp und scharf und halten sich streng an die Sache; sie machen in der Fassung beinahe den Eindruck als ob sie einem auf diese Sache bezüglichen kaiserlichen Schreiben entlehnt seien. Uebrigens war nach dem oben Ermittelten Bischof Albert von Freising noch an dem kaiserlichen Hofe, und würde es sich so sehr einfach erklären, wie Radewin gerade diese Worte Friedrichs authentisch zu überliefern im Stande war.

Fassen wir zum Schlusse das Ergebnis unserer Untersuchung noch einmal in wenige Sätze zusammen:

Radewin hat das dritte und vierte Buch der Gosta Fridorici imperatoris auf Wunsch Ottos von Freising und auf Befehl des Kaisers selbst geschrieben, vollendet nicht 1160, sondern wol 1166, sicher nicht vor 1165; er benutzt im Anfange noch Aufzeichnungen Ottos selbst; den Grundstock seines Werkes bilden die ihm aus der kaiserlichen Kanzlei und von den Bischöfen von Bamberg, Freising und Brixen sowie von dem Erzbischof von Salzburg mitgetheilten Urkunden und Briefe, demnächst in einzelnen Abschnitten eigene Anschauung, im übrigen die Berichte bei den Ereignissen zum Theil nahe betheiligter Personen, namentlich des Kanzlers Ulrich und des Protonotars Heinrich. Je nachdem diese Mittheilungen reichlicher oder dürftiger waren, gestaltet sich auch sein Bericht genauer oder oberflächlicher. Um diesen Grundstock aber hat Radewin nun eine üppige Fülle eigener, durchaus unhistorischer Zuthaten abgelagert. Zunächst sind mit Ausnahme vielleicht zweier kurzer Stücke sämmtliche Reden entweder eigene Erfindung oder abgeschrieben: als Quelle oder Muster dienen dafür namentlich Josephus und Sallust. Beiden entlehnt Radewin aber ausserdem nicht blos mit Vorliebe Sentenzen und rhetorische Gemeinplätze, sondern er schreibt sie ohne Scheu aus, wo es Charakterbilder zu entwerfen gilt, den Josephus namentlich um von dem kriegerichen Treiben vor Mailand und Crema ein recht lebendiges, natürlich durchaus unwahres Bild zu geben. Daneben benutzt er — von der Verwerthung klassischer Citate abgesehn — noch Apollinaris Sidonius und Einhards Vita Caroli Magni, deren Schilderungen Theodorichs des Grossen und Karls des Grossen er in einer für seine Art zu arbeiten höchst charakteristischen Weise zu einem Bilde Friedrichs I. zusammenschweisst.

Druck von A. W. Kafemann in Danzig.

EIN BEITRAG

ZUR

KRITIK RAGEWINS.

INAUGURAL-DISSERTATION,

WELCHE

NEBST BEIGEFÜGTEN THESEN

ZUR

ERLANGUNG DER PHILOSOPHISCHEN DOCTORWÜRDE

MIT

GENEHMIGUNG DER PHILOSOPHISCHEN FACULTÄT

DER

UNIVERSITÄT GREIFSWALD

AM 6. AUGUST 1877, VORMITTAGS 12 UHR

IN LATEINISCHER SPRACHE

ÖFFENTLICH VERTHEIDIGEN WIRD

CARL MARTENS

AUS GREIFSWALD.

OPPONENTEN:

H. KEDING, SEN. SEMIN. REG. HIST.

M. SPIECKER, CAND. PHIL.

H. EICK, CAND. PHIL.

DRUCK VON CARL SELL.

1851.

Fas
noch ein
Rad
imperate
Kaisers
sicher n
Ottos se
kaiserlic
und Bri
Urkunde
Anschau
nahe be
Protono
oder dü
oberfläc
üppige
Zunächs
liche F
Quelle
Beiden
Sentenz
ohne S
sephus
und Cr
zu geb
Citate
Caroli
Karls d
teristise

M<small>EINEM</small> <small>LIEBEN</small> V<small>ATER</small>.

noch

impe
Kais
sich
Otto
kais
und
Urk
Ans
nahe
Prot
oder
ober
üppi
Zun
liche
Quo
Beid
Sent
ohne
soph
und
zu g
Cita
Care
Kar
teris

INHALT.

1881.

noch

impe
Kais
sich
Otto
kais
und
Urk
Anse
nahe
Prol
oder
ober
üppi
Zuni
liche
Quo
Beic
Sent
ohne
soph
und
zu g
Cita
Care
Kar
teris

ruck von A. W. Kafemann in Danzig.

Einleitung.

Roger Wilmans[1]) rühmt an Ragewin besonders Zweierlei: die authentica indoles[2]) — Ragewin erhielt aus der kaiserlichen Kanzlei und, wie
es scheint, auch durch Vermittlung Eberhards
von Salzburg, Eberhards von Bamberg und
Alberts von Freising urkundliche Materialien[2])
— und die animi integritas,[3]) die ihn mündlich
Ueberliefertes gehörig sichten, Selbsterlebtes ohne
Rücksicht auf die kaiserliche Gunst wahr und un-
verfälscht berichten liess, und fasst schliesslich sein
Urtheil über unsere Quelle in den Worten zusammen:
(operis) quod pro cognoscendis rebus hoc tempore gestis gravissimum est et nulli alii secundum.[4]) Auch

---

[1]) Vorrede zu seiner Ausgabe der Gesta Friderici imp.
MG. SS. XX. p. 343 f. (Separat-Ausg. Hannover 1867. XV. ff.)
[2]) a. a. O. 7—23. cf. Prutz, Radewin's Forts. etc. p. 9 f.
51—59.
[3]) MG. SS. XX. p. 343. 29 ff.
[4]) a. a. O. 344. 22 f. — cf. p. 9 Aum. 2.

Hans Prutz gilt der Fortsetzer Ottos von Freising in „Kaiser Friedrich I." [1]) noch als Quelle
ersten Ranges. [2])

Aber erneute und umfassende Untersuchungen,
deren Resultate 1873 unter dem Titel: „Radewin's
Fortsetzung der Gesta Friderici imperatoris des Otto
von Freising, ihre Zusammensetzung und ihr
Werth" [3]) veröffentlicht wurden, haben den letztge-
nannten Forscher veranlasst, dem Ragewin „einen
sehr viel niedrigeren Platz anzuweisen, als er bisher
eingenommen hat." [4]) Prutz fand „einen sehr beträchtlichen Theil des Werkes, namentlich von seinem Berichte über Kaiser Friedrichs I. Kämpfe gegen
die Lombardischen Städte, vor Allem Mailand und
Crema, kapitelweise wörtlich abgeschrieben (Plagiator pag. 3) aus des Josephus „Jüdischem Krieg"
(oder vielmehr aus der im Mittelalter weitverbreite-
ten, gewöhnlich dem Rufinus Tyrannius von
Concordia zugeschriebenen Uebersetzung); „die
Quelle entbehrt daher," nach ihm, „sachlich jedes
Werthes, lässt vielmehr den Radewin als einen sehr
geschickten, aber doch auch völlig gewissenlosen
Abschreiber erscheinen." [5]) Gegen dieses Urtheil

---

[1]) Danzig 1871. I. Bd. pp. 101—255.
[2]) cf. Fr. v. Raumer, Geschichte der Hohenstaufen und
ihrer Zeit. 2. Aufl. Leipz. 1841. pp. 86—137.
[3]) Danzig 1873.
[4]) a. a. O. 2 f.
[5]) Rad. Forts. p. 31.

Prutz' hat bereits Wattenbach protestirt:[1] ihm erscheint Ragewin „als gleichzeitiger Bericht über die Geschichte der Gegenwart schwerlich übertroffen."[2] Eine nochmalige und genauere Nachprüfung der beiden vornehmlichsten Ergebnisse des Prutz'schen Buches, als sie Wattenbach bei der Anlage seines Werkes möglich war, ist der Zweck der vorliegenden Untersuchungen, und zwar wird der erste Theil Ragewins Person und Werk, besonders die Abfassungszeit des letzteren, der zweite das Verhältniss des vierten Buches der Gesta zu Josephus-Rufinus behandeln.

[1] „Deutschlands Geschichtsquellen im Mittelalter". 3. Aufl. Berlin 1874. 2. Bd. p. 199; cf. Thes. IV in der Dissertation „Eberhard II., Bischof von Bamberg," ein Beitrag zur Geschichte Friedrichs I., von Paul Wagner. Halle 1876: Causae, quas profert J. Prutz, ut demonstret, Ragewinum post annum 1165 librum tertium et quartum Gestorum Friderici scripsisse, non possunt probari.

[2] Zur Vorsicht auch nach dieser Seite hin mahnt Excurs III in der Wagnerschen Dissertation, p. 90 ff. — cf. p. 22. p. 61.

noch

impo
Knis
sich
Otto
kais
und
Urk
Ans
nah
Prot
odei
ober
üppi
Zun
liche
Que
Beic
Senf
ohne
soph
und
zu
Cita
Care
Kar
teris

Ragewin[1]) und sein Werk.

Ueber das Leben Ragewins haben bereits
Wilmans[2]) und Prutz[3]) das Bekannte zusammengestellt; indess ist es zum Verständniss des Folgenden erforderlich, noch einmal kurz darauf einzugehen.

Wichtig ist zunächst das Verhältniss Ragewins
zu Otto von Freising. In der Nähe desselben
muss er mindestens seit 1144 gewesen sein, zuerst
als cartularius, dann capellanus und notarius des
Bischofs. Aber das Verhältniss Beider ist nicht
blos ein amtliches: Otto dictirte ihm seine beiden
historischen Werke, deren ersteres er durch Ragewin
dem Kaiser übersendet. Im Gefolge Ottos sehen
wir Ragewin nun mehrfach am kaiserlichen Hof:
so ist er auf dem Reichstage zu Würzburg (1157)
zugegen (III. 7, perspeximus), wahrscheinlich auch

---

[1]) Wilmans' Ansicht, dass Ragewin die besser beglaubigte
ältere Namensform sei (SS. XX. p. 341). wird durch Prutz'
Darlegung (Rad. Forts. p. 2 Anm. 1) nicht widerlegt.

[2]) SS. XX. 341 f.

[3]) Rad. Forts. pp. 4—8.

Druck von A. W. Kafemann in Danzig.

in dem Lager zu Augsburg[1]). Bald darauf (22. Sept.
1158) finden wir ihn am Sterbebette Ottos zu
Morimond[2]). Noch in demselben Jahre ist er dann
nach Italien in des Kaisers Lager gegangen. Der
Zweck seiner Reise lässt sich nur vermuthen. Höchst
wahrscheinlich ist u. A.[3]), dass Ragewin die kaiserliche Bestätigung (pariterque serenissimi et divi imperatoris nutu Prolog; de principis jussu IV. 11;
qua praecipienti paruimus Epilog) der Verfügung
Ottos von Freising, die ihn zum Fortsetzer
der Gesta bestimmte (ejus jussu Prolog), einholte.
Zunächst ist er nun auf dem Reichstage[4]) von
Roncalia (Nov. 1158) anwesend (IV. 3: a nobis visi
sunt). In Italien[5]) scheint er sich nicht lange auf-
gehalten zu haben. Dass er bei der Belagerung
Mailands und Cremas nicht mehr zugegen war, be-

---

[1]) Rad. Forts. p. 6 p. 62 ff.
[2]) ib. p. 6 p. 62.
[3]) cf. Prutz, Rad. Forts. p. 7 p. 61. Diese getrennte Behandlung verleitet Prutz zu mehrfachen Wiederholungen.
[4]) Prutz meint, auch die Aeusserung am Schlusse v. IV. 4: fuere
etiam, qui ibidem in publico facta imperatoris carminibus favorabilibus celebrarent liesse auf Ohrenzeugenschaft des Verfassers schliessen. Diese durchaus nicht schlechthin zu bejahende
Frage ist hier nicht von Bedeutung, da R.'s Anwesenheit zu
Roncalia positiv bezeugt ist (cf. d. Text). Wahrscheinlich
sind aber die Worte Ragewins über die Mathildinischen Güter:
quorum . . ., qui ripas Eridani pervagati sunt, non ignorant
ein Beweis dafür, dass er sie selbst gesehen.
[5]) Nach Prutz (S. 60) ist er bereits vor dem 5. April 1159
wieder in Freising. Dass er aber Augenzeuge ist für den
Bericht über den Brand des Freisinger Doms an jenem Tage,
ist mindestens zweifelhaft; so konnte er auch schreiben, wenn

weisen die Worte in der Erzählung von den Plänen
gegen das Leben des Kaisers: Talis de eo tunc
opinio fuerat, nos tamen audivimus, eundem[1]) . . . .
und die spätere Aeusserung: Non multo post a quodam divino monitore litteras imperatori allatas acce-
pimus, quendam venisse[2]). In beiden Fällen würde
ein Augenzeuge sich anders ausgedrückt haben.
Nach seiner Rückkehr aus Italien hat er dann die
Stelle eines Probstes von St. Veit bekleidet. Bis
1170 kommt er als Probst vor; 1177 finden wir
einen Nachfolger. Sein Tod fällt also in die Jahre
1170 bis 1177. Wie Prutz[3]) wahrscheinlich gemacht, ist er bald nach 1170 gestorben.

Wichtig ist ferner die Frage über die Abfassungszeit des dritten und vierten Buches der Gesta.

Ragewin selbst sagt am Ende des vierten
Buches: Haec a glorioso principe acta sunt usque ad
praesentem annum, qui ab incarnatione Domini
millesimus centesimus sexagesimus, regni autem ejus
septimus, imperii quintus numeratur, multa adhuc in
regni gubernaculis feliciter acturo tandemque apud
regem regum cum piissimis principibus aeterna per-
cepturo praemia meritorum[4]) = Dies ist von dem

---

er nur die Brandstätte sah; und wenigstens für einen Theil
der der Feuersbrunst vorangegangenen Wunderzeichen scheint
er mit den Worten: visa sunt tam a clericis veracibus quam
a laicis (XX. 453. 18 f.) die Gewährsmänner zu bezeichnen.

[1]) IV. 86.
[2]) ibid.
[3]) Rad. Forts. p. 8.
[4]) SS. XX. p. 491. 12 ff.

ruhmreichen Fürsten gethan worden bis zu dem gegenwärtigen Jahre 1160, dem 7. seit seiner Thronbesteigung, dem 5., seitdem er zum Kaiser gekrönt, und noch vieles soll er als Herrscher glücklich vollbringen und endlich bei dem Könige der Könige mit den frömmsten Fürsten den ewigen Lohn seiner Verdienste geniessen.

Diese Stelle ist verschieden aufgefasst worden. Wilmans[1]) glaubt hieraus schliessen zu müssen, dass Ragewin sein Werk ineunte anno 1160 beendigte. Prutz verwirft diese Deutung als unzulässig,[2]) glaubt vielmehr die Entstehung des dritten und vierten Buches der Gesta um wenigstens vier Jahre später („das etwa 1162 begonnene" Werk Ragewins wurde „frühestens 1165 und spätestens 1166 zum Abschluss gebracht," S. 15) ansetzen zu müssen — er fasst 'also das praesens annus gewissermassen local auf. Wattenbach[3]) nimmt eine vermittelnde Stellung ein: er verwirft zwar die Ansicht Prutz', doch drückt er sich hinsichtlich des Jahres 1160 ein wenig reservirt aus: „mit demselben Jahre 1160 schloss er seine Arbeit ab, und zwar nach dem Wortlaut in demselben Jahre."

Bleiben wir zunächst bei den Worten Ragewins stehen, so widerspricht einer localen Auffassung derselben, abgesehen davon, dass praesens annus in dieser Bedeutung nie in dem 3. und 4. Buche der

---

[1]) SS. XX. p. 343 1 ff.
[2]) Rad. Forts. pp. 10—15.
[3]) Deutschl. Geschichtsqu. II. p. 198.

Gesta vorkommt[1]), schon der Umstand, dass Ragewin die eigentliche Erzählung bereits mit dem 75. Capitel beendigt, in dem folgenden (76.) dann eine sehr ausführliche Charakteristik Friedrichs selbst und seiner bis dahin zurückgelegten Regierungszeit hinzufügt und dieses 76. Capitel erst mit den oben citirten Worten schliesst. Für ihn wäre demnach das Jahr 1160 gar nicht mehr ein praesens annus; die Worte hätten andernfalls sicher ihre Stelle am Ende des 75. Capitels erhalten müssen. Mindestens überflüssig ferner wäre es gewesen, hätte Ragewin, nachdem er die letzten Ereignisse vor Crema mit Angabe bestimmter Daten[2]) geschildert, dem Leser nun noch einmal in's Gedächtniss zurückrufen wollen, dass das zuletzt Erzählte in das Jahr 1160 falle, zumal er übrigens mit Jahresangaben sehr sparsam ist[3]).

Führt Ragewin sonst eine Zeit oder einen Tag,

---

[1]) Die Verbindung des abstracten Begriffes annus mit praesens in localer Bedeutung wäre auch von Seiten eines Schriftstellers des Mittelalters mindestens auffallend gewesen, während eine solche dieses praesens mit concreten Begriffen auf alle Fälle zulässig ist: cf. Prolog z. 3. u. 4. B. (415. 39): Quod cum multis et magnis clarum sit experimentis, etiam praesentis operis pagina suum nobis ex inde praebet documentum etc., IV. 7 (447. 41): ..... leges promulgavit, quarum capitula praesenti annotatione subjecimus. — cf. hiermit auch de praesenti statu (status abstracter Begriff, aber praesens temporal) unten p. 16.

[2]) cf. XX. 478 ff.

[3]) Solche finden sich im 3. u. 4. Buche der Gesta nur zweimal: 417. 43: Anno itaque ab incarnatione Domini 1157; Anno ergo ab inc. Dom. 1159 (zu verbessern in 1158). 451. 3.

Druck von A. W. Kafemann in Danzig.

in deren Beschreibung er gerade begriffen ist, zum
zweiten oder dritten Male an, so sagt er nie praesens
annus oder praesens dies, sondern setzt stets nur hic,
is, ille, idem oder dergl. hinzu.[1]) Ist es hiernach schon
wahrscheinlich, dass er mit praesens annus das Jahr
bezeichnen wollte, in welchem er schrieb, so wird
dies zur Gewissheit durch Vergleichung folgender
Stelle:[2]) Praeterea ad consolationem tuam de praesenti statu nostro aliqua tibi scribimus, quia etc.[3])

Folgendes ferner spricht noch gegen eine so
späte Abfassungszeit des Werkes, wie sie Prutz
annimmt.

Im Epilog[4]) werden der Kanzler Ulrich und
der Pronotar Heinrich, denen Ragewin im Prolog[5])
sein Werk empfiehlt, Beide angeredet mit den Worten:
vos dilectissimi domini mei[6]). Prutz selbst sagt

---

[1]) So z. B. hisdem diebus 429. 1. 442. 25. 453. 33. 458. 9.
464. 19. circa idem tempus 442. 48. ea die 447. 1. 467. 51. illa
die 467. 52. hisdem annis 450. 5. per idem tempus 450. 42.
453. 17. eo tempore 453. 7. eodem anno 453. 30. per idem
tempus 454. 2. eodem quoque tempore 461. 1. usque ad id
tempus 464. 15.

[2]) 467. 18. (Brief des Kaisers an Albert von Freising).
cf. p. 13. Anm. 1.

[3]) cf. 453. 27. f. . . Adelberti, qui ipsam (die Freisinger
Kirche) in praesentiarum gubernat et regit.

[4]) 491. 21 f.

[5]) 415. 32 ff. 416. 5 ff. 416. 19 ff.

[6]) Dass hiermit nur Ulrich und Heinrich gemeint sein
können, geht aus der Vergleichung der Worte: quos in hoc
opere arbitros elegimus et correctores (491. 22) mit dem Prologe
(Anm. 2) hervor.

noch

imp(

Kais

sich(

Otto

kais(

und

Urk(

Ans(

nah(

Prot

ode(

obe(

üppi

Zun(

lich(

Que

Bei(

Sent

ohn(

soph

und

zu (

Cita

Car(

Kar

teri(

aber, dass Ulrich bereits Ende 1163 als Bischof von Speier gestorben[1]). Da nun der Epilog doch jedenfalls zuletzt geschrieben ist, muss auch das ganze Werk vor 1163 entstanden sein.

Ulrich kommt als Kanzler vom 1. August 1159 bis 7. September 1162 vor[2]). Wie konnte dann aber Ragewin ihn, wenn er 1165 schrieb, noch als sacri palatii cancellarius betiteln?[3]) Prutz sucht diesen „scheinbaren Widerspruch" dadurch zu lösen, dass er nachzuweisen bestrebt ist, der Prolog sei nicht am Schlusse des Werkes, also nach seiner Ansicht frühestens 1165, sondern bei dem Beginne desselben geschrieben worden. Er rechtfertigt seine Ansicht[4]) durch die im Mittelalter schon aus äusseren Gründen gebotene Sitte, die Vorreden, abweichend von der heutigen Gewohnheit, vor Beginn des eigentlichen Werkes zu schreiben; sodann aber folgert er aus den Worten „hunc codicem"[5]), dass Ragewin das 3. und 4. Buch in unmittelbarem Anschluss an die Ottos von Freising und in dieselbe Handschrift schrieb, in der er einst das Werk seines Meisters aufzeichnete. So wenig das erstere Argument für einen einzelnen Fall beweisend ist, so hat Prutz andererseits allerdings die Ueberlieferung für sich. Aber die Original-

---

[1]) Rad. Forts. pp. 13 u. 17.
[2]) cf. Stumpf, Reichsk.
[3]) Prolog. 415. 32 f.
[4]) Rad. Forts. p. 14.
[5]) IV. 11. (XX. 452. 5).

Druck von A. W. Kafemann in Danzig.

handschrift existirt nicht mehr, und trotzdem einige
Codices dem Ende des 12. Jahrhunderts angehören [1]),
so wäre doch noch immerhin möglich, dass der Prolog
wenn er auch ursprünglich hinter dem 4. Buch stand,
später an seine jetzige Stelle gesetzt werden konnte [2]).
Noch weniger beweisend erscheinen einzelne Wendungen [3]) im Prologe selbst, wenigstens lassen sich
ebenso viele und bessere für die entgegengesetzte
Ansicht anführen [4]).

Hätte Ragewin erst 1165—66 geschrieben,
würde er wohl kaum gesagt haben: hujus ruinae ac
desolationis ... Frisingensis ecclesia ... et per

---

[1]) Wilmans' Vorrede XX. p. 345 ff.

[2]) cf. hiermit unten p.

[3]) (cf. Prutz, Rad. Forts. p. 14) praesentis operis pagina ...
nostrae parvitati ... committitur. Der Stil des Satzes ist ein
besonders aufgeregter, lebendiger: Ragewin spricht von dem
Tode seines geliebten Meisters; deshalb braucht das Präsens
nicht als Tempus der Gegenwart oder vielmehr der jüngst ver-
flossenen Vergangenheit aufgefasst zu werden. Sodann: sed
ubi eloquentiae et styli me superat pondus, sensus et integra
veritas rerum gestarum exaequabit — wird ausgleichen. Allerdings „wird ausgleichen" — in dem Augenblicke nämlich, wo
das Werk gelesen werden wird; jetzt schreibt aber der Verfasser noch — gleichviel ob am Anfang oder Schluss seines
Werkes. — Auch das vacat scheint nicht gravirend, das übrigens
Prutz nicht zum Beweise beibringt.

[4]) Et vestrae quidem prudentiae potissimum labor iste
debebatur; a quorum parte utrimque beatum aestimo me,
qui in his quae audivi non passim quorumlibet relatorum rumusculis sum me perpessus abrumpi, nec in his quae per
me cognovi gratia principis seu favore meae gentis falsum
quippiam addidi. — Würde ferner in dem Satze: vos itaque
ambos in hoc opere praeceptores, testes et judices eligo, rogans,
ut exactum a me laborem sine contumelia suscipiatis, et qui

2

subrogationem Adelberti restaurationem exspectat ejusque industria sublevari sperat et respirare [1]). Eine nach 2 Jahren [2]) (1160) berechtigte Hoffnung musste sich nach 7—8 Jahren (1165/66) doch wohl nachgerade verwirklicht haben, zumal man in Freising mit der Restauration der durch den Brand zerstörten Gebäude sehr bald begann [3]).

rebus ipsis tanquam familiares et conscii secretorum interfuistis, si quid corrigendum est, ad regulam veritatis emendare, si quid parum et superflue dictum est, vel radere vel superaddere, quantum satis est, non pigritemini, wenn der Prolog vorher geschrieben wäre, nicht gesagt worden sein: corrigendum erit et dictum fuerit? Indess dürfte mit Rücksicht auf den im Mittelalter mindestens nicht ganz durchgebildeten Gebrauch der Tempora — obgleich, wie wir sehen werden, Ragewin von der allgemeinen Regel eine rühmliche Ausnahme zu machen scheint — cf. p. 19 Anm. 1 und p. 24 f. — auf dieses letzte Argument weniger Gewicht zu legen sein; ebensowenig lässt das folgende succumberem mit Nothwendigkeit auf die Abfassung des Prologs vor dem eigentlichen Werke schliessen. — Die Frage allerdings, weshalb Ragewin, wenn in der That der Prolog erst nach dem eigentlichen Werke verfasst wurde, dann noch einen Epilog hinzufügte, lässt sich nur dadurch beantworten, dass er vielleicht ein möglichst künstlerisch vollendetes Werk schaffen wollte.

[1]) XX. 453 26 ff.

[2]) Albert von Freisiug bestieg 1158 den Bischofsstuhl.

[3]) cf. Meichelbeck, Historia Frisingensis I. 355 f.: quamquam eo anno (1161) saltem Cathedralis Basilicae fabricam ad finem fuisse perductam satis constet ex iis, quae etiamnunc conspiciuntur ad portam ejus ecclesiae interiorem, supra quam ad sinistram ingredientium partem sculpta cernitur imago Imperatoris, adjuncta itidem imagine Alberti Episcopi et hac inscriptione lapidi incisa:

Fridericus Romanorum Imperator Augustus.

Ad dexteram vero partem exhibetur effigies Imperatricis, his verbis superius expressis:

Auch die Schilderung[1]) der Stadt Mailand im Präsens deutet darauf hin, dass Ragewin bereits vor dem März 1162 (Zerstörung der Stadt) oder vielmehr spätestens kurz nachher — ihm musste die Nachricht erst aus Italien zukommen — schrieb. Gegen d i e Auffassung der Worte Rage-wins in IV. 76, nach welcher das Werk '1160

Conjux Beatrix Comitissa Burgundiae
Anno MCLXI.

Meichelbeck (a. a. O. p. 350) hält den von Ragewin (453. 12) angeführten 1. Januar für den des Jahres 1159, wie er nachher in dem prudentissimus episcopns (453. 15) Albert vermuthet (so auch Prutz, Rad. Forts. p. 7). M. führt für seinen Bericht über die horribilis conflagratio Frisingensis Civitatis ausser Ragewin auch den Conradus Sacrista (cf. über diesen Archiv d. Gesellschaft für ältere deutsche Geschichtsk. XI. p. 58 Anm. 1) und den Liber Traditionum (cf. Meichelbeck I. diss. VI. prolegomena p. XXXIV. ff.) an. Diese beiden Quellen lagen mir nicht vor, doch geht aus der Vergleichung des Meichelbeck'schen Textes mit Ragewins Erzählung hervor dass M. für den hier in Rede stehenden Theil seiner Darstellung nur Ragewin benutzte. Eine genaue Prüfung der Worte Ragewins erweist die Auslegung M.' als irrig. In c. 12 (453. 1) erwähnt Ragewin noch einmal den Todestag Ottos von Freising (22. Sept. 1158) und knüpft hieran die Erzählung von dem Brande am 5. April 1159; c. 13 führt er dann fort: hanc Frisingensis civitatis multiplicem cladem et acrumnuosi eventus casum nonnulla prodigiorum indicia praecesserant. Dann führt er deren als zuerst am 1. Januar geschehen an. Dieser 1. Januar muss der des Jahres 1158 oder früher sein (cf. multiplicem, der Tod Ottos ist doch darunter mitbegriffen, der prudentissimus episcopus ist ohne Zweifel Otto).

[1]) Nicht willkürlich scheint Ragewin bei der Schilderung von Städten und Ländern bald das Präsens, bald das Imperfectum zu gebrauchen: Est autem Polimia 417. 44 (die Schilderung der polnischen Verhältnisse überhaupt ist im Praesens gehalten: cf. exercent, inquietant 418, 2, 3; ambit, excludit

2*

noch

imp

Kais

sich

Otto

kais

und

Urk

Ans

nah

Prot

ode

obe

üppi

Zun

lich

Que

Beic

Sent

ohn

soph

und

zu

Cita

Car

Kar

teria

vollendet wurde, führt Prutz zunächt an [1]), dass die von ihm gegebene Bezeichnung des Jahres in sich widerspruchsvoll sei: das annus regni septimus müsse emendirt werden in annus regni octavus. Ein solches Versehen (es besteht nur in der Fortlassung eines Striches) ist leicht zu verzeihen [2]).

Diese Emendation würde als Endtermin den 9. März 1160 ergeben. Dies scheint Prutz undenkbar [3]), weil die in dem 4. Buche zuletzt erzählten Ereignisse dem Februar 1160 angehören; so gleichzeitig aber könne das Werk nicht verfasst sein, da es gerade in diesem Theil auf Briefen beruhe, die, nach den Ereignissen in Italien (Februar, Synode von Pavia) geschrieben, erst über die Alpen

(Oder) 418. 26. Est autem Bisuntium 420. 7. — de civitatis (Mailand) ipsius situ . . . id adjiciendum videtur, quod campi planitie undique conspicua, natura loci latissima, ambitus ejus super centena stadia circumvenitur; muro circumdatur; 435. 37 ff. (Circumfluit. student 435. 42/43). Bei der Schilderung der Lage Genuas: alluitur (das vallaverat ist nicht störend) 450. 25 ff. — Nisi quod Pado interfluente separantur 449. 38. — Est tamen in lacu Cumano 460. 31. — Aber: 434. 14: erat non longe ab eo loco castrum quoddam Tretium (alluebat, muniebatur); erat autem Cremae situs in loco plano 466. 29. Der beiden letzteren Festungen Zerstörung meldet Ragewin selbst: 463. 35: Ita Tretium, Mediolanensium prius municipium, ab iis captum, crematum et funditus destructum est. — 478, 41: Quibus omnibus . . . . ipsum castrum (Crema) flammis traditum et militibus ad diripiendum permissum est.

[1]) Prutz, Rad. Forts. p. 11a.
[2]) Haben wir doch ein solches in demselben 4. Buche (c. 11), wo 1159 in 1158 abzuändern ist, zu constatiren.
[3]) Rad. Forts. p. 11a.

an ihre Adressaten und dann von diesen in Ragewins Hände gelangen mussten. Hiergegen ist Folgendes geltend zu machen: Ragewin wurde ausserordentlich vom Hof aus unterstützt[1]), ferner wurden
die Briefe über das Concil sicher mit der grössten
Schnelligkeit in die Welt gesandt, schliesslich konnte
Ragewin gerade durch Briefe, welche — wie hier
doch anzunehmen ist — unmittelbar nach den Ereignissen geschrieben sind, selbst wenn sie ihm erst
durch eine zweite Hand zukamen, weit eher unterrichtet werden, als wenn er dies Material durch
mündliche Kunde u. s. w. erhielt, dessen Ver-
arbeitung dann auch erst Zeit in Anspruch nahm.
Sollte aber wirklich der eine oder andere Brief
Ragewin erst nach dem 9. März 1160 zugegangen
sein — ein sicheres Resultat wird weder auf der
einen noch der anderen Seite gewonnen werden
können — so hindert selbst dies nicht, den Abschluss des Werkes im Wesentlichen[2]) in den Anfang des Jahres 1160 zu setzen.

Die Worte des Prologes:[3]) ita enim late et magnifice per orbem terrarum arma circumtulit, tantum
opere pace belloque gessit, ut quis res ejus legerit,
non unius, sed multorum facta regum seu imperatorum arbitretur würden allerdings weit mehr Berechtigung haben, wenn Ragewin, als er sein Werk

---

[1]) cf. Prutz, Rad. Forts. pag. 9 f.
[2]) p. 49 f.
[3]) Schluss XX. p. 416. 25 ff. — cf. Prutz Rad. Forts. p. 11b.

schrieb, die Zerstörung Mailands kannte.[1]) Andrerseits dürfte es von einem Manne, der wie Ragewin z. B. den Kriegszug gegen Genua[2]) thatsächlich etwas sehr zu Gunsten des Kaisers entstellt, und zwar nur deshalb, um den Ruhm des Kaisers in möglichst grellem Lichte darstellen zu können, nicht so ganz unglaublich erscheinen, wenn ihm die im Gegensatz zur Zeit Conrads III. nicht besonders zahlreichen und bedeutenden Thaten Friedrichs bis 1160 schon eine solche Ehrfurcht und Scheu einflössen, dass er glauben kann, nicht ein, sondern viele Könige und Kaiser hätten dies Alles gethan.[3])

Aber Tempora der Vergangenheit (Imperfecta) in den Charakteristiken einiger Bischöfe und Fürsten scheinen für die spätere Abfassung des 3. und 4. Buches zu sprechen. Nicht allein von Eberhard von

---

[1]) Dies ist aber mindestens zweifelhaft schon nach S. 19, Anm. 1.

[2]) cf. Prutz, Kaiser Friedrich I., 1. Bd. p. 185, A. 1.

[3]) Dass überhaupt die Thaten Friedrichs unserem Gewährsmann in etwas anderem Lichte erschienen, als uns, geht auch aus folgender Stelle hervor: XX. p. 424. 38 (III. 14): His in Bajoaria peractis Fridericus Ribuariorum fines ingreditur, inferioresque Rheni partes peragrans, nullos sibi dies ociosos transire passus est, eos se ratus perdidisse, in quibus non aliquid de utilitatibus imperii, de jure et justitia inter omnes gentes conservanda disposuisset. Inde fuit, quod tam valido cis Alpes imperio ita provide consuluisset, ferocitatem tantarum gentium tanto consilio ac sine armis delinisset, ut quod dictu mirum est, jam non regni rector, sed unius domus, unius rei publicae paterfamilias haberetur.

Salzburg [1]) und Hartmann von Brixen [2]) redet Ragewin im Imperfectum, sondern auch von Eberhard
von Bamberg. [3]) Eberhard von Bamberg ist aber
erst am 17. Juli 1170 gestorben. [4]) Soweit die
Abfassungszeit hinauszuschieben, hat auch Prutz
keine Neigung. [5]) Aber auch von Heinrich dem
Löwen sagt Ragewin: [6]) erat enim idem princeps
filius; auch die ganze nachfolgende Charakteristik ist
im Imperfectum gehalten. Schliesslich beginnt auch
in einer dritten Charakteristik (III. 18) [7]) die Schilderung — es handelt sich um den Kanzler Reinald
von Dassel, späteren Erzbischof von Cöln, und Otto
von Wittelsbach — mit inerat; es folgen faciebant,
erant, volebant etc. (427. 23 ff.). Geht in der That
aus den Imperfecten in den angeführten Stellen her-

[1]) cf. Prutz, Rad. Forts. p. 12 d.

[2]) ibidem p. 13 c.

[3]) XX. p. 461. 13 ff. (c. 29. IV.) heisst es von ihm: erat
enim idem episcopus religione et scientia praeditus vitaeque puri-
oris institutionibus instructus. Cumque ad fidem imperii et honorem prae caeteris diligentiam habere cognitus esset, apud
quam plurimas terras opinio de eo celeberrime pervulgata est....
(versabatur.. solaretur).

[4]) cf. Wagner, Eberhard II. von Bamberg. p. 90.

[5]) Prutz, Rad. Forts. p. 15.

[6]) 465. 30 ff. (IV. 38.)

[7]) Diese Charakteristik ist zum grossen Theil aus Sallust
entlehnt (über weitere Entlehnungen R'. aus Sallust cf. Prutz,
Rad. Forts. p. 24 ff.): cf. Rag. 427. 26 f. labor-formidolosus mit
Sall. Cat. c. 7. 5. (Ausgabe von R. Jacobs, 3. Aufl. Berlin 1858).
Rag. 427. 27. Nullius-faciebant mit Sall. Cat. c. 52. 8., Rag.
Laudis-volebant mit Sall. Cat. c. 7. 6., Rag. 427. 30. f. man-
suetudo-addiderat mit Sall. Cat. c. 54. 2. cf. ferner Rag. III. 28.
433. 29-33. Quibus rebus-pavere mit Sall. Cat. c. 31. 1-3., Rag

noch

impe
Kais
sich
Otto
kais
und
Urk
Ans
nahe
Prot
odei
ober
üppi
Zun
lich
Que
Beic
Sout
ohne
soph
und
zu
Cita
Care
Kar
terie

vor, dass die betreffenden Bischöfe u. s. w. bereits gestorben sein müssen, als der Verfasser schrieb, so würde sich als frühester Termin, wenigstens für die Abfassung der Charakteristik Heinrichs des Löwen, 1195 ergeben. Dass Ragewin in diesem Falle jene nicht geschrieben haben kann, beweist schon der Umstand, dass der Nachfolger Ottos von Freising zur Zeit der Abfassung noch im Amte ist [1]) und auch Friedrich selbst noch lebt. [2])

Hervorzuheben ist zunächst Zweierlei: 1) der — bereits berührte — mindestens auffallende Gebrauch der Tempora bei den Schilderungen der Städte und Länder, 2) die Anwendung des Präsens in der Charakteristik Friedrichs und seiner Regie-

---

433. 34 f. Fuere- irent mit Sall. Cat. c. 36. 4. Rag. 433. 35-39 Nam-praetulerat mit Sall. Cat. c. 37. 3. und 7. Hiernach muss das magis des Textes (433. 38. codd. 1 u. 2 haben magnis) in in agris emendirt werden. Der Werth der letzteren Schilderung wird durch die fast wörtliche Entlehnung besonders mit Rücksicht auf den Inhalt wesentlich beeinträchtigt. — cf. schliesslich Rag. IV 21. 457. 47 f. Id ingenio mobili-adversum mit Sall. Jug. c. 66. 2. —

[1]) 453. 28. (Bischof Albert v. Freis. 1158-1184).
[2]) cf. u. A. epil. — Der an sich möglichen Annahme, dass Ragewin zunächst im Praesens geschrieben, eine andere Hand dann später dieses in das Imperfectum umgewandelt habe, widerspricht, dass die Charakteristiken zum Theil sehr ausführlich sind (cf. die Heinrichs des Löwen und Welfs), und sich daher wohl Niemand der Mühe unterzogen haben wird, die einzelnen Tempora zu verbessern. Zudem ist die Charakterschilderung Friedrichs im Praesens gehalten (Friedrich † 1190, Heinrich der Löwe † 1195). Dass nicht wohl eine Redaction von Seiten der kaiserlichen Kanzleibeamten stattgefunden haben kann, darauf hat schon Prutz hingewiesen (Rad. Forts. p. 16 f.)

.

Druck von A. W. Kafemann in Danzig.

rung, ja sogar die Umwandlung der Imperfecta einer hierbei benutzten Stelle Einhards in Präsentia [1]); dagegen der durchgängige Gebrauch des Imperfects in der biographischen Skizze (IV. 11.) Ottos von Freising — dieser war bereits todt.

Trotzdem lassen die Imperfecta in III. 18, IV. 29 und IV. 38 nicht durchaus auf den bereits erfolgten Tod der betreffenden Personen schliessen.

Ragewin verlässt allerdings in III. 18 scheinbar den Weg der fortlaufenden Schilderung und scheint mit den Worten: verum antequam horum iter et negotia prosequamur, non ab re est de praefatis regalium nuntiorum personis et gestis pauca de multis praelibare ein in sich abgeschlossenes Charakterbild entwerfen zu wollen, wie später von Friedrich I. [2])

---

[1]) Rag. IV 76.

Incessus firmus et constans, vox clara totaque corporis habitudo virilis. Tali corporis forma plurima et dignitas et auctoritas tam stanti quam sedenti acquiritur. Valetudine satis prospera, praeter quod interdum febre effimera corripitur.

In patria lingua admodum facundus, latinam vero melius intelligere potest quam pronuntiare.

Vestitu patrio utitur nec protuso nec petulanti.

[2]) IV 76.

Einh. Vita Caroli.

c. 22. Incessu firmo totaque corporis habitudine virili, voce clara quidem, sed quae minus corporis forma conveniret, valetudine prospera, praeter quod antequam decederet per quatuor annos crebro febribus corripiebatur

c. 25. graecam vero melius intelligere quam pronuntiare poterat . . .

c. 23. Vestitu patrio, id est francico, utebatur

Mit den Worten: personis et gestis [1]) aber zeigt er
an, dass er nicht eine allgemeine Schilderung des
Charakters u. s. w. der Gesandten beabsichtige, sondern dass er uns sie schildere, wie sie sich damals
— in dem Augenblicke, als sie die Gesandtschafts-
reise antraten — dem Beobachter darstellten. [2]) Das
Imperfectum kann daher keinen Anstoss erregen.
Aehnlich in der Charakterschilderung Eberhards von
Bamberg. [3]) Ragewin hat zuletzt die Thatsache angeführt, dass der Bischof vom Kaiser abgesandt ist,
qui venientes et negotia habentes audiret, causasque
eorum diligenti examinatione terminaret und fährt
dann fort: erat enim idem episcopus [4]) ... Also auch
hier dieselbe Anknüpfung seiner Bemerkung über die
Bedeutung Eberhards von Bamberg an eine ganz
bestimmte Thatsache. [5]) So auch drittens in IV 38.
Im Anfang des Capitels erzählt Ragewin von der
Ankunft Heinrichs des Löwen u. s. w. in Italien.
Dann folgt im unmittelbaren Anschluss — ohne eine
Unterbrechung der Erzählung — die Darstellung der

---

[1]) cf. hiermit IV 75: mores ceterasque vitae illius partes
et studia etc.

[2]) Auch der Umstand dass Ragewin hier nichts von der
späteren Ernennung Reinalds zum Erzbischof von Cöln sagt,
deutet darauf hin.

[3]) IV 29. 461. 13 ff.

[4]) 461. 21 f.

[5]) Dass Ragewin hier eben nur eine für ihn vergangene
Zeit schildert, beweist auch das diligeret, duceret etc. (von
Friedrich gesagt). Wagner a. a. O. p. 42 f. giebt die Stelle
einfach im Präsens wieder.

Druck von A. W. Kafemann in Danzig.

persönlichen Verhältnisse des Herzogs von Baiern.
Der schliesslichen Gegenüberstellung Heinrichs des
Löwen und Welfs VI. geht nur die Mittheilung von
der Ankunft des Letzteren voran. — Ausserdem
würde, entfernten wir das 18. Capitel des III. Buches,
entschieden eine Lücke im Zusammenhange entstehen:
von diesen Gesandten ist in der Mitte des 17. Capitels (427. 16) ganz nebensächlich gesprochen, am
Ende desselben (427. 18) ist vielmehr von päpstlichen Gesandten die Rede; das 19. Capitel aber be-
beschreibt, ohne noch einmal das Subject ausdrücklich
hervorzuheben, den Weg Reinalds von Dassel und
Ottos von Wittelsbach. Auch in IV. 29 ist einerseits keine Lücke [1]) zu constatiren, andrerseits ist
das Nachfolgende eine erwünschte, ja nothwendige
Begründung des Vorhergehenden; und schliesslich in
IV. 38 sind die einzelnen Theile des Capitels so mit
einander verbunden, dass man unbeschadet des Zusammenhanges keinen derselben herausnehmen kann [2]).

[1]) Der unmittelbare Anschluss wird durch enim (461. 13)
gegeben.
[2]) Dass diese Charakteristik nicht gut nach dem Tode
Heinrichs und Welfs geschrieben sein kann, darüber cf. Prutz,
Heinrich der Löwe p. 24, Anm. (Leipz. 1865); Prutz, Rad.
Forts. p. 15, 4. Abschnitt. — Der Annahme, dass das Imperfectum
hier wie in III. 18 aus Sallust (cf. p. 32 Anm. 3 u. Rad. Forts.
p. 24 ff.) herübergenommen sei, widerspricht die Abänderung
des Imperfectums Einhards in das Präsens (cf. p. 41 Anm. 2). —
Auch die naheliegende Vermuthung, Ragewin habe deshalb z. B.
von Heinrich dem Löwen im Imperfectum berichtet, weil derselbe ihm zu entfernt gestanden, R. vielleicht deshalb nicht
wusste, ob er noch lebe oder nicht, wird durch eine spätere

Anders in der Charakteristik Eberhards von
Salzburg. [1]) Hier wird sichtlich die Gelegenheit,
über ihn ausführlichere Mittheilungen zu machen,
vom Zaun gebrochen. Die Bemerkung, dass der
Erzbischof von dem Besuche der Synode von Pavia
durch Krankheit abgehalten sei, hätte ebenso gut
an anderer Stelle (vielleicht c. 64) gemacht werden
können. Auf diese Bemerkung folgt dann nach
einigen einleitenden Worten [2]) — wie wir sie später
auch vor der Charakteristik Friedrichs finden, eine
in sich abgeschlossene Schilderung [3]) des Lebens
und Charakters Eberhards (de vita et moribus) —
und zwar im Imperfectum. Diese Charakterschilderung macht nun entschieden den Eindruck, als wenn
sie nach dem Tode des Erzbischofs verfasst ist. [4])
Denselben Eindruck habe ich von der Bemerkung
über Hartmann von Brixen [5]) gewonnen. Nun meldet

Notiz über den Herzog im Appendix (cf. über d. Appendix n.
p. 29 A 1) 492. 16: Inter Saxones et ducem Bawariae Henri-
cum grave bellum agitatur (z. d. Jahre 1167) erschüttert.

[1]) IV, 73. 488. 50. 489. 1 ff.

[2]) 489. 2 ff.

[3]) 489. 6 ff.

[4]) Besonders wenn hiermit die Charakteristik Friedrichs
(IV, 76) und die Bemerkung über Albert von Freising (IV, 13:
gubernat et regit (453, 27 f.) — cf. hiermit das luceret etc. in
der Charakterschilderung Eberhards von Salzburg (489, 4) — verglichen werden.

[5]) III. 14. 425. 8: virum qui tunc inter Germ. epp. sing.
sanctitatis opinione et austerioris vitae conversatione praeeminebat. — Die an sich mögliche Auffassung, das tunc so zu erklären, als sei Hartmann von Brixen später von Anderen
übertroffen worden, bietet jedenfalls zu wenig thatsächlichen Anhalt.

Druck von A. W. Kafemann in Danzig.

Ragewin im Appendix [1]) zu dem Jahre 1164 den
Tod gerade dieser beiden Männer. [2]) Ist es da
nicht sehr wahrscheinlich, dass er, nachdem er schon
im Wesentlichen sein Werk vollendet, die betreffenden Mittheilungen, von denen die erstere unverkennbar das Gepräge eines Nachrufes trägt, nachträglich
ergänzte? [3]) Ragewin gedenkt Eberhards und Hart-
manns hier mit Auszeichnung, während Hartwig von
Regensburg als inutilis bezeichnet (491. 40), Conrad von
Passau ohne Epitheta erwähnt wird (491. 38). Musste
er doch gerade über Beide ausgezeichnet unterrichtet
sein: Eberhard war sein Erzbischof[4]) und Hartmann
gehörte auch zu dem Salzburgischen Sprengel.

Diese Ergänzungen müssen — die eine nach dem
22. Juni 1164 († Eberhard von Salzburg), die andere

---

[1]) Wilmans hat, wie auch Prutz (R. F. p. 17. 5. Abschn.)
anerkennt, höchst wahrscheinlich gemacht, dass der Appendix
Ragewin ebenfalls zum Verfasser hat (Vorrede z. d. Ausg.
der Gesta Frid. imp. XX. 344. 24 ff.); jedenfalls entstand der
Appendix in Freising.

[2]) XX. 491. 38. 40.

[3]) Die betreffenden Sätze können ohne Gefahr aus dem
Zusammenhange entfernt werden. Gerade das Vorhandensein
eines Appendix von demselben Verfasser lässt die fortgesetzte
Sorgfalt desselben für sein Werk erklärlich erscheinen. cf. p.
24 Anm. 2 Schluss; cf. über Zusätze, welche Albricus von
Trois-fontaines zu seinem Werke machte. Wattenbach a. a.
O. II. p. 323.

[4]) Der Salzburger Sprengel umfasste u. A. Freising — und
dieser Kirche gehörte Ragewin als Probst von St. Veit an —
und Brixen. — Dass Ragewin der Verfasser der Charakteristik
in IV 73 ist, wird schon wahrscheinlich, wenn man hiermit vergleicht: in domo nostrae provinciae. IV. 73. (489. 4.)

nach dem 23. December 1164 († Hartmann von Brixen) stattgefunden haben.

Schliesslich hat Prutz für seine Ansicht angeführt, dass Ragewin in der allgemeinen Schilderung von Friedrichs Regierung auch des Palastbaues zu Monza erwähnt, der nach einer Angabe der Annales Mediol. erst nach der Zerstörung Mailands (1162) zu setzen ist.[1]) Auch diese Schwierigkeit dürfte sich im Hinblick auf das Vorhergehende leicht von selbst lösen, wenn anders wir hierin nicht vielleicht einen noch späteren Zusatz zu erblicken haben.[2])

Ist es nun einerseits nicht zweifelhaft, dass das Werk im Wesentlichen 1160 vollendet wurde, so werden wir auch nach der andern Seite hin eine, wenn auch nur annähernde Zeitgrenze zu bestimmen suchen müssen.[3])

Der Endtermin ist hier der 22. September 1158, der Todestag Ottos. Doch nicht so bald wird Ragewin die Fortsetzung begonnen haben, musste er sich doch erst der Zustimmung des Kaisers versichern.[4])

---

[1]) Ann. Med. SS. XVIII 374. 37: item occasione tributi ad palacium Modoetie .... 375. 7: eadem quoque aestate Modoetie palatium coeptum fuit, et boves undecimarum plebium terrae Mediolani lapides a civitate ibi bis in mense vehebant.

[2]) Aus dem kritischen Apparat geht hervor, dass nicht alle Codices Modoicium haben, sondern nur die von Wilmans mit 1. 8. 9. bezeichneten; cf. hiermit: den krit. Apparat zu III 18 n. III 28, resp. 427. s. und 433. b.

[3]) cf. Prutz R. F. p. 15. (spätestens 1162!)

[4]) Prolog. IV 11. Epilog.

Druck von A. W. Kafemann in Danzig.

Dass er dies gelegentlich seiner Anwesenheit zu
Roncalia gethan, dürfen wir, wie gesagt,[1]) nur vermuthen. Sicher ist, dass er wenigstens das vierte
Buch erst nach seiner Rückkehr nach Deutschland
— also wohl erst 1159 — begonnen hat.[2]) Aber
auch eine Stelle des dritten Buches[3]) weist darauf
hin, dass dieses ebenfalls nicht viel vor 1159, frühestens Ende 1158, entstanden sein kann.[4])

Das Werk Ragewins ist also nicht vor
Ende 1158 begonnen, *im Wesentlichen* bereits
1160 vollendet.

---

[1]) s. p. 11.

[2]) ut meminimus (Reichstag von Roncalia IV 3. 445. 23 f.;
sonst würde Ragewin uns das Mitgliederverzeichniss ganz genau
überliefert haben, und vor Allem würde ihm nicht der Name
des Erzbischofs von Mailand gefehlt haben

[3]) III 8. (420. 15 ff.)

[4]) At priusquam ad ejus provinciae negotia seu ordinati-
onem stilus se porrigat, de legatis Romani pontificis Adriani,
ad quid venerint, et quomodo recesserint, quia et auctoritas
ejus partis major et causa gravior, dicendum nobis erit. Pro-
lixitatem hujus narrationis non causabitur, qui materiae pondus
ac temporis, quo haec tempestas protracta est et protra-
hitur. Mit den letzten Worten verräth doch Ragewin, dass
er, als er dies niederschrieb, bereits weitere Phasen des Streites
erlebt hatte.

noct

impc
Kais
sich
Otto
kais
und
Urk
Aus
nah
Prot
odei
ober
üppi
Zun
lich
Que
Bei
Sent
ohn
sopl
und
zu
Cita
Car
Kar
teris

Das Verhältniss des vierten Buches der Gesta zu Josephus-Rufinus.

Wir haben Prutz', durch die Entlehnungen (Prutz: Plagiate) Ragewins aus Josephus-Rufinus bedingtes, Urtheil über unsere Quelle bereits oben (p. 8.) angeführt. Prutz hat sich lediglich damit begnügt, die betreffenden Parallelen nebeneinander zu setzen:[1] schon die mehr oder minder stark hervortretende Uebereinstimmung von Worten hat ihn von der sachlichen Werthlosigkeit eines sehr beträchtlichen Theiles von Ragewins Werk überzeugt.[2] Eine genauere Prüfung dieser Entlehnungen hat uns wenigstens zu der Ueberzeugung geführt, dass die Prutz'sche Ansicht wesentlich modificirt werden muss.

---

[1] R. F. pp. 30—48.
[2] Nur einmal findet sich eine gewisse Einschränkung dieses Urtheils (ib. p. 86).

Druck von A. W. Kafemann in Danzig.

Es wird nur eine Besprechung des vierten[1]) Buches in dieser Hinsicht beabsichtigt: auch das schon hieraus gewonnene Resultat dürfte — wenn anders überhaupt gebilligt — um so mehr fähig sein, die Ansicht Prutz' hinfällig zu machen, als gerade das vierte Buch eine reiche Mannichfaltigkeit im Charakter der entlehnten Stellen aufweist. Die Uebereinstimmung zwischen beiden Werken zeigt sich nämlich in diesem:

a. in subjectiven Begründungen und Anführung allgemeiner Lebenswahrheiten: IV. 11; zum Theil auch IV. 33.

b. in Reden: des Kaisers Rede an die Cremesen IV. 46. Rede an die an den Belagerungsmaschinen Aufgehängten IV. 47. Rede des Patriarchen von Aquileja bei den Friedensverhandlungen mit Crema IV. 61. cf. IV. 75. Dank des Kaisers an sein Heer.

c. in Schilderungen: Lagerbau IV. 2, Detailschilderungen in den Kämpfen gegen Mailand und Crema IV. 57, 58, 59. Empfang des Kaisers in Pavia IV. 62. Dank des Kaisers an sein Heer und Beschenkung des letzteren IV. 75.

Dass Ragewin sich mit den Federn des Josephus schmückt, ist schlechterdings nicht zu leugnen. Für

---

[1]) Das 3. Buch hierauf zu prüfen, hatten wir im Sommer 1876 im hiesigen historischen Seminar Gelegenheit. Das Resultat war ebenfalls eine Modificirung der Prutz'schen Ansicht.

8

die sachliche Kritik aber irrelevant erscheinen die
unter a. angeführten Entlehnungen.[1])

a. Entlehnungen in subjectiven Begründungen und Anführung allgemeiner Lebenswahrheiten.

1) Ragewin IV, 11.

Et quia tam in hujus
praeclari viri nece quam
in conflagratione Frisin-
gensis ecclesiae patria mea
duplici contritione attrita
est, nemo me accuset, si
vel patriae miserias
vel amantissimi domini et
nutritoris mei flebilem interitum prolixiore narra-

Prolog zu Jos. b. jud.

Quod si quis me
adversus tyrannos eorum-
que latrocinium accusato-
rie loqui putet,

vel patriae miseriis in-
gementem
calumniari praeter legem
historiae

[1]) Prutz hätte sie daher nicht in gleicher Reihe mit den
übrigen anführen dürfen. — Hierher gehört ausser dem Oben-
angeführten auch die Stelle des Prologes, in der Ragewin die
Worte: humanarum rerum nihil firmum, nihil perpetuum aus
Josephus-Rufinus herübergenommen (R. F. p. 32). Warum soll
Ragewins ausdrückliche Versicherung, dass dieser Gedanke sich
ihm „interroganti generationem pristinam et diligenter investi-
ganti patrum memoriam" aufgedrungen habe, nicht Glauben
verdienen? Das interrogare und investigare wird schon dadurch bestätigt, dass Ragewin ausser der Bibel Virgil, Ovid,
Sallust, Sidonius Apollinaris, Einhards Vita Caroli und —
Josephus-Rufinus kannte. (cf. Prutz Rag. F. p. 21 ff.). —
Ebensowenig gravirend ist die weitere Entlehnung im Prolog
(416. 8. ff.), wo er sogar den Josephus nennt (Prutz R. F. p. 32),
ebensowenig schliesslich die Gleichheit der Worte: debere autem
dedignari dominos humiliores (III. 4) mit Josephus-Ruf. VI. 12.
(Pr. R. F. p. 33).

tione prosequar, sed do-
lori veniam tribuat,
considerantibus nobis ci-
vitatem nostram ad
tantum felicitatis
gaudium processisse

eandemque fere ad
ultimos casus inclina-
tam. Si quis autem, ut

ait quidam, durior mi-
sericordiae sit judex;
res quidem tribuat
historiae, lamenta
vero scriptori.

dolori veniam tribuat.
Ex omnibus enim, quae
Romano imperio parent
· solam civitatem
nostram ad summum
felicitatis gradum
praecedere eandem-
que ad ultimos casus
deponi. Et horum auctor
nullus externus est, si-
quis autem durior mi-
sericordiae sit judex,
res quidem tribuat
historiae, lamenta
vero scriptori.

Also nur allgemeinere Wendungen sind an
dieser Stelle entlehnt, und zwar nicht in der Charakteristik Ottos von Freising selbst, sondern in
der Einleitung dazu. [1])

---

[1]) Dergleichen Einleitungen, besonders zu längeren Charak-
terschilderungen, sind bei Ragewin übrigens ganz gewöhnlich:
III. 18: Verum antequam horum iter et negocia prosequamur,
non ab re est, de praefatis regalium nunciorum personis et
gestis pauca de multis praelibare. — IV. 38 (466. 4): quos
quoniam res obtulerat, silentio praeterire non fuit consilium
(nach der Charakteristik Heinrichs und Welfs). — IV. 73
(489. 2): Sane quam tanti viri fecimus mentionem, de vita et
moribus ejus quaedam memorabimus. — IV. 75 (490. 1 ff.):
priusquam huic quarto volumini etc., mores quoque caeterasque
vitae illius partes et studia circa regni administrationem etc.

3*

Für die Worte Ragewins, in denen er die Grösse des Verlustes schildert und es rechtfertigt, dass er sich ausführlicher über Ottos Leben auslassen werde, findet sich ausserdem in unserer Quelle selbst die positive Bestätigung. [1]

2) Hierher gehört ferner die entlehnte subjective Begründung in Cap. IV, 33 (cf. p. 39 ff.)

b) Entlehnungen in Reden.

Es mag genügen, zu bemerken, dass ich hinsichtlich der resp. Glaubwürdigkeit der entlehnten Reden — wenngleich auf anderem Wege — zu demselben Resultate gelangt bin, wie Prutz. An eine historische Glaubwürdigkeit des Wortlautes würde hier natürlich überhaupt nicht zu denken sein, es würde, um die Wahrheitsliebe Ragewins auch hierin darzuthun, schon hinreichend sein, den Inhalt als der Situation einigermassen entsprechend nachzuweisen. Dies Letztere wäre mit Rücksicht auf das Resultat unter c. von nicht geringer Bedeutung. Es lässt

[1] Für das „civitatem nostram ad tantum felicitatis gaudium processisse" giebt die Charakteristik Ottos den besten Commentar. Die „patriae miseriae" und das „eandemque fere ad ultimos casus inclinatam" erklärt und bestätigt die ebenfalls von Ragewin des Genaueren überlieferte Thatsache, dass kurz nach dem Tode des Bischofs auch noch eine Feuersbrunst Freising heimsuchte (IV, 11 et quia etc. 450. 46 ff., IV, 12 u. 13, 453. 1 ff.). Das darauf folgende Sätzchen ist dann mit einem „ut ait quidam" versehen. Ragewin zeigt sich also in diesem Falle durchaus gewissenhaft, und dies fällt allerdings um so schwerer in's Gewicht, je weniger gravirend es für den sachlichen Werth gewesen wäre, wenn wir ihn auf einer wörtlichen Entlehnung inhaltloser Worte ertappt hätten.

Druck von A. W. Kafemann in Danzig.

sich aber — und zwar aus inneren Gründen —
nachweisen, dass die Reden nicht gehalten sein
können.

c) Entlehnungen in Schilderungen.

3. Der Lagerbau bei Roncalia.

(Rag. IV 2 — Jos.-Ruf. III 4.[1])

Vor allem ist zu berücksichtigen, dass Ragewin
in Roncalia anwesend war.[2] Dass ein Lager wo-
möglich in der Ebene oder wenigstens auf einem
ebenen Terrain[3] und in einer bestimmten Ordnung
aufgeschlagen wird, ist eine uralte Praxis. Ragewin berichtet von zwei Arten, ein Lager zu bauen:
in Kreis- oder viereckiger Form, Rufinus spricht
nur von der letzteren.[4] Natürlich ist, dass die fabri,
opifices, mercatores als nicht zum Heere gehörend,
auch nicht im eigentlichen Lager ihren Platz finden.
Ragewin macht noch ausdrücklich darauf aufmerksam, ein wie verschiedenes Ansehen die Zelte der
fabri etc. bei der Kreis- und viereckigen Form gewährten. (Nam et fabrorum et opificum multitudo
et mercatorum copia, quae quantum usus poscit,

---

[1] cf. Prutz, Rag. Forts. p. 39 f.

[2] cf. oben p. 8 f. R. weiss von zwei Lagern, von dem
Bau einer Brücke, dass diese in 2 Tagen hergestellt ist; er hat
ein fast vollständiges Verzeichniss der Versammelten.

[3] Ursp. Chron. Scr. XXIII. 350. 10 ff: castra ponerent in
planitie apud Gardam arcem. cf. Otto v. Freising, Gesta Friderici
II c. 12. XX 395. 45 ff.

[4] Rag: dimensio autem saepissime vel in orbem vel in
quatuor angulos designatur; Ruf: Quatuor vero angulis eorum
dimensio designatur.

noct

impe
Kais
siche
Otto
kais
und
Urk
Ans
nah
Pro
ode
obe
üppi
Zun
lich
Que
Bei
Seut
ohn
soph
und
zu
Cita
Car
Kar
teris

sequitur exercitum, cum suis papilionibus et ergasteriis aut suburbiorum, si in quadro, aut si in gyro,
ambitus eorum extrinsecus muri faciem praefert).
Ebenso nothwendig wie erklärlich sind Strassen und
Thore im Lager. Ragewin weiss aber nichts von
einer bestimmten Anzahl von Thoren, (Rag: Intus . . .
plateasque et portas assimilant; Rufin: Ex omni vero
muri parte quatuor portas aedificant, (vorher . . . .
ordinatis etiam turibus . . . . etc.) ebensowenig
etwas von Thürmen; wahrscheinlich sah man bei
Roncalia von einer festen Vertheidigung des Lagers
ab, weil man zu friedlichen Verhandlungen zusammen-
kam. [1]) Dass ein also erbautes Lager mit Strassen
u. s. w. den Eindruck einer Stadt machen musste,
leuchtet von selbst ein. Auch wohl bei den Deutschen zeichnete sich das Zelt des Fürsten durch
seine Pracht vor den übrigen aus; auffallend allerdings vergleicht Ragewin wie Rufinus es mit
einem templum, wohl aber lässt er andrerseits divum
fort. Auch die Uebereinstimmung des letzten Satzes
wiegt nicht schwer, überdiess fehlt bei Ragewin
acie.

Entlehnt hat sicherlich Ragewin aus Rufinus,
aber, wie es scheint, nur Worte und Gedanken all-
gemeineren Inhalts — theilweise berichtet er Verschiedenes, setzt hinzu, lässt fort. Besonders mit
Rücksicht auf seine Anwesenheit in Roncalia muss

[1]) Hiermit scheint das Fehlen des non levi opere des Rufinus bei Rag. übereinzustimmen.

Druck von A. W. Kafemann in Danzig.

man, so lange nicht definitiv der Beweis erbracht ist, dass das Lager bei Roncalia anders ausgesehen hat, seinen Bericht anfuehmen.

4. Detailschilderungen
in den Kämpfen gegen Mailand und Crema. [1]

Ragewin IV 33.
totamque regionem depopulatur, statuens non ante obsidera civitatem, quam penuria necessariorum affligerentur.

Aut enim tunc inopia victualium coactos ultro supplicaturos, aut si ad finem usque in eadem pertinacia duravissent, obsidione inclusos fame consumendos vel ad deditionem cogendos arbitrabatur multoque faciliores ad affligendum fore, si post intervallum temporis iterum atque iterum anxius incubuisset.

Josephus-Rufinus III 7.
Vespasianus-statuit obsidere civitatem, ut eam usus necessariorum penuria caperet.

Aut enim coactos inopia sibi supplicaturos aut si ad finem usque in eadem pertinacia duravissent, fame consumendose jus habitatores putabat multoque facilioris pugnae

fore, si post intervallum rursus anxius incubuisset.

[1] Prutz, Rad. Forts. pp. 41. 43 f.

noct

imp‹

Kais

sich‹

Otto

kais‹

und

Urk‹

Ans‹

nah‹

Prot

ode‹

obe‹

üppi

Zun‹

lich‹

Que

Beic

Sent

ohn‹

sept

und

zu ‹

Cita

Car‹

Kar

teri‹

Itaque omnes eorum exitus asservari prae-cepit, frumenti alia-rumque rerum eis au-ferens commercium.	Itaque omnes eorum exitus asservari prae-cepit. Illi autem fru-menti quidem aliarum-que omnium rerum intus habebaut praeter salem.

Sogleich im Anfang der ausgeschriebenen Stellen wird etwas ganz Verschiedenes berichtet. Josephus schreibt: Vespasian beschloss, die Stadt zu belagern, um sie u. s. w. zu erobern, Ragewin dagegen: (Friedrich) beschloss, die Stadt nicht eher zu belagern, als bis in derselben Mangel an Lebensmitteln einträte;[1] deshalb verwüstet er das Mailänder Gebiet. Das wird nachher noch einmal durch die bei Ragewin alleinstehenden Worte: obsidione inclusos ausgedrückt. Und diese Differenz in dem Berichte Beider ist um so wichtiger, als gerade das von Letzterem Ueberlieferte durch andere, gleichzeitige Quellen, wenigstens indirect, bestätigt wird.[2] Im

---

[1] Daher ist auch nicht das quam Ragewins identisch mit dem ut eam des Josephus-Rufinus zu fassen. cf. die Parallelisirung bei Prutz R. F. p. 41.

[2] Vinc. v. Prag. SS. XVII p. 677. 5 ff.: in ipsa secunda feria . . . ante ipsas portas Med. progediuntur, fruges, vineas, oliveta, castaneas et alias arbores fructiferas nullo prohibente funditus destruunt; sic provincia Mediolanensis tota in circuitu usque ad ipsum Ticinum destruitur. — Chron. Ursp. SS. XXIII. 349. 30 ff: eorumque segetes in mense Junio, cum jam maturae sunt, partim succidit, partimque pedibus equorum contrivit, arbores quoque penitus decortavit et vites succidit sicque maximum damnum Mediolanensibus intulit. — Romuald, SS. XIX.

A. W.,W .A ꭇoꭇ d⇒ꭇꭒꭒk ꭇoꭓ

Druck von A. W. Kafemann in Danzig.

Uebrigen ist allerdings eine grosse Gleichheit von Worten und selbst Gedanken zu constatiren, doch ist diesem Umstande auch nicht die geringste Bedeutung für den historischen Werth beizumessen. [1])

Ragewin IV, 57:	Josephus-R. III, 7:
Ejusmodi et alii multi	At Vespasianus et cal-
latrocinales doli tam	liditate consilii et ho-
ad rapinas [2]) quam ad	stium audacia magis

p. 430. 10 ff: Quo cognito imperator plurimum indignatus cum non posset eos in campo facili expugnare, cepit casalia et castra eorum destruere et terram eorum j. p. pr. p. vastare.

[1]) Von aut enim bis incubuisset wird nämlich keine einzige historische Thatsache angeführt: Der ganze Satz ist weiter nichts als eine subjective Begründung des vorher Berichteten. — Nehmen wir andrerseits an, diese Begründung der Handlungsweise Friedrichs — die überdies die allein naturgemässe ist; denn was sollte Friedrich für einen andern Zweck verfolgt haben? — sei Ragewin aus der kaiserlichen Kanzlei zugekommen, so reducirt sich das ganze Vergehen Ragewins auf die Entlehnung einer Anzahl Worte. Der letzte Satz, eine einfache Consequenz des Vorhergehenden, wird durch die Quellenangaben p. 40 Anm. 2 bestätigt; zugleich aber wird die Richtigkeit der mit den letzten entlehnten Worten dargestellten Proviantsperre durch ein von Ragewin (463, 48 f.) allein erwähntes Strafedikt gegen die Händler bewiesen. — In dem folgenden Passus findet sich wiederum ein Anklang an Josephus-Rufinus, den Prutz gar nicht einmal verwerthet:

Rag.: Mediolanenses autem	Jos.: Illi autem frumenti
omnium rerum tametsi co-	quidem aliarumque omnium
piam intus habebant.	rerum intus habebant co-
	piam — (aber) praeter salem.

[2]) Otto Morena: XVIII, 613. 13: Quorum quatuor captivorum statim uni absciderunt caput, alteri vero utrosque pedes a corpore penitus projecerunt, tertio antem utrumque brachium

noct

imp(

Kais

sich(

Otto

kais(

und

Urk

Ans(

nah(

Prot

ode1

obe1

üppi

Zun:

lich(

Que

Beic

Sent

ohn(

sopl

und

zu {

Cita

Car(

Kar

teris

incendia ') machinarum cum assidue fierent ab his, qui intra munitionem erant. Fridericus et calliditate ') simul et audacia ') eorum magis irritabatur.

irritabatur, quia accepta ex munitione fiducia Romanos ultro incursabant inque dies singulos praelia catervatim et cujuscumque modi latrocinales doli et eorum quae casus attulisset, rapinae aliorum aliorumque incendia fiebant.

Ragewin IV. 58:

Itaque admotis omnibus machinis ad occupandam civitatem hortatur exercitum turresque in ex-

Jos.-Ruf. III. 9:

Ac Vespasianus eorum causa, quae acciderant, consolatus exercitum, postquam ita videt accensum

---

truncaverunt. 613. 20: Alii vero Theotonici ita viriliter ipsum ab igne defenderunt. 613. ad incendia machinarum. Die Cremesen werfen Steine 614. 7. (cf. Ann. Med. XVIII, 367. 40 ff.) Das Werfen der Cremesen nach ihren eigenen Landsleuten nennt Morena nequitia 614. 25. nequitia, malignitas 615. 20. Die Cremesen tödten die Gefangenen des Kaisers 615. 1. 15. (cf. Chron. Urap. XXIII, 351. 15 ff., Vinc. XVII, 677. 35 ff.) cnuiculum sub terra, per quem ipsi foras exeuntes ignem predicto gatto, ut eum comburerent, supponebant 616. 5. neque cum igne neque cum alia re 616. 9. Versuch der Cremesen, den gattus in Brand zu stecken 616. 30 ff. cararias multas plenas lignis siccis, sulphure et lardo, oleo, axungia et pice liquida madefactis etc. 616. 25 ff. aquam et terram super ipsum ignem 616. 35 ff. — Vincenz XVII ignem super turrim projiciunt 678, 23.

') cf. vorhergehende Anm.

Druck von A. W. Kafemann in Danzig.

celsum erectas[1]) ferro variaque materia[2]) tectas, ut et pondere stabiles essent neque ignibus expugnarentur, super aggeres collocat,[3]) jaculatoribus et sagittariis militumque fortissimis plenas. [4])

neque tam exhortationem quam opus deposcere, aggeres quidem altius tollit, tres vero turres quinquagenum pedum in excelsum jubet erigi ferro undique tectas, ut et pondere stabiles essent, neque ignibus expugnarentur easque super aggeres collocat, jaculatoribus et sagittariis itemque levioribus missilium machinis plenas fundibularumque fortissimis.

---

[1]) Morena: manganus 613. 4 etc. gattus 613. 27 etc. castellum 616. 7 etc. Maschine des Marchisius mit Brücke 617. 20 etc. — Vincenz: turris erigitur, machinas erigunt, machinae eriguntur 677. 47. 49. 678. 23. 25 etc. — Chron. Ursp.: fecit turrim ligneam erigi et alia instrumenta . . . 351. 10 ff. — Annales Mediol: fecit turrim ligneam.

[2]) Dieser Zusatz Ragewins wird ausdrücklich bestätigt: Morena 615. 26 f.: ex duplicibus fastinis vimiuum cohoperiri fecit; deinde optimis filtris coriisque, pannis etiam insuper laneis illud armari precepit. — 617, 21: cratibus cohoperisset. — Ragewin: Eisen, Vincenz: ferri laminibus etc. 678. 4. — hoc instrumentum cratibus de ilicibus factis a fronte, a dextris et a sinistris circumdatum.

[3]) Nach Morena werden die Gräben mit Erde u. s. w. angefüllt, darüber hin die Maschinen an die Mauer geschafft 613/14. Vincenz: in ripa fossati 678. 10 etc.

[4]) Morena: hi vero qui ipsum custodiebant 613. 6. Sed his qui super castellum . . 616. 7. qui in gatto 616. 8. qui erant

noct

imp

Kais

sich

Otto

kais

und

Urk

Aus

nah

Prot

odei

obei

üppi

Zun

lich

Que

Bei

Seut

ohn

septh

und

zu

Cita

Care

Kar

toris

Qui cum non con-
spicerentur,[1] ipsi eos
qui vel super murum
astarent vel in civitate
deambularent,[1] facilli-
me cernerent telisque
appeterent, cum illi
neque a vertice venien-
tes sagittas facile
declinare neque ul-
scisci possent.[1] Quo-
tiens autem ignito ferri
pondere et adunco, quo
levius haereret, machinas
attemptabant, qui desuper
erant aquis ignem restin-
guendo, uncos autem et
hamos ferri contis pro-

Qui cum non con-
spicerentur propter al-
titudinem turrium et lo-
ricas, ipsi vero, qui su-
per murum astarent,
facillime cernerent
telisque appeterent,
cum illi neque a ver-
tice venientes sagit-
tas facile declinare
neque ulscisci pos-
sent, quos non viderent,
altitudine quidem turrium
librata manu jacula supe-
rante, ferro autem, quo
erant septae, flammis ob-
stante: ob haec igitur
defensionem muri dese-

in predicto gatto. 616. 11. 15. 16. balistarii qui in ipso castello erant. 616. 15 f. Theotonici tam sub ipsis gattis cum
arcubus et balistis occulte morantes .... 617. 3 ff. balistarii
618. 25. Vincenz: Thurmban 677 f. sagittarii 678. 14.

[1] Morena: Interea imperator castellum in antea prope
ipsum gattum duci fecit, multasque archerias in eo composuit,
per quas balistariis suis foras trahentibus, fere nullus ex Cre-
mensibus ibi ad scrimalias seu machinas ipsius castri apparere
poterat, quem balistarii, qui in ipso castello erant, statim non
interficerent vel ad mortem non sauciarent. 616. 15. ff. —
Nec etiam ibi intra castrum ultra murum ipsius castri per
terram planam aliquis .... unde in ipso castro Cremae fere
nullus se movere poterat, quem hi qui supra dictum castellum

Druck von A. W. Kafemann in Danzig.

ceris et sudibus dissol-
vendo conatus eorum in
irritum revocabant. [1]) In
his enim . . . . statim
abscinderat.

Et Cremenses qui-
dem ita resistebant,
quamvis multi in dies
singulos occumberent,
contraque parum mali
hostibus facerent.[2])

Ragewin IV. 59.

Porro qui murum,
transscendere conati sunt,
quamvis singillatim
digni sint memoria,

runt magisque aggredi
temptantibus accurrebant.

Et Jotapateni quidem
ita resistebant, quam-
vis multi in dies singu-
los occumberent neque
contra mali quicquam
hostibus facerent,
quod eos sine periculo
prohibere non poterant.

Joseph.-Rufinus VII. 5.

Et quamvis

singillatim digni es-
sent memoria, qui pe-

erant, videre non possent. 616. 22 ff. — Theotonici tamen
sub ipsis gattis cum arcubus et balistis occulte morantes, Cremenses intus juxta murum ipsius castri sive supra . . . sive de
subtus euntes ipsis ignorantibus mirabiliter sauciabant 617. 3 ff.
Et tam boni balistarii cottidie in castello imperatoris latitabant,
quod fere nullus Cremensis poterat contra castellum super suas
machinas se opponere, quin ab ipsis balistariis interficeretur.
618. 25 ff.

[1]) Morena: aquam et terram super ipsum ignem . . . . nullum
malum inde habuerunt 616. 35 ff. Vincenz: die et nocte per-
cutitur nec leditur 678. 24 f.

[2]) Morena 617 f. Vincenz 678 f. — cf. p. 44 Anm. 1 u.
p. 45 Anm. 1.

omnium tamen for- rierunt, omnium tamen
tissimus demonstratus fortissimus demon-
est Otto palatii comes de stratus est . . .
Baivaria.

Fast alle von Ragewin in den oben citirten
Stellen mitgetheilten — theils den Worten nach aus
Josephus-Rufinus entlehnten, theils nicht entlehnten
— Details bestätigen andere Quellen entweder direct
oder indirect.[1]) Hätte Ragewin die Absicht gehabt, selbst gegen sein historisches Gewissen in
diesen Schilderungen aus Rufinus abzuschreiben
und sich dadurch den Schein su geben, als wäre er
besonders gut unterrichtet, würde er nicht verfehlt
haben, bei turres (Rag. c. 58) auch tres und quinquagenum pedum von Jos.-Ruf. herüberzunehmen.

Die Entlehnungen haben daher auch an dieser
Stelle nicht im Mindesten einen nachtheiligen Einfluss auf die Glaubwürdigkeit Ragewins.

5. Empfang des Kaisers in Pavia.

Ragewin IV. 62.   Josephus VII. 16.

Ubi vero eum appro-   Ubi vero eum appropinquare nuntiatum est,   pinquare nuntiatum est,
omnis multitudo civitatis   quamque mansuete
obviam per vias et pla-   singulos suscepisset,
teas cum senibus et   qui praecesserant, in-
juvenibus, cum conju-   dicaretur, omnis jam

---

[1]) cf. die Belegstellen zu der Parallelisirung.

Druck von A. W. Kafemann in Danzig.

gibus et liberis praestolabatur, et quo transiens divertisset, ejus majestatem vultusque lenitatem omnium generum vocibus prosequebatur, bene meritum triumphatorem et salutis datorem solumque dignum Romanum principem appellari. Tota civitas veluti templum variis ornamentis decorata erat et diversis odoribus aromaticis plena redolebat. Cum autem vix per circumstantium multitudinem ad ecclesiam venire potuisset, antequam in palatio se reciperet, omnipotenti Deo, qui dat salutem regibus, pro adepto triumpho vota solvit et gratulatoria sacra celebravit.

reliqua multitudo per vias cum conjugibus ac liberis praestolabatur et quo transiens advenisset videndi ejus voluntatem vultusque ejus lenitatem omnium generum vocibus persequebantur, bene meritum et salutis datorem solumque dignum Romae principem appellari. Tota vero civitas veluti templum sertis et odoribus plena. Cum autem vix per circumstantium multitudinem in palatium venire potuisset, ipse quidem penatibus diis adventus sui gratulatoria sacra celebrabat.

Ueber den Einzug in Pavia schweigen die anderen Quellen. So vorsichtig man nun einerseits an diese von Ragewin überlieferte und noch dazu fast wörtlich aus Josephus-Rufinus entlehnte Schilderung herantreten muss, so finden sich doch andrerseits zwei characteristische Unterschiede in beiden Berichten. [1] Ob dieser Empfang sich in seinen einzelnen Scenen allerdings genau so abgespielt hat, wie Ragewin erzählt, ist eine andere Frage.

6. Dank des Kaisers
an sein Heer und Beschenkung des letzteren. [2]

Hier lässt sich der Beweis von der Glaubwürdigkeit Ragewins nicht so unbedingt erbringen, wie oben. Die Beschenkung des Heeres berichtet Ragewin allein. Vincenz und Morena [3] erzählen nur von zwei

---

[1] So lässt Ragewin die Worte des Josephus: quamque mansuete singulos suscepisset qui praecesserant, indicaretur fort — Worte, die sehr wohl auf die Verhältnisse zur Zeit des Einzuges Vespasians in Rom passen, in dem Berichte Ragewins aber völlig sinnlos wären. Die Pavesen, treue Verbündete des Kaisers in dem Mailändischen Kriege, brauchten nicht erst eine Gesandtschaft vorauszuschicken, um aus deren Empfang Seitens des Kaisers auf die Stimmung des Letzteren gegen sie selbst zu schliessen. (cf. auch das Romae princeps des Josephus mit dem Romanus princeps Ragewins!) Während Josephus den Kaiser Vespasian sich in das palatium begeben lässt, wo er penatibus diis adventus sui gratulatoria sacra celebrabat, berichtet Ragewin: Cum autem vix . . . ad ecclesiam venire potuisset, antequam in palatio se reciperet, omnipotenti Deo, qui dat salutem regibus, pro adepto triumpho vota solvit et grat. s. c. — die Worte Ragewins entsprechen also auch hier genau der Situation.

[2] Prutz, Rad. Forts. p. 47.

[3] Vincenz XVII p. 679. 39 ff. Nos autem qui in servitio domini nostri episcopi totam Italiam ultra Romam usque Apuliam peragravimus, beneficiis et diversismuneribus exhilarati (cf. beneficia feudorum von Ragewin hinzugesetzt). Deo et martyribus nostris,

vereinzelten Fällen, aus denen auf eine Beschenkung
des ganzen Heeres zu schliessen, immerhin gewagt
erscheinen muss. Die Dankesworte Friedrichs an
sein Heer fallen damit unter denselben Gesichtspunkt,
von dem aus auch die übrigen von Ragewin entlehnten Reden zu verwerfen sind.

qui nos de tantis miseriis ad nostra reduxerunt, gratias agentes,
feliciter dies nostros exegimus. Morena 619. 23 ff.: Donavit
autem imperator Laudensibus ultro trecentas loricas et multas
gamberias, quas de praedictis suis hostibus habuerat, et clypeos
et cassides. cf. hiermit die (früher erfolgte) Beschenkung des
Marchisius. Morena p. 617. 15 ff.

CAROLUS MARTENS

DE VITA SUA.

Natus sum prid. Non. Nov. a. h. s. LIV Grimmae Pomeranorum patre CHRISTIANO matre CHARLOTTE e gente VOLCKSDORFF, quam morte mihi abhinc tres annos ereptam lugeo. Fidei addictus sum evangelicae. Literarum primordiis imbutus gymnasium adii hujus urbis, quod directoribus tunc *Nitzsch*, deinde *Kruse* florebat, nunc *Steinhausen* floret. Anno LXXIII autumnali tempore maturitatis testimonium adeptus hanc almam literarum universitatem accessi, studiis historicis et philologicis operam daturus. Scholas frequentavi per tria semestria vv. dd. *Hirsch*, *Ulmann*, *Kiessling*, *Schöll*, *Preuner*, *Baier*, *Willmanns*, *Pyl*. Vv. dd. *Hirsch*, *Ulmann* ut seminarii regii historici particeps essem concesserunt. Anno LXXV tempore paschali Tubingam me contuli, ubi per sex menses scholis usus sum vv. dd. *Kugler*, *v. Noorden*. Deinde Gryphiswaldiam redii, ubi usque ad hoc tempus scholis vv. ill. *Hirsch*, *Ulmann*. *Schmitz* frui mihi licebat.

Quibus omnibus praeceptoribus carissimis optime de me meritis gratias nunc ago semperque habebo quam maximas.

Druck von A. W. Kafemann in Danzig.

Sententiae Controversae.

I.

Seditionem Luodolfi et Chuonradi non tam ad Ottonem I. imperatorem quam fratrem ejus Heinricum, ducem Bavariae, spectavisse.

II.

Epitaphium Ottonis Frisingensis episcopi (Gesta Frid. imp. IV. 11) a Ragewino post incendium Frisingensis civitatis (non. apr. 1159) conscriptum esse.

III.

Quod Vincentius Pragensis narrat (MG. SS. XVII 675. 44 ff.) Mediolanenses imperatori in curia apud Roncaliam habita (Nov. 1158) suasisse, ut per nuntios suos in civitatibus Lombardiae ,potestates' institueret, id fidem habere contra Prutzium (Kaiser Friedrich I., I p. 177) confirmo.

IV.

Intelligi non posse verba, quae leguntur apud Vincentium Prag. (676. 17 ff.) . . . . . eo consilio utantur et ipsi, attamen quos velint eligant, sicut volunt consules vel potestates eos appellent, solummodo per nuntios imperatoris eos eligi permittant.

V.

Sleidanum a. 1542 ex Gallia in Germaniam rediisse, quia nuntius, interpres, scriptor foederis schmalcaldici designatus erat.

nocl

imp
Kais
sich
Otto
kais
und
Urk
Ans
nah
Prot
oder
ober
üppi
Zun
lich
Que
Beic
Sent
ohne
sopl
und
zu g
Cita
Car
Kar
toris

RAGEWINS

GESTA FRIDERICI IMPERATORIS.

EINE QUELLENKRITISCHE UNTERSUCHUNG

VON

GUSTAV JORDAN.

STRASSBURG.
VERLAG VON KARL J. TRÜBNER.

LONDON.
TRÜBNER & COMP.
1881.

Buchdruckerei von G. Otto in Darmstadt.

MEINER MUTTER.

INHALTS-VERZEICHNISS.

ZWECK DER ARBEIT.

Die Gesten Ottos von Freising haben in Grotefend[1] ihren kritischen Bearbeiter gefunden; seinen Spuren folgend hat Prutz die von Ragewin verfasste Fortsetzung derselben einer eingehenden Beurtheilung unterworfen. Was die Einleitung von Wilmanns in der Monumentenausgabe bringt, ist nur für die Kritik verwerthbares, schätzenswerthes Material. Aber auch die Abhandlung von Prutz ist nicht abschliessend. Der Verfasser lässt manche Frage offen, und gar viele seiner Aufstellungen sind angreifbar. Es wird im Folgenden versucht werden, theils zu ergänzen, theils zu berichtigen. Aber es kann auch nicht meine Absicht sein, den Gegenstand zu erschöpfen. Ich werde das Wichtigste herausgreifen, um Manches, das jetzt zurückstehen muss und doch der Untersuchung werth ist, späterer Forschung oder einer bewährteren Feder anheimzustellen.

Meine Absichten möge folgende Inhaltsangabe darlegen. Diejenigen Punkte, in denen ich Prutz beistimme, finden nur eine kurze Berücksichtigung.

I. Ich prüfe die Ausgabe Ragewins darauf hin, ob der Herausgeber in der Benutzung der Codices ein richtiges Verfahren beobachtet hat.

II. Ich suche die Abfassungszeit der Gesten festzustellen; ich komme hierin zu anderen Resultaten als Prutz.

III. Ich wende mich zu den Quellen der Darstellung. Auf die Frage, ob Ragewin für seine Fortsetzung von Otto hinterlassene Vorarbeiten benutzt habe, werde ich näher eingehen, da dies hier der einzige Punkt ist, in dem ich wesentlich von Prutz abweiche.

---

[1] H. Grotefend Der Werth der Gesta Frid. O. v. F. für die Geschichte des Reichs unter Friedrich I. Hannover 1870.

[2] H. Prutz Radewins Fortsetzung der Gesta Friderici. Danzig 1873.

1

IV. Ich erörtere das Verhältniss Ragewins zu den Alten. Ich führe seine Citate, dann seine Nachbildungen auf. In der Abhandlung von Prutz wird hierauf der meiste Werth gelegt. Es ist mir gelungen, noch weitere Entlehnungen Ragewins nachzuweisen.

V. Prutz hat aus der Thatsache, dass Ragewin bei seinen Schilderungen die alten Schriftsteller vielfach und beinahe wörtlich benutzt hat, den Schluss gezogen, dass Ragewin kein zuverlässiger Historiker sei. Ich werde untersuchen, ob und wie weit wirklich unter den Nachbildungen die Wahrheit gelitten habe.

VI. Ich bespreche einen Gegenstand, den Prutz gar nicht berührt hat. Einzelne Stücke in Ragewins Werk sind, wie ich nachzuweisen suche, nachträglich und sogar an verkehrtem Orte mitgetheilt. [1]

---

[1] Was Prutz a. a. O. über Namen und Persönlichkeit Ragewins festgestellt zu haben glaubte, ist durch die Notizen von S. Riezler in den Forschungen XVIII. 539 hinfällig geworden.

Unser Autor heisst demnach Rachwin; Ragewin ist nur die latinisirende Schreibweise, die das unlateinische h oder ch im Inlaut vermeiden will. Radewin oder gar Radewic ist ganz falsch. Prutz hat, indem er für diese Form eintritt, den Handschriften von R.'s Werken, die sich nicht als Autographon nachweisen lassen, gleichen Werth mit den Urkunden beigelegt.

Auch die von Prutz mit Wilmanns aufgestellte Identität unsers Autors mit dem Klosterneuburger Ruodewin lässt sich nicht aufrecht erhalten. Der „Flosculus Rahew. ad Hs. prep." rührt wohl von R. her, doch ist er nicht an Propst Hartmann von Klosterneuburg, spätern Bischof Hartmann von Brixen, gerichtet, sondern an einen Propst in Freising selbst: wahrscheinlich Propst Haremodus von St. Veit, Inhaber derselben Pfründe, die R. später zufällt. Es fehlt somit jeder Anhalt für die angenommene Herkunft R.'s aus Klosterneuburg. R. bezeichnet selbst IV. 11 die Freisinger Kirche als patria sua.

Was wir somit von Ragewin wissen, ist sehr wenig. 1144 erscheint er in einer Urkunde Ottos von Freising als cartellarius (Meichelbeck I². 328), 1147 als Caplan und Notar desselben (Mon. Boica VI. 168), im Sept. 1156 kommt er als Canoniker der Freisinger Kirche vor (Archiv für Kunde östr. Geschql. IX. 262). Als Otto starb, übernahm R. die Fortsetzung seiner Gesten auf Wunsch seines Bischofs und mit ausdrücklicher Genehmigung des Kaisers. Bischof Albert hat ihn zum Propst von St. Veit erhoben. Sein Todesjahr steht nicht fest;

I.

ÜBER DIE HANDSCHRIFTEN, WELCHE WILMANNS SEINER AUSGABE ZU GRUNDE GELEGT HAT.

Wir besitzen keine von Ragewin selbst herrührende Handschrift, weder der Ottonischen Chronik, noch der Gesten Ottos und Ragewins.

Von den 12 Codices, welche der Ausgabe der Gesten in den Monumenten zu Grunde liegen, kommt Cod. 5 Admuntensis für den von Ragewin herrührenden Theil gar nicht in Betracht; denn er enthält nur einzelne Kapitel aus dem Werke Ottos. Aber auch von den andern muss man einige ausscheiden. Es handelt sich natürlich darum, einen Text zu gewinnen, der dem verlorenen Original Ragewins möglichst nahe kommt; zu dem Zwecke sollten nur solche Ueberlieferungen herangezogen werden, welche wirklich das Werk Ragewins enthalten, nicht aber aus bischöflichen Archiven stammende Briefsammlungen, worin zufällig auch ein Theil der von Ragewin mitgetheilten Briefe sich findet, nicht auch solche Stücke, von denen es unsicher ist, ob sie aus einem Codex Ragewins entnommen sind. Beide dürfen für den Vergleich, nicht für die Texthestellung benutzt werden.

Wir glauben demnach Cod. 10, eine Salzburger Briefsammlung, welche nur die Briefe III. 9. 15. 16. IV. 50. 51. 52. 69. 71 enthält, Cod. 11, der aus dem Bamberger Archiv den Brief IV. 19 giebt, und Cod. 12, der nur die Verse auf Otto von Freising Gesta IV. 11 bringt, und zwar mit Noten versehen, — wir glauben diese Handschriften zurückweisen

---

aber er kann nicht, wie schon von anderer Seite gezeigt wurde, vor 1170 und nicht nach 1177 gestorben sein.

Ueber R.'s anderweitige litterarische Thätigkeit: W. Meyer in Sitzungsberichte der Münchener Academie 1873, p. 48—120, W. Wattenbach ebendort p. 685—709, Wattenbach Geschql. II. 212—216.

Uebrigens bemerke ich, dass vorliegende Abhandlung im Wesentlichen mit dem Urtheil übereinstimmt, das Wattenbach, ohne Gründe anzugeben, aber wohl nicht ohne guten Grund, a. a. O. p. 216 über R. als Historiker fällt.

zu müssen.[1] Wilmanns benutzt sie kritiklos, d. h. er benutzt sie, je nachdem die Abweichungen derselben von den
andern Codices ihm gefallen oder nicht.

Es bleiben nur Cod. 1. 2. 3. 4. 6. 7. 8. 9, doch auch sie
kommen nicht alle in Betracht oder nicht alle für alle Theile.

Cod. 6 giebt Ragewins eigene Arbeit, jedoch in einer
wesentlichen Verkürzung, er erscheint mir also kaum benutz-
bar; die Briefe bringt er vollständig, hier kann er berücksichtigt werden.

Cod. 8 und Cod. 9 verhalten sich umgekehrt: sie liefern
den Text Ragewins unversehrt, aber sie theilen nur wenige
Briefe und Aktenstücke mit.

Cod. 7 enthält die Gesten vollständig, ist aber vom
Herausgeber nicht eingesehen worden. Wilmanns hat nach
dem Berichte Wattenbachs nur einige wenige Varianten verzeichnet: zur Construction des Textes hat er ihn gar nicht
herangezogen. Für uns ist der Codex so gut wie nicht vorhanden.

Von Cod. 4 hat uns Wilmanns zahlreichere Varianten
mitgetheilt, aber doch immer weniger, als von den andern
Codices; verglichen ist er von Bethmann.

Bei der Herstellung des grössten Theils des Rage-
winschen Textes haben Wilmanns also nur folgende Codices
vorgelegen: Cod. 1. 2. 3. 4. 6. 8. 9.[2] Dabei muss man öfters
von Cod. 6 und Cod. 8. 9 absehen. Dass Wilmanns bei der
Benutzung von Cod. 10. 11. 12 einen principiellen Fehler
beging, ist schon gesagt worden.

Welchem Codex hat sich nun Wilmanns angeschlossen?
Er spricht sich darüber nicht bestimmt aus. Er lobt be-

---

[1] Siehe Archiv X. 491. 628. 635.

[2] Die drei letzten Quaternionen des Cod. 3 sind verloren gegangen; er bricht gegen Schluss von IV. 7 ab. Eigenthümlich ist, dass
Wilmanns S. S. XX. 346. 3 sagt: ultimi tres quaterniones inde a fine
cap. 7. libri III. (muss heissen IV.) perditi sunt, während er den Cod. 3
in den Varianten noch da anführt, wo er schon aufgehört haben soll.
Es ist wohl ein Druckfehler für Cod. 2. Vgl. XX. p. 450 a. 463 n.

sonders Cod. 6 und 3, scheint aber in manchen Fällen Cod.
4 den Vorzug zu geben, obgleich er über denselben nichts
anderes sagt als: qui propterea notatu dignus est, quod ex
eo nomen Radewicus irrepsit S. S. XX. 346.

. Dass Wilmanns. den Codex 4 bevorzugt, erhellt aus
einigen auffälligen Beispielen. III. 28, wo dem Texte die Cod.
1. 2. 3. 4. 6. 8. 9 zu Grunde liegen, heisst es bei Cod. 1.
2. 3. 8. 9. (S. S. XX. 433. 34.) Fuere tamen plerique,
qui se et rem publicam obstinatis animis perditum irent.
Cod. 4 dagegen schiebt hinter plerique ein: sicut alibi de
quibusdam dicitur (Catil. 36). Cod. 6, welcher ja den Text
Ragewins abkürzt, wird hier von Wilmanns in der Variantenangabe nicht berücksichtigt. Also steht die Autorität
eines Codex gegen die aller andern, und ihr folgt Wilmanns.
— Dasselbe finden wir III. 31 gegen Schluss. (S. S. XX.
434. 50.) Occisi sunt ibi quidam alii nobiles. Hieran schliesst
sich allein im Cod. 4 ein Zusatz: quorum unus erat Johannes
dux et maior de exarchatu Ravennatensium. Wilmanns nimmt
ihn in seinen Text auf. - III. 36 (S. S. XX. 437. 29) ver-
führt er ebenso mit nomine Statius, obgleich es in Cod. 1.
2. 3. 8. 9 fehlt. — III. 40 (S. S. XX. 438. 48) nam, ut ait
quidam: Quod reverentia dignum est, in fame negligitur ist
das ut ait quidam (Joseph. De bello Jud. VI. 14) auf die
Autorität von Cod. 4 und der früheren Editionen hinzugesetzt, obgleich es Cod. 1. 2. 3. 8. 9 fehlt. — In demselben
Capitel begegnet uns dasselbe Verhältniss noch einmal. S. S.
439. 23 Sed profecto in omni re fortuna dominatur. ea, ut dicitur (Catil. 8) cunctas res pro libitu magis quam pro vero
celebrat obscuratque. . Cod. 1. 2. 3 bringen die ganze Stelle
gar nicht, Cod. 8. 9 enthalten sie. aber mit Auslassung eben
des ut dicitur. — IV. 3 zählt Ragewin die Männer von Bedeutung auf, welche dem Roncalischen Tage beigewohnt
haben. Wilmanns lässt in den Text die Namen: Mantuanus
Garsendonius und Veronensis Omnebonum zu, obwohl sie bei
Cod. 1. 2. 3. 8. 9 fehlen und Cod. 4 den letzteren Namen
missverständlich Veronensis omne bonum schreibt.

So hat Wilmanns also den Codex 4 bevorzugt; ander-
seits sind ihm aber auch die Mängel desselben nicht entgangen.

Wenigstens hat er selbst schon darauf hingewiesen, dass wir dem Cod. 4 den corrumpirten Namen Radevicus zuzuschreiben haben, ebenso führt er eine Stelle im Cod. 4 an, die zeigt, dass der Abschreiber, welcher ihn verfertigt hat, seine Vorlage nicht immer verstanden hat. Das ist IV. 9 (S. S. XX. 450. 28).

Cod. 1. 2. 3. 8. 9.	Cod. 4.
Augustus autem nullo horum motus, etiam cum natura certare non diffidebat.	Augustus anno nullo horum motus, etiam cum natura certare non diffidebat.

Ein anderes Versehen, das nicht zu Gunsten des Cod. 4 spricht, findet sich IV. 11, freilich in Gemeinschaft mit Cod. 8. 9. (S. S. XX. 451. 19) consobrina imperatrice Hispaniae Gertrude. Anstatt Gertrude heisst es dort: genitrice. In demselben Capitel nennt Cod. 4 den Otto von Freising: huius istius auctor, während es bei allen übrigen Codices sinngemäss lautet: huius operis auctor. Endlich ist auch das schon angeführte omne bonum statt Omnebonum kein Beweis für die absolute Vortrefflichkeit des Cod. 4.

Kann nun die Art und Weise, wie Wilmanns den Codex benutzt hat, unsere Billigung erhalten?

Offenbar ist Cod. 4 von einem unfähigen Schreiber angefertigt, jedoch auf Grund einer guten Vorlage.[1] Seine Unfähigkeit beweisen die angeführten Fehler, aber gerade wegen seiner Unfähigkeit wird man nicht annehmen dürfen, dass er selbständig die Entlehnungen aus Josephus und Sallust als solche erkannt und demnach als Citate gekennzeichnet haben sollte;[2] darin liegt der Beweis, dass die Vorlage wenigstens an einzelnen Stellen den Text Ragewins voller gab, als die anderen Codices. Zu demselben Ergebnisse führen die Personennamen, die der arme Schreiber nicht selbst hinzugefügt haben kann: den einen hat er ja zu allem Ueberfluss noch missverstanden.

Wegen seiner, ihn vor den andern Codices auszeichnenden

---

[1] = Codex bibliothecae imperialis Parisiensis 138, teste inscriptione saeculi XV. olim S. Augustini in Marpach Basiliensis dyoceseos.

[2] Die Citate sind natürlich ganz im Stile Ragewins, der seine meisten Gewährsmänner — worauf wir zurückkommen — nicht bei Namen, sondern in Verschleierung anführt.

Vorlage hat also der Codex 4 volle Berücksichtigung verdient. Dass er für die Monumente nur zum Theile benutzt ist. kann der Ausgabe nicht zum Nutzen gereicht haben.

Wilmanns hebt dann die Güte des Cod. 6 hervor. Er nennt ihn einen codex optimae notae. Doch spricht schon gegen ihn der Umstand, dass Cod. 6 nur die Briefe und Actenstücke unversehrt wiedergiebt, das von Ragewin selbst Verfasste jedoch abkürzt. Im Cod. 6 liegt uns also kein eigentlicher Ragewintext vor. Aber auch in den Capiteln, wo Cod. 6 Alles mittheilt, ist er nicht von groben Fehlern frei.

Man nehme III. 10 (S. S. XX. 422. 21) Omnes codices: quod a capite sanctae ecclesiae, cui Christus pacis ac dilectionis suae caracterem impressit. Dagegen hat Cod. 6 das unsinnige cui Christo. IV. 51 schleichen sich ebenfalls einige Versehen bei Cod. 6 ein. Anstatt coadiutor (471. 31), das alle Codices bringen, setzt Cod. 6 coadunator, etwas später (l. 42): sese in munitionem ecclesiae nobiscum partim receperunt anstatt nobiscum pariter receperunt, wie die andern Codices lesen. — IV. 53 (475. 2) lautet Cod. 6 nun gar wörtlich: qualiter circa sacrosanctam Romanam ecclesiam et circa unicum sponsum eius dominum Rolandum id est Christum. Die übrigen Texte geben den richtigen Sinn wieder: circa unicum sponsum eius dom. nostr. Jesum Christum. — Cod. 6 giebt bei den Briefen keine Daten an. So IV. 50. 56. 69, und zwar steht er dabei ganz allein.

Wir sehen, dass man bei der Benutzung von 6 vorsichtig sein muss, da er nicht bloss gekürzt, sondern auch verderbt ist. Schwerlich aber darf sein Wortlaut aufgenommen werden im Gegensatz zu den übrigen Codices. Das hat Wilmanns, freilich nur selten, gethan. Aufgefallen ist mir folgende Stelle:

IV. 67 (S. S. XX. 483. 28).

Omn. Cod.	Cod. 6.
sine albo equo et sine omni habitus munitione cum pellibus nigro pallio coopertis.	sine albo equo et sine omni habitus mutatione cum pellibus nigro pallio coopertis.

Wilmanns erschien die mutatio habitus passender als

die munitio und er setzte dies Wort in den Text. Es ist dazu kein
zwingender Grund vorhanden: beide Wendungen geben einen
Sinn; das sine omni habitus munitione ist spöttisch als Mangel
an Kleiderschutz gemeint, das sine omni habitus mutatione
deutet darauf hin, dass der Kanzler nicht das päpstliche Kleid
habe anziehen können. Man darf aber die Variante des
Cod. 6 nicht deshalb den andern Texten vorziehen, weil sie
an sich nicht unzulässig ist.

Neben 4 und 6 lobt Wilmanns noch 3. Doch auch
hier kann ich ihm nicht ganz zustimmen: 3 hat seine unleug-
baren Vorzüge, aber er theilt sie mit 1 und 2, die ihm nahe
verwandt sind; und in dieser Gruppe kann ich nicht 3 den
ersten Rang zuerkennen, auch nicht 1, sondern 2: man
mustere nur die gemeinsamen Auslassungen oder Verkehrtheiten von 1 und 3 S. 417d. 418o. 419m. 421*. 422b. 423b.
425p; u. s. w.

Ich meinestheils muss 4 für die Ueberlieferung halten,
die zwar in Folge der Unfähigkeit des Schreibers an argen
Corruptionen leidet, die aber als Copie einer sehr guten, voll-
ständigeren Handschrift zu gelten hat.

Leider ist nun 4, wie schon gesagt, in der unge-
nügendsten Weise verglichen worden: oft weiss man gar
nicht, welches die Lesart von 4 ist. Z. B. auf S. 421h. m.
n. x fügt Wilmanns zu den Worten seines Textes hinzu:
"ita 1. 2. 3. 6, desunt 10 et edd."; "ita 1. 2. 3. 6, penitet 10
et edd."; "ita 1. 3. 6. 10, deest edd."; "ita 1. 2. 3. 6, satis
edd." Allein auf Einer Seite ist man also viermal in der
unangenehmen Lage, sich vergebens zu fragen, wie es sich
mit 4 verhalte. [1]

In der gleichen Verlegenheit befindet man sich freilich
auch zu oft den anderen Codices gegenüber. Mehr als einmal hatte ich den Eindruck, dass dem Herausgeber keine

---

[1] Für die Art der Vergleichung führe ich noch Folgendes an:
III. 35 gegen Ende XX. 437. 8 haben die früheren Editionen zu den
Worten "Sauciati utrimque plurimi, verum atrocitatem cladis beneficium
noctis imminuebat" den folgenden Zusatz: "alii asserunt, hoc negotium
clara die consummatum". Wilmanns giebt an: quae in codd. 1. 2. 3.
(4?) 8. 9 non reperiuntur.

ausreichenden Collationen vorlagen, sondern von jedem Codex
nur Bruchstücke von Collationen.

Bei solchem Verhältnisse mag es misslich sein, eine
Genealogie der Handschriften aufzustellen. Wilmanns nimmt
nur schwache Anläufe, die Verwandtschaft zu bestimmen.
1. 2. 3. 6 behauptet er "ex eodem fonte manasse";[1] und
eine nahe Beziehung der vier Handschriften wird nicht zu
leugnen sein. Ich verweise nur auf S. 422 d und h: danach
fehlen die Worte "prope und tumidi" in 1. 2. 3 6. Dann
aber bilden 1 und 3 eine besondere Gruppe, die wenigstens
von 2 scharf sich scheidet. Ich habe schon oben, wo es
sich darum handelte, vor einer Ueberschätzung von 3 zu
warnen, auf eine Reihe von Auslassungen und Verkehrtheiten
hingewiesen, die 3 mit 1 gemeinsam sind, die aber nicht von
2 getheilt werden. Wie 6 sich zu diesem Verhältnisse stellt,
vermag ich nicht zu sagen.[2] S. 420 r. 422 o, 430 e zeigen
Fehler, die er mit 1 theilt; S. 479 m, 480 b, 480 o, 480 q
stimmt er genauer mit 2, aber in den betreffenden Fällen
redet Wilmanns eben nur von 2 und 6 und den Ausgaben,
nicht aber auch von 1.

Auch die enge Zusammengehörigkeit von 8 und 9 ist
von Wilmanns schon richtig erkannt worden. Aber 8 und
9 stehen dann auch wieder in naher Beziehung zu 1. 2. 3.
Die gemeinsamen Auslassungen in 427 s, 433 h, 438 s liefern
den Beweis. Nur sind 8 und 9 nicht von der Gruppe 1.
2. 3 abhängig. Z. B. die Auslassungen von 1. 2. 3 S. 428 a
kehren in 8 und 9 nicht wieder; ebenso ist es S. 439 f;

---

[1] Für die Zusammengehörigkeit von 1. 2. 3 ist von grossem Interesse S. 427 t "*loco* necessaria inerat mansuetudo et misericordia
1. 2. 3 ita: paulo mitior animus. Nun ist mansuetudo et misericordia
aus Catil. LIV. 2 entlehnt, d. h. es ist nach späteren Erörterungen
der Text Ragewins.

[2] Cod. 6 ist eben nur Auszug, und überdies vom Herausgeber
nur selten benutzt worden.

435c lesen 8 und 9 ganz richtig mit 4 postera die, statt des vespere von 1. 2. 3 u. s. w.[1]

Codex 7 ist so gut wie gar nicht verglichen worden, 4 in ungenügender Weise: neue Collationen könnten den Versuch, eine Genealogie der Handschriften aufzustellen, als voreilig erweisen. Ich habe nur auf die Unzulänglichkeit der Wilmannschen Ausgabe aufmerksam machen wollen.

Bevor ich weiter gehe, meine ich mich besonders noch mit der Ueberlieferung der Briefe beschäftigen zu müssen. Sie sind ein wichtiger Bestandtheil in unserem Werke, und gerade bei ihnen zeigt sich die Verkehrtheit der Wilmannschen Textconstruction. Meine Darlegung soll zeigen, wie Ragewin die Briefe mitgetheilt hat und wie ihr eigentlicher Wortlaut war.

In der Wiedergabe derselben stecken in allen von Ragewins Abschreibern herrührenden Texten grobe Fehler und Missverständnisse, die dann derart übereinstimmen, dass es fast zur Gewissheit wird, schon Ragewin selbst habe diese Irrthümer hineingebracht. Den Aufschluss hierüber giebt uns Cod. 10, eine Salzburger Briefsammlung, welche die Briefe III. 9. 15. 16, IV. 50. 51. 52. 69. 71 enthält. Hier haben wir den Wortlaut der Briefe sinngemäss vor uns; wir erkennen daraus in allen Ragewin-Codices dieselben fehlerhaften Abweichungen.

Da es sich aber in einer Ausgabe des Ragewin darum handelt, sein Werk möglichst so herzustellen, wie Ragewin es niedergeschrieben hat, so durfte Wilmanns die Varianten von Cod. 10 nicht in den Text aufnehmen, musste aber in den Anmerkungen darauf aufmerksam machen, dass hier Irrthümer Ragewins vorlägen, und dann den richtigen Wortlaut des Cod. 10 anführen. Wilmanns nun erkennt zum Theil die Vorzüge des Cod. 10 und nimmt ihn in den Text auf, zum Theil aber verweist er ihn in die Variantenregion und

---

[1] Auch stimmen sie in dem "mansuetudo et misericordia", worüber man die Anmerkung 1 auf der vorigen Seite vergleiche, mit den übrigen Codices, also mit Sallust.

lässt den corrumpirten, unverständlichen Text der andern
Codices gelten.

Den Beweis für meine Behauptungen in betreff des
Cod. 10 erbringen folgende Stellen.

III. 9. S. S. XX. 421. 3.

Omn. cod.	Cod. 10.
Tu vero id ipsum ita dissimu-lasse diceris, **saevitiam** neg-lexisse, quod eosdem non est quare poeniteat commisisse rea-tum etc.	Tu vero id ipsum ita dissimu-lasse diceris, **seu etiam** neg-lexisse, quod eosdem male-factores non est quare poeniteat commisisse reatum etc.

Die Ragewintexte haben alle das unsinnige saevitiam
neglexisse, Cod. 10 das sinngemässe seu etiam neglexisse.
Das gemeinsame Versehen aller Texte zeigt, dass sie einem
Urtexte, doch eben dem Ragewins selbst,[1] entstammen, der
auch schon den Unsinn vorgebracht hat. Wilmanns hat hier
das Unzulässige des saevitiam erkannt und die Wendung des
Cod. 10 in den Text aufgenommen, — mit welchem Recht
oder Unrecht, wissen wir schon.

Umgekehrt hat Wilmanns in demselben Briefe einen
Fehler Ragewins nicht beseitigt, obwohl Cod. 10 ihm die
Möglichkeit geboten hätte. In dem Satze (Principem) in
apostolicae confessionis petra non ambigimus per Dei gratiam
solidatum sine causa sincera semper dileximus caritate giebt
"sine causa" keinen vernünftigen Sinn: die Annahme, dass
es aus einem doppelt geschriebenen "sincera" entstanden sei,
bestätigt Cod. 10, in dem "sine causa" fehlt.

Ebenso hat Wilmanns III. 16 einen Fehler aller Ragewintexte nicht erkannt und den allein richtigen Wortlaut des
Cod. 10 in die Variantenliste verwiesen, den er seinen —
allerdings verkehrten — Principien entsprechend oben hätte
hinsetzen sollen. III. 16 (S. S. XX. 427. 5).

---

[1] Das klingt einem in den Alten so bewanderten Autor gegenüber, wie Ragewin es war, nicht eben wahrscheinlich, aber wir werden
sehen, mit welcher Flüchtigkeit Ragewin die Briefe noch in anderer
Hinsicht behandelt hat. Vgl. § VI.

Omn. cod.

Absento autem palatino comite et in praeparatione expeditionis in Italiam iam praemisso, a cancellario ibidem adhuc praesente aliud non audivimus. nisi quod humilitatis erat et pacis, praetor quod ei s pro periculo vitae, quod a populo imminebat, pro viribus suis astiterit, cunctis qui ibi aderant, testimonium huius rei ei perhibentibus.

Cod. 10.

Absente autem palatino et praeparatione expeditionis in Italiam iam praemisso, a cancellario ibidem adhuc praesente aliud non audivimus, nisi quod humilitatis erat et pacis, videlicet quod nullis iniuriis, facto aut dicto, pro sua conscientia domnos cardinales offenderit. preter quod eis pro periculo vitae, quod a populo imminebat, pro viribus suis astiterit, cunctis qui ibi aderant, huius rei testimonium ei perhibentibus.

Bei den Ragewintexten hängt das praeter quod eis in der Luft, im Cod. 10 bezieht es sich auf die cardinales und der ganze Satz ist verständlich.

Ein Schreibfehler, von der Art des saevitiam statt seu etiam, findet sich bei den Ragewintexten IV. 69 vor. Auch hier klärt uns Cod. 10 über den Irrthum auf.

IV. 69 (S. S. XX. 485. 3).

Omn. cod.

Post longam itaque deliberationem, quia illa nefandissima conspiratio Deo et ecclesiae admodum odibilis manifestis indiciis non solum probata, verum in facio totius ecclesiae coram positae relevata est etc.

Cod. 10.

Post longam itaque deliberationem, quia illa nefandissima conspiratio Deo et ecclesiae admodum odibilis manifestis indiciis non solum probata, verum in facie totius ecclesiae coram positae revelata est etc.

Die sinnlose Umstellung des l und v in dem Worte revelata bei allen Ragewintexten zeigt, dass sie gemeinsam aus einer Vorlage schöpften; da sie aber zum Theil unabhängig von einander sind, so muss der Fehler schon in der Vorlage gesteckt haben, ein Beweis dafür, dass Ragewin selber den Inhalt der ihm überlassenen Briefe nicht immer verstanden oder vielmehr ganz flüchtig abgeschrieben hat. Wilmanns schliesst sich dem Ausdrucke des Cod. 10 an, von seinem Standpunkte aus mit vollem Recht.

Wir sehen, wie ausserordentlich wichtig Cod. 10 ist für die Wiederherstellung des richtigen Wortlauts der Briefe, die uns Ragewin fehlerhaft überliefert hat. Nur dürfen die besseren Lesarten des Cod. 10, der gar nichts mit Ragewin zu thun hat, nicht in den Text aufgenommen werden. Eine Ausgabe Ragewins muss das falsche saevitiam, sine causa, relevata est boibehalten, muss den Zusatz videlicet, quod etc. weglassen, aber in den Anmerkungen die Richtigkeit der Abweichungen des Cod. 10 beweisen und hervorheben.

Einige andere kleine Veränderungen hängen hiemit zusammen. III. 9 fügt Wilmanns das Datum Anagniae 12. Kal. Octobris hinzu, er hat es aus Cod. 10 entnommen. Es muss wegfallen, mag es auch richtig sein.

IV. 51 hat Wilmanns im Schreiben Alexanders an Bischof Gerhard und die Bologneser Kirche auf die Autorität von Cod. 10 hin am Schlusse hinzugefügt: Duos quoque iam dictos fautores eius, Johannem de Sancto Martino et Gwidonem Cremensem et Ferentinatem episcopum, quia scienter ei communicaverunt, eidem excommunicationi et condempnationi decrevimus subiacere. Auch diese Worte dürfen nur in einer Note angeführt werden. Wilmanns bringt sie im Text, freilich in Klammern.

Schliesslich giebt IV. 71 im Briefe Eberhards von Bamberg an Erzbischof Eberhard von Salzburg Cod. 10 gegen Schluss allein den Zusatz: Nuncius enim vester praepositus, Domino ponente custodiam ori suo, vices vestras cautissime peregit, nec unum locutus Deo gratias, quod utinam non dixisset. Wilmanns theilt den Passus mit, schliesst ihn aber ebenfalls in Parenthese. Auch ihm gebührt sein Platz in einer Anmerkung.

Von Kleinigkeiten, Wortdifferenzen u. dgl. sehen wir ab: es kam nur darauf an zu zeigen, wie wenig kritisch Wilmanns bei der Benutzung des Cod. 10 verfahren ist. Ebenso lassen wir Cod. 11 und 12 bei Seite, die mit den eigentlichen Ragewintexten nicht in so ernsten Conflict gerathen wie Cod. 10.

Es ist natürlich, dass ich für die richtige Würdigung der handschriftlichen Verhältnisse nicht Abschliessendes zu bieten vermag, da ich selber die Codices nicht kenne und man aus der Variantenangabe von Wilmanns keine sicheren Schlüsse ziehen kann. Aber einiges glaube ich doch beigebracht zu haben, das zu neuen und festen Resultaten führt. Sie sind freilich mehr negativ: Wilmanns hat die Codices nicht kritisch auseinandergehalten, sondern nach Belieben diesen oder jenen bevorzugt; er hat Codices hineingezogen, die in keiner directen Beziehung zu Ragewin stehen, und hat uns damit den Text der Gesten nicht so geliefert, wie er der Fassung Ragewins entsprechen würde.

II.

DIE ZEIT DER ABFASSUNG.

Ragewin schliesst sein Werk mit den Worten: Haec a glorioso principe acta sunt usque ad praesentem annum, qui ab incarnatione Domini millesimus centesimus sexagesimus, regni autem eius septimus, imperii quintus numeratur. — Aus diesen einfachen und klaren Worten hat man bisher natürlich entnehmen zu müssen geglaubt, dass Ragewin im Jahre 1160 sein Werk beendet habe. Daran, dass das Jahr des regnum unrichtig angegeben war, glaubte man sich nicht stossen zu brauchen, denn in solchen Dingen irren mittelalterliche Historiker leicht, und Ragewin selbst hat sogar bei dem Berichte vom Tode seines geliebten Herrn nicht vermieden, in der Angabe von regnum und imperium schlimme Verwirrung anzurichten.[1]

Hier ist wenigstens der annus imperii richtig. Er geht bis zum 18. Juni 1160. Der annus regni 7 reicht bis zum 9. März 1159; — das ist natürlich falsch; wenn man nun annus regni 8 substituirte, so erhielt man die Zeit bis zum 9. März 1160. Aber auch dies könnte nicht richtig sein: die

---

[1] IV. 11 vgl. Willmanns' Anmerkung.

letzten Ereignisse, die Ragewin uns mittheilt, spielen im Februar 1160; Ragewins Bericht beruht hier zum grossen Theil auf Briefen, die über die Alpen wandern mussten und erst auf Umwegen in seine Hände kamen. So können wir auch nicht ann. regni 8 einschieben. Es liegt nahe, das Jahr des regnum noch um eine Ziffer zu erhöhen; dann erhielten wir anno regni 9 d. i. die Zeit vom 9. März 1160 — 9. März 1161. Hierzu stimmt vortrefflich die Notiz anno imp. 5.

Die Zeit, in der Ragewin gearbeitet, wäre demnach ohne Künstelei auf die Frist vom 9. März — 18. Juni 1160 festgesetzt worden. Hiermit wäre dem annus imperii und der Jahreszahl 1160 Genüge geschehen.

Prutz scheint nur eine Aenderung des annus regni 7 in 8 zuzulassen, und da das Werk danach vor dem 9. März 1160 geschrieben, dem Ragewin aber, weil er noch Ereignisse aus dem Februar erzählt, nicht die ausreichende Zeit zum Abschlusse geblieben wäre, so verwirft er in radikalem Vorgehen die ganze Datirung. Freilich bestimmen ihn dazu noch andere Gründe.

Wenn Ragewin am Schlusse des Prologs sage, die Thaten des Kaisers in Krieg und Frieden seien so gross, dass Jeder, der von ihnen lese, glauben müsse, das seien die Thaten vieler Kaiser und Könige, dann müsse man fragen, wie Ragewin im Jahre 1160 zu so überschwänglichen Lobsprüchen komme. Friedrichs Thaten seien bis dahin nicht so gewaltig, um solche Worte zu rechtfertigen; niedere Schmeichelei liege Ragewin fern, also müsse er Ereignisse kennen, die jener Bewunderung entsprächen: die Zerstörung Mailands 1162, nur sie könne Ragewin zu so hohem Preise verleiten.

Psychologische Gründe wiegen hier nicht schwer. Wem Ragewins Worte im Jahre 1160 zu grosssprecherisch vorkommen, der muss schon damit vorlieb nehmen, ihn für einen niedrigen Schmeichler zu halten. Wenn man jedoch bedenkt, dass zur Zeit, da Ragewin schrieb, jenes Gewaltigste, die Zerstörung Mailands, noch nicht geschehen war, dann konnten gerade die bisherigen Erfolge befriedigen: der Kaiser hatte Polen besiegt, in der Lombardei ruhmreich gefochten, durch die Roncalischen Beschlüsse sich weit und breit Ansehen ver-

schafft. Noch lag er im Streite mit dem trotzigen Mailand,
aber schon hatte er Crema niedergeworfen nach einem Kampfe,
der in seiner Energie und Furchtbarkeit überall Aufmerksamkeit erweckt hatte. Wie hallte die Kunde vom Falle Cremas
wieder in allen zeitgenössischen Berichten! Auch war der
Kaiser damals noch keinen Schritt zurückgewichen in dem
Streite, der für sein ganzes Leben verhängnissvoll wurde:
noch stand Victor IV., von der kaiserlichen Majestät geschützt,
ebenso stolz da, wie Alexander III. Und da wird man es
Ragewin, der doch eine Art Hofhistoriograph war, verargen,
wenn er solche Erfolge bei einem einzigen Manne für etwas
Wunderbares hält? —

Dazu kommt nun noch — was bisher der Forschung
entgangen ist —, dass die fraglichen Worte, auf welche Prutz
seinen Beweis stützt, eine Entlehnung aus des Anni Flori
Epitome rerum Romanarum sind: sie finden sich in dem Vor-
worte zum ersten Buche, nur mit dem Unterschiede, dass
Florus in der Bewunderung des römischen Volkes meint: ut
qui res eius legunt, non unius populi, sed generis humani facta
condiscant, während Ragewin sagt: ut qui res eius legerit,
non unius sed multorum facta regum seu imperatorum arbitretur. Wie Prutz nun mit Rücksicht auf andere, von ihm
erkannte Entlehnungen dem Ragewin alle Glaubwürdigkeit
abspricht, so würde er consequenter Weise auch die in Rede
stehenden Worte nicht mehr zu einem Beweise heranziehen
dürfen, sondern völlig preisgeben müssen. Ich habe über den
Werth der Entlehnungen. auf die ich zurückkomme, andere
Ansichten als Prutz, und ich meine auch nach dem oben
Gesagten. dass eine Uebertragung der Worte des Florus auf
Friedrich I., ob derselbe auch Mailand noch nicht zerstört
habe, kein Verstoss gegen die Wahrheit sei. Aber für diejenigen, die mit Prutz in jeder Entlehnung ein Kriterium für
die Unglaubwürdigkeit erblicken, habe ich schon hier auf das
Verhältniss zu Florus hingewiesen.

Während ich folgern möchte: weil Ragewin den Fall
Mailands noch nicht kannte, darum konnte ihm Cremas Nieder-
gang so grandios erscheinen. hat Ragewin nach Prutz zur

Zeit der Abfassung um die Zerstörung Mailands gewusst. Worauf stützt Prutz seine Ansicht? IV. 76 erzählt Ragewin, dass Friedrich bei M o n z a, Lodi und andern Orten und Städten seine freigebige Grossmuth in renovandis palatiis aedibusquo sacris bewiesen habe. Da nun, folgert Prutz, in den Ann. Med. S. S. XVIII. 374. 375 berichtet wird, dass unter den drückenden Lasten, die Friedrich den Mailändern nach Zerstörung der Stadt auferlegte, der Spanndienst bei dem Bau der kaiserlichen Pfalz zu M o n z a besonders schwer empfunden wurde, kann die obige Notiz Ragewins erst 1162 — 1163 niedergeschrieben worden sein.

Gegen diese Annahme führen wir Folgendes an: III. 46 spricht Ragewin von der Neugründung Lodis, mit ihr zugleich wird der Bau der Pfalz begonnen haben. III. 44 erzählt Ragewin kurz nach der erfolgten Demüthigung der Mailänder: Princeps Romanus a Mediolano castra movens, apud M o d o - i c i u m, sedem regni Italici, coronatur. Quam ecclesiam iam dudum a Mediolanensibus subactam ac fere destructam pristinae libertati reddidit, sedemque propriis expensis magnifice reparari praecepit. Was Ragewin hier im Laufe der Ereignisse vorbringt, wird IV. 76 bei Gelegenheit der Charakteristik wiederum hervorgehoben. Der Kaiser liess an der angeführten Stelle auf eigene Kosten den Sitz wieder herstellen. — IV. 76 heisst es ganz entsprechend in renovandis palatiis. So bezieht sich die Notiz IV. 76 auf das schon IV. 44 und 46 Gesagte, d. h. Dinge, die in das Jahr 1160 fallen.

Aber Prutz verweist Ragewins Werk in eine noch viel spätere Zeit.

IV. 73 spricht Ragewin de vita et moribus des Erzbischofs Eberhard von Salzburg. Er bedient sich dabei des Praeteritums: e r a t autem vir venerabilis. Also, sagt Prutz, war Eberhard schon gestorben, als Ragewin seine Charakteristik lieferte. Da Eberhard am 22. Juni 1164 aus der Welt ging, so könne Ragewin erst nach diesem Zeitpunkte abgeschlossen haben. Ebenso wird III. 14 Bischof Hartmann von Brixen erwähnt; hier stünde nicht nur ein Praeteritum, sondern sogar ein die Gewissheit der Vergangenheit steigerndes tunc:

2

virum, qui tunc inter Germaniae episcopos singularis sancti-
tatis opinione et austerioris vitae conversatione praeeminebat.
Als Ragewin das schrieb, musste Hartmann gestorben sein.
Hartmann starb am 28. Dezember 1164, folglich könnten die
Gesten Ragewins nicht vor 1165 verfasst worden sein.

Hätte Prutz mehr auf Ragewins Sprachgebrauch gerade
bei Charakteristiken geachtet, so wäre er nicht auf diese Sonder-
barkeiten verfallen.

III. 18 schildert Ragewin den Pfalzgrafen Otto und den
Kanzler Reinald. Auch hier wendet er das Praeteritum an
(inerat — faciebant — erant — volebant), gegen Schluss
heisst es unter anderm: tunc temporis pene nihil ingens . .
gestum est. in quo hos heroas aut primos aut de primis non
compererim extitisse. Praeteritum und tunc! Die Arbeit hätte
also nach Reinalds Tode (14. August 1167) angefertigt sein
müssen, freilich hätte dann Ragewin die Pest und deren
schreckliche Folgen nicht unerwähnt lassen können. Dass
nun gar der Pfalzgraf Otto, der bis zum 11. Juli 1183 lebte,
demselben Usus des Praeteritums unterworfen wird, spricht
ganz gegen Prutz.

IV. 38 erfreut uns Ragewin mit einer recht geschickt
aus Sallust entnommenen Charakteristik Heinrichs des Löwen
und seines Oheims Welf. Ragewin bedient sich wieder des
Tempus der Vergangenheit. Er schliesst mit den Worten:
Ita memoria nostra ingenti virtute, diversis moribus fuere
hi viri duo etc. Mag auch die Sallustianische Vorlage, die
ebenfalls das Perfectum gebraucht, eingewirkt haben, im Zusammenhange mit den andern Stellen wird auch diese zur
Aufklärung des Sprachgebrauchs Ragewins dienen.

Endlich schliesst Ragewin IV. 29 gelegentlich ein Charakterbild des Bischofs Eberhard von Bamberg ein, eines
Mannes. der am 17. Juli 1170 starb. Ragewin beginnt: Erat
enim idem episcopus etc.

Hiemit ist Prutz auf seinem eigenen Kampfplatze ge-
schlagen. Es ist ihm nachgewiesen, dass die von ihm heran-
gezogenen Charakteristiken gleich den von uns angeführten
einen eigenthümlichen Sprachgebrauch Ragewins wiedergeben,
der im bedeutungslosen tunc am wunderlichsten berührt.

Aber Prutz hat noch andere Schwierigkeiten zu über-
winden, denen er vergebens zu entschlüpfen sucht. Im Prologe
empfiehlt Ragewin sein Werk dem Kanzler Ulrich und dem
Protonotar Heinrich. Letzterer ist Protonotar bis 1167, aber
Ulrich ist Kanzler nur bis zum 7. September 1162, dann wird
er Bischof von Speyer; als solcher stirbt er am 28. December
1163. Wie kann nun Ragewin diesen beiden Männern den
Prolog überreichen, da er doch sein Werk nach Prutz erst
1165 verfasst hat, als der eine von ihnen schon längst todt
war?

Prutz antwortet: Ragewin hat den Prolog früher als
sein Werk selbst verfasst; der Prolog ist bei Beginn der Aufzeichnung eingetragen worden. Wir wollen ihm das zugestehen, aber was machen wir dann mit dem Epilog, der
denselben Männern das vollendete Werk empfiehlt? Er kann
doch nicht geschrieben sein nach dem Tode eines dieser
Männer! Mit diesem Einwand fällt die Hypothese von Prutz
vollends zusammen;[1] sie litt ohnehin an innerer Unwahrschein-
lichkeit. Redete Ragewin von Eberhard von Salzburg und
Hartmann von Brixen als Gestorbenen, so hätte er doch mit
einem Worte wenigstens ihres Todes gedenken müssen. Und
wenn Ragewin Anachronismen hineinschob, wie der von Prutz
als solcher gedeutete Pfalzbau zu Monza, dann hätte er auch
nicht von der Zerstörung Mailands geschwiegen, welche die
Ursache jenes Frohndienstes der Mailänder war.

So werden wir denn den einfacheren und kürzeren
Ausweg wählen, um die Angabe Ragewins historisch verwerthbar zu machen: wir nehmen anno regni 9, imperii 5,
Christi 1160 — und gewinnen die Zeit vom 9. März 1160
— 18. Juni 1160, in der Ragewin gewiss sein Werk abfassen
konnte.

---

[1] Das bemerkt schon Wattenbach Deutschlands Geschichtsquellen
II. 215, während er im Uebrigen meint, Prutz habe „nicht unerhebliche
Gründe für eine spätere Abfassung geltend gemacht."

III.

QUELLEN DER DARSTELLUNG.

Das zweite Buch der Gesten Ottos schliesst mit den Worten: quare huic secundo operi terminus detur, ut ad ea, quae sequuntur, tertio locus servetur volumini. Hieraus ist wenigstens die Absicht Ottos ersichtlich, sein Werk fortzusetzen. Aus einigen Andeutungen Ragewins, die im Folgenden näher beleuchtet werden, glaubte Wilmanns im Archiv X. 146 ff. schliessen zu dürfen, dass Otto der Verfasser des grösseren Theils der unter Ragewins Namen vorhandenen Geschichte Friedrichs sei; erst vom 11. Kapitel des 4. Buches ab gehörten die Gesten Ragewin an; freilich habe er einzelne Nachträge und Zusätze auch zu dem Vorausgehenden gemacht. Grotefend 15 ff. wendet sich gegen diese Ausführungen, und, wie wir sehen werden, mit Recht; es muss jedoch betont werden, dass Wilmanns die im Archiv niedergelegten Ansichten in der Einleitung zur Ausgabe wesentlich modificirt hat. Hier heisst es, das 3. Buch der Gesten und der Theil des 4., der bis zum Tode Ottos reicht, seien zwar nicht von Otto selbst verfasst, beruhten aber auf dessen Aufzeichnungen; dies gehe aus den Worten des Autors und seines Fortsetzers hervor. Wilmanns unterlässt es, die Aenderung seiner Ansicht zu begründen, Grotefend scheint sie ganz übersehen zu haben.

IV. 11 wird Otto von Ragewin bezeichnet als: istius operis auctor et feliciori fine futurus consummator, nisi, ut quidam incusant. fata virtutibus invidissent.

Im Prologe Ragewins heisst es: praesentis operis pagina, quae ab auctore suo . . . inchoata . . . nostrae parvitati . . . committitur.

IV. 11 sagt Ragewin: Ego autem, qui huius operis principium eius ex ore adnotavi finemque eius . . perficiendum suscepi.

Der Epilog Ragewins beginnt mit den Worten: Hos . . . tam Otto episcopus quam nostrae humilitatis diligentia flores legit, unde huius opusculi coronam texeremus.

Nur, wenn man das Wort o p u s im Sinne von Buch
nimmt, kann man aus den angeführten Stellen auf eine Mit-
arbeiterschaft Ottos im 3. und im Anfange des 4. Buches
schliessen, wie Wilmanns es thut. Dem widerspricht jedoch
der Epilog Ragewins, wo sogar das Deminutivum o p u s c u l u m
das ganze Werk, nicht ein einzelnes Buch bezeichnen soll.

Aus den Worten Ragewins: „etiam hunc codicem manibus suis offerri praecepit" ist ersichtlich, dass das ganze Werk
in einem Codex enthalten war, zumal die Dinge, auf die als
in diesem Codex befindlich Bezug genommen wird, im 1. Buche
der Gesten enthalten sind.

Verstehen wir unter opus das ganze Werk, wozu uns
der Sprachgebrauch Ragewins (siehe opusculum) geradezu
zwingt, so liegt in den herbeigezogenen Stellen keine Nöthi-
gung — wie Wilmanns glaubte — Otto mehr zuzuschreiben,
als an und für sich unter seinem Namen geht. Das principium
huius operis, die pagina praesentis operis ab auctore suo
inchoata, sie bezeichnen nichts weiter als das 1. und 2. Buch
der Gesten.

Grotefend behauptet, Otto von St. Blasien sage in seiner
Chronik mit Bezug auf eine Stelle des dritten Buches der
Gesten: sicut in gestis Friderici imperatoris ab Ottone Fri-
singensi episcopo plenarie describitur.[1] Er meint, bei der
Stellung Ragewins als eines blossen Fortsetzers Ottos habe das
keine Beweiskraft. Aber — fügt er hinzu — es sei doch wohl
möglich, dass Otto von St. Blasien das Verhältniss Ottos von
Freising zu den beiden letzten Büchern besser kannte als wir
— denn ein Antheil Ottos an den beiden letzten Büchern,
etwa durch Sammlung des Stoffes oder vorläufige Aufzeichnungen, sei keineswegs undenkbar, nur lasse sich mit den
vorhandenen Hülfsmitteln weder die Existenz, noch der Grad
der Theilnahme feststellen. Diese Wendung nähert sich der
Ansicht von Wilmanns, der in seiner Einleitung auch nur
von „adnotationes" Ottos wissen will.

Aber dieses ganze Gewebe von Möglichkeiten würde
Grotefend nicht gesponnen haben, wenn er sich die Stelle im

---

[1] S. S. XX. 309. 11.

Otto von St. Blasien genauer angesehen hätte: sie bezieht
sich nicht auf das 3. Buch der Gesten, wo eine Mitarbeiter-
schaft des Bischofs an sich ja nicht ausgeschlossen wäre, sie
geht vielmehr auf IV. 50—53, das heisst auf die zum Concil
von Pavia getroffenen Vorbereitungen, die in den Beginn des
Jahres 1160 gehören, in eine Zeit also, da Otto schon das
Zeitliche gesegnet hatte! Da kann schlechterdings von nichts
Anderm die Rede sein als von einer lässigen Ausdrucksweise
des Mönches von St. Blasien, der in betreff des Schismas
überhaupt wenig zuverlässig ist, und von einer noch viel
lässigeren Einsicht Grotefends in den Autor. Somit brauchen
wir also auch nicht mehr zu vermuthen, dass Otto von St.
Blasien eine bessere Kenntniss der beiden letzten Bücher der
Gesten gehabt hat als wir.

Was Grotefend nur als denkbar, nicht aber als erweisbar hinstellte, das glaubt Prutz wirklich erweisen zu können.

Im Prologe äussert sich Ragewin dahin, er wolle lieber
des schlechten Stiles als der Treulosigkeit geziehen werden:
si tam clari ac magni viri michique karissimi domini tam
praeclarae materiae coeptum opus et memoriale pariter
cum illo in interitum atque oblivionem passus fuissem venire.

Prutz meint, coeptum opus et memoriale seien als das
begonnene Werk und das Gedenkbuch zu verstehen, das
Ragewin nicht der Vergessenheit habe anheimfallen lassen
wollen. Und dieses Memorial seien die Notizen, welche Otto
als Grundlage für die Fortsetzung der Gesta gesammelt habe.

Ist es nothwendig, coeptum opus et memoriale durchaus in diesem Sinne zu fassen? Kann nicht coeptum opus et
memoriale als ein und dasselbe, eben die beiden ersten Bücher
der Gesta, verstanden werden? Ich verzichte darauf, ent-
sprechende Tautologieen aus Ragewins Werk zusammenzu-
stellen; ich bemerke lieber, dass Memoriale im Mittelalter gar
nicht den Sinn einer vorbereitenden Notizensammlung hat,
sondern eines abgeschlossenen Geschichtswerkes. Memoriale
potestatum Regiensium und Liber memorialis Guidonis de
Corvaria sind ebensowenig Notizenbücher als Sebastian Brants
Gedächtnissbüchel oder Memorialien. Das aber mag nicht den
Ausschlag geben, — die Entscheidung liegt in den Gesten selbst.

Lassen sich in ihnen auch nur einige Notizen Ottos nachweisen, so sind wir genöthigt, der Auslegung von Prutz bei-
zutreten: lässt sich eine derartige Benutzung nicht nachweisen,
so kann memoriale nicht Gedenkbuch heissen, denn dann hätte
Ragewin sein Versprechen, es dem Andenken der Nachwelt
zu bewahren, herzlich schlecht gehalten.

Prutz geht den Spuren des Memorials nach und findet
sie; er weist auf einige Stellen hin, in denen man noch die
verarbeiteten und mit breiteren Zuthaten umkleideten chronologischen Notizen des Memorials ganz scharf ausscheiden
könne. So III. 1. 6. 8. 12. 13. Besonders frappant erscheint
ihm III. 6. Hier schliesst sich die nach Prutz von Otto herrührende Notiz unmittelbar an die III. 1 über den polnischen
Feldzug gemachte an, derart dass im Texte Ragewins ein
nicht unbedenklicher Anachronismus entsteht. Denn das „non
multo post" III. 6, das den Ende September 1157 gehaltenen
Reichstag zu Regensburg einleitet, steht im Texte hinter dem
Weihnachten 1157 gehaltenen Tage zu Magdeburg. III. 1
hat Ragewin an die chronologische Angabe des polnischen
Feldzuges eine Beschreibung von Land und Leuten angeschlossen; sie beginnt mit den Worten: est autem Polimia,
III. 8 folgt einer ähnlichen chronologischen Notiz ebenfalls
ein näheres Eingehen auf den Ort. um den es sich handelt,
und zwar mit den entsprechenden Worten: est autem Bisuntium. III. 12 fährt Ragewin nach einer solchen chronologischen Notiz mit einem erläuternden siquidem fort. Prutz
sieht in den Zeitangaben den aus Ottos Memorial stammenden Grundstock, an den sich der weitere Text ansetze; einmal
ist dann Ragewin eben so weit gegangen, dass er das von
Otto herrührende non multo post an einer Stelle ohne Weiteres
übernahm, wo nach Prutz ein leicht ersichtlicher Anachronismus entstand. Prutz hält den Umstand für charakteristisch,
dass, sobald Ragewin sich nach Beilegung des zu Besançon
entstandenen Streites dem italienischen Zuge Friedrichs zuwendet, jede Spur der Benutzung annalistischer Notizen ver-
schwindet. Denn von da ab habe Ragewin keine derartige
Vorlage mehr gehabt. Otto hat sich zu Augsburg vom Kaiser
verabschiedet und ist dem Zuge fern geblieben, bald darauf

starb er. So hat denn eben sein Memorial zu Anfang 1158 geschlossen.

So weit Prutz. Die Behauptung, dass nach der Schlichtung des Conflictes von Besançon Spuren chronologischer Aufzeichnungen gänzlich aufhörten, wenn man überhaupt mit Prutz die Datenangabe auf solche zurückführen will, ist jedoch willkürlich. III. 42 und III. 43 ist von der Unterwerfung Mailands die Rede; der Schluss von III. 43 lautet: Actus est hic triumphus 6. Idus Septembris; daran schliessen sich III. 44 unmittelbar die Worte an: Princeps Romanus a Mediolano castra movens, apud Modoicium, sedem regni Italici, coronatur — beides zusammen kann als annalistische Notiz gelten, an die sich die mit quam ecclesiam beginnende Schilderung der Fürsorge Friedrichs für die Kirche daselbst erweiternd angliedert. Besonders aber lässt sich gegen Prutz der Anfang von IV. 29 anführen. Es heisst dort: Anno dominicae incarnationis 1159. Fridericus pascha apud Mutinam celebravit, festoque terminato, in territorium Bononiense, ubi tunc manebat exercitus, demigrans, adventu suo universos laetificavit. Schon von cap. 15 ab spielen die Ereignisse im Jahre 1159; cap. 23 erzählt Ragewin, dass Friedrich zu Occimiano die festivitas luminum gefeiert habe, es wird des längern über den Trotz der Mailänder, die ihnen gesetzten Tage und ihren Vertragsbruch berichtet, ein ausgedehnter Briefwechsel wegen des zwischen Kaiser und Papst schwebenden Conflictes wird mitgetheilt, kurzum, wir befinden uns mitten in den Ereignissen des Jahres 1159, und nun, da Ragewin die für die Entwicklung der Dinge durchaus indifferente Angabe macht, dass der Kaiser Ostern zu Modena gefeiert habe, leitet er diese Mittheilung mit dem so wichtig klingenden: anno dominicae incarnationis ein. So lange Ragewin die Ereignisse des Jahres 1159 besprach, hat er die Jahreszahl noch nicht genannt — jetzt erst geschieht es; mir scheint diese sonderbare Wendung deutlich zu beweisen, dass Ragewin hier eine von ihm selbst verfasste annalistische Notiz, ungeschickt genug, in den Text aufnahm. Und so werden wir die früheren von Prutz urgirten Stellen ebenfalls Ragewin zuschreiben können.

Der Hauptgrund von Prutz aber ist der Anachronismus

III. 6. Auch er ist hinfällig. Das „non multo post" schliesst sich ohne jede chronologische Schwierigkeit an Cap. 5 an, sobald man nämlich den Schluss dieses Capitels von „ipse tamen" bis „mentitus est" als eine zeitlich vorangreifende Anmerkung auffasst, die man jetzt, um den Zusammenhang nicht zu stören, unter den Text setzen würde. Zu dieser Annahme ist man berechtigt. Ragewin bespricht die Friedensbedingungen, darunter das Gelöbniss des Polenherzogs, zu Weihnachten in Magdeburg bei Hofe zu erscheinen und später den Kaiser auf dem Römerzuge zu begleiten. Als Ragewin das schreibt, weiss er, dass der Herzog beide Bedingungen nicht gehalten hat, und fügt dies als Parenthese ein. In seinem Texte fährt er mit „non multo post" fort, das sich vortrefflich an die Erzählung von der glücklichen Beendigung des polnischen Feldzuges anschliesst (Ende August und Anfang September bis 28. September). Ein Beweis dafür, dass Ragewin in den Sätzen von „ipse" bis „mentitus est" nur eine eingefügte Anmerkung beabsichtigte, ist, dass er erst III. 12 ausführlich vom Weihnachtsfeste zu Magdeburg spricht. Da erwähnt er auch nur das während desselben wirklich Geschehene: die Polen halten ihr Versprechen nicht. In der Anmerkung aber greift er vor, nicht, wie Prutz meint, bis Weihnachten 1157, sondern bis in das Jahr 1158 hinein, wenn nicht bis zu dem Zeitpunkt, wo Ragewin schreibt; das ersieht man aus: Italicam quoque expeditionem, violato sacramento, mentitus est.

Wir wissen, es liegt kein Grund vor, die Jahresangaben bis III. 13 Otto zuzuschreiben. Als Spuren eines Memorials, das der Vergessenheit zu entreissen Ragewin für seine Pflicht gehalten hätte, wären sie gar zu spärlich, und wenn Ragewin wirklich, wie Prutz glaubt, das Memorial in sein Werk hineingearbeitet hätte, — er hätte mehr die Hinterlassenschaft Ottos verhüllt als veröffentlicht.

Wir können in Ragewins Gesten Spuren Ottonischer Notizen nicht zugeben; wir werden demnach an der von Prutz herbeigezogenen Stelle (Prolog zu III.) seiner Interpretation nicht beistimmen. Es ist im ganzen Ragewin von einem Notizenbuch Ottos keine Rede. In Ottos Worten selbst (II. 32) ist die Absicht ausgesprochen, sein Werk fortzusetzen.

Da er bis zum Augsburger Tage an den politischen Dingen
theilnahm, so ist ein ferneres Interesse Ottos für die Gesten
wohl anzunehmen. Mehr können wir nicht zugestehen. Grotefend mag Recht haben, wenn er meint, ein Antheil Ottos sei
nicht undenkbar, er hat vollkommen Recht, wenn er fort-
fährt, mit den vorhandenen Hülfsmitteln lasse ein solcher sich
jedoch nicht beweisen. Mit nicht undenkbaren, aber unerweis-
baren Möglichkeiten dürfen wir uns nicht befassen. Wir gelangen zu dem Resultate: Etwaige Vorarbeiten Ottos zu den
von Ragewin verfassten Gesten lassen sich nicht constatiren.

Wenn wir von der Hypothese Ottonischer Vorarbeiten
absehen, hat Prutz in der Frage zeitgenössischer Quellen
nahezu Abschliessendes geboten, und wir dürfen uns demnach
jetzt etwas kürzer fassen. Danach tritt Ragewin als sein
eigener Gewährsmann, als Augenzeuge, an folgenden Stellen
auf:

III. 7 Reichstag zu Würzburg, Ende September 1157.
— III. 12 und 13 Reichstag zu Regensburg. — III. 17
Reichstag zu Augsburg vor dem Zuge gegen Mailand. —
IV. 3 Reichstag zu Roncaglia. — IV. 11 Tod Bischof Ottos
von Freising. — IV. 12 und 13 Brand, Prodigien und Bischofs-
wahl zu Freising.

Benutzung mündlicher Mittheilungen lässt sich nachweisen:

III. 11 Es wird die Absicht Friedrichs berichtet, mit
Ludwig von Frankreich zusammenzukommen: sicut egomet
referente venerabili viro Heinrico Trecensi episcopo cognovi.
— III. 31 beim Tode des Grafen von Pütten, dictum memini a quibusdam. — IV. 36 beim Attentate auf den Kaiser,
nos tamen audivimus. — IV. 23. 25. 29 von den Verhandlungen über die Aechtung Mailands wird ihm wohl Bischof
Albert von Freising Manches erzählt haben.

Prutz stellt die Vermuthung auf, dass für die Ereignisse
in Lodi (Attentate) und die Belagerung Cremas (Aug. bis
Nov. 1159) der Kanzler Ulrich Ragewins Gewährsmann gewesen sein mag. Die genaue Kenntniss, die Ragewin III.
12 bei Gelegenheit des Reichstages von Regensburg von den
ungarischen Verhältnissen entwickelt, ebenso wie das ein-

gehende Detail auf dem Reichstage zu Besançon III. 11
führt Prutz auf Mittheilungen des Protonotars Heinrich zurück. Derselben Quelle mag manche Einzelheit im Italienischen Feldzuge entstammen
Bei weitem wichtiger ist das briefliche und actenmässige
Material, das Ragewin zur Verfügung gestellt ist. Ragewin
stand in Verbindung mit der kaiserlichen Kanzlei; selbstverständlich durfte er auch das Freisinger Archiv benutzen; sodann überliessen ihm die beiden Eberharde, der Erzbischof
von Salzburg und der Bischof von Bamberg, manche Documente; auch Bischof Hartmann von Brixen liess ihn ein an
ihn gerichtetes Schreiben aufnehmen.

Das briefliche und urkundliche Material vertheilt sich
demnach so:

Aus der kaiserlichen Kanzlei stammen:

III. 3 ff. Bericht über den polnischen Feldzug. Vgl.
Wibaldi ep. 470. — III. 7 Schreiben König Heinrichs von
England, dem Kaiser auf dem Reichstage zu Würzburg über-
reicht. — III. 9 Schreiben Hadrians IV. an den Kaiser, auf
dem Reichstage zu Besançon verlesen. - III. 10 kaiserliches
Rundschreiben. — III. 19 die Eidesformel, welche Reinald
von Dassel und Otto von Wittelsbach in Italien beschwören
lassen. — III. 22 Schreiben des Papstes, zu Augsburg dem
Kaiser überreicht. — III. 26 Lagerfriedensgebot zu Beginn
des Mailänderkrieges. — III. 41 Vertrag und Capitulation
Mailands. — IV. 7 Feudalgesetz. — Ibid. Landfriedensgebot.
IV. 16 Schreiben des Kaisers an den Papst wegen Erhebung
Guidos von Biandrate zum Erzbischofe von Ravenna. —
IV. 17 Antwort des Papstes. — IV. 50 Schreiben Victors IV.
über seine Erhebung. — IV. 51 Brief Alexanders III. an
Bischof Gerhard. — IV. 52 Rundschreiben der victorinischen
Cardinäle. — IV. 53 Schreiben der Alexandriner an den
Kaiser. — IV. 55 Vorladung Alexanders durch den Kaiser.
IV. 63 Kaiserliche Mittheilung des Falles von Crema. —
IV. 66 Schreiben der Kanoniker zu St. Peter. -- IV. 67
Actio Concilii Papiensis. — IV. 69 Rundschreiben des Kaisers
betreffs Anerkennung Victors IV. — IV. 70 Generalrescript
des Concils zu Pavia.

Aus dem Freisinger Archiv stammen:

III. 15 Schreiben Hadrians an die deutschen Erzbischöfe und Bischöfe. — III. 16 Antwort darauf. — IV. 42 Brief des Kaisers an Albert von Freising über einen Sieg über Mailand.

Vom Bischof Eberhard von Bamberg kommen:

IV. 19 Brief des Cardinals Heinrich an Eberhard. — Ibid. Antwort darauf. — IV. 20 Brief Eberhards an den Papst.

Erzbischof Eberhard von Salzburg stellte Ragewin zu:

IV. 30 Brief Eberhards von Bamberg an Eberhard von Salzburg. — IV. 31 Brief des Kaisers an Eberhard von Salzburg. — IV. 71 Brief Eberhards von Bamberg über das Concil zu Pavia. — IV. 72 Brief des Propstes Heinrich an Eberhard von Salzburg.

Hartmann von Brixen liefert:

IV. 56 Brief des Kaisers an Hartmann von Brixen.

Aus andern Stellen in Ragewins Werke sieht man, dass ihm seine Verbindungen mit der kaiserlichen Kanzlei manche Specialkenntnisse eingebracht haben, mag er sie sich nun durch den Verkehr mit den Beamten oder durch Einsicht in Documente, die er nicht herbeizieht, erworben haben. So wird sein Bericht über die Erfolge Reinalds und Ottos (III. 17—21) einen derartigen officiellen Ursprung haben, wenn er auch nicht so erweisbar ist wie beim Referate über den polnischen Feldzug. Der Ausdruck: nequaquam se ignorare legem Juliam maiestatis lässt einen rechtskundigen Verfasser vermuthen. Bei Gelegenheit der Acht Mailands 1158 giebt Ragewin rechtshistorisches Detail (III. 27), das man ihm hier nicht ohne Absicht zur Verfügung gestellt hatte: Legitimas inducias dicunt iudicis edictum unum, mox alterum et tertium seu unum pro omnibus, quod peremptorium nominatur. Damit sollte das unum pro omnibus, das vom Kaiser beliebt wurde, rechtskräftig erhärtet werden. IV. 5 und 6 ist das Verzeichniss der Regalien nicht ohne Beihilfe der kaiserlichen Kanzlei angefertigt; Ragewins Angaben sind gut und treffend, und, was das Wichtigste ist, sie entsprechen der kaiserlichen Auffassung. Auch die formelhafte Wendung bei der Aechtung Mailands 1159 lässt sich auf solche Einwirkungen zurückführen: (IV. 30) tum imperator convocatis iudicibus et legis peritis, qui in ea civitate frequentes aderant. citari iubet Mediolanenses. Cum autem nemo compareret, qui absentiae illorum causam rationabilem ederet, tanquam contumaces, rebelles et imperii desertores severitatis sententiam excipiunt, hostes pronunciantur, res eorum direptioni, personae servituti adiudicantur. Ragewins Bericht über die reservirte Haltung der kaiserlichen Gesandten dem Papste gegenüber (IV, 41), welche Prutz als „so durchaus nicht entgegenkommend" bezeichnet, wird gleichen Ursprung haben.

Dass Ragewin das ihm zugegangene Material nicht immer richtig einreihte und benutzte, darüber später.

Wo Ragewin seine Erzählung nur aus unverbürgten Gerüchten herleitet, scheut er sich nicht dies einzugestehen und sich in Folge dessen gegen seinen eigenen Bericht skeptisch zu verhalten. [1] Das zeugt von Unparteilichkeit und einer gewissen kritischen Anlage. Ein einschränkendes „Soll" tritt zuerst bei dem Reichstage von Besançon hervor. Als der päpstliche Legat die anmassenden Worte gesprochen, zückte Otto von Wittelsbach sein Schwert gegen ihn, ut dicebatur (III. 10). Dass gerade der Graf von Biandrate die Friedensverhandlungen zwischen dem Kaiser und Mailand einleitet (III. 40), weiss Ragewin nur durch allgemeines Hörensagen (auctor negocii dicitur fuisse) — damit macht Ragewin selbst nicht mehr grossen Anspruch auf Glaubwürdigkeit bei der nun folgenden Rede des Grafen, die er so naiv aus Bruchstücken aus Josephus und Sallust zusammensetzt. In einem der vorhergehenden Gefechte um Mailand fällt ein vornehmer Mailänder, Namens Statius, der, ut tunc fama fuerat, dazu bestimmt war, als regulus über Mailand zu walten (III. 36). Beim Brande der Kirche zu Speier „soll" eine Menge Menschen umgekommen sein (IV. 14). Die Ver-

---

[1] Hierauf macht zuerst aufmerksam Wild Radevicus und sein Verhältniss zu Otto von Freisingen im Görlitzer Gymnasialprogramm 1865. Nicht immer kann man der kleinen schätzenswerthen Untersuchung beistimmen; der Verfasser macht Ragewin eine unbewusste Parteilichkeit gegen das Papstthum zum Vorwurf, eine Ansicht, die sich nicht aufrecht erhalten lässt.

bindung, welche Papst Hadrian gegen Schluss seines Pontificates mit den aufständischen lombardischen Städten eingeht, erzählt Ragewin auch nur auf Grund eines Gerüchtes (IV. 18). Ragewin folgte ihm, nennt es aber auch als seine einzige Gewähr. Darin liegt keine Rücksichtnahme auf den Papst, denn sonst hätte er die compromittirende Sache ganz verschwiegen; es ist nur ein Zeichen seines unparteilichen Vorgehens. Aehnlich steht es mit der Antwort, welche die kaiserlichen Gesandten an dem Hofe von Byzanz auf ein Gesuch des griechischen Kaisers und mehrere gegen Wilhelm von Sicilien gerichtete Vorschläge ertheilt haben sollen (IV. 74). Auch giebt Ragewin da, wo die Berichte, die ihm zukommen, sich widersprechen, die Variante und macht das dehnbare „On dit“ dafür verantwortlich. Das geschieht in der Erzählung vom Tode des Grafen von Pütten (III. 31). Am Angenehmsten berührt es beim Referate über die Attentate auf den Kaiser. Nachdem Ragewin den Mordversuch des Einen sehr lebhaft geschildert hat, kann er sich nicht enthalten hinzuzufügen: nos tamen audivimus, eundem vere furiosum fuisse et innocenter vitam perdidisse (IV. 36). Trotz seiner kaiserlichen Gesinnung nahm er den Mann gewissermassen in Schutz, doch nur um der historischen Wahrheitsliebe willen.

IV.

RAGEWINS VERHÄLTNISS ZU DEN ALTEN.

Schon vor Prutz war es nicht unbekannt, dass Ragewin starke Anleihen bei den alten Schriftstellern gemacht habe, aber man glaubte nicht, dass er hierin weiter gegangen sei, als durchschnittlich jeder Historiograph des Mittelalters.

Wilmanns hätte, wie Prutz mit Recht behauptet, vor Allem die Pflicht gehabt, an Ragewin ein wenig Quellenkritik zu üben. Er beschränkt sich jedoch darauf, in seiner Vorrede zu bemerken, die klassischen Schriftsteller seien Ragewin derart in succum et sanguinem übergegangen, dass

er deren Ausdrücke „non uno loco" abgeschrieben habe; die
etwas zu sehr ausgedehnten Reden gehörten ebenfalls in das
Gebiet der Nachahmung der Alten. Im Text macht Wilmanns nur selten auf Entlehnungen aufmerksam. Bibelstellen
und einige Anleihen an classische Dichter sind ihm nicht entgangen, von römischen Prosaikern, die Ragewin sich zu Nutze
gemacht hat, weist Wilmanns Sallust (Iug. c. 6. 101. Catil.
53. 54) und Sidonius Apollinaris (ep. I. 2) nach, aber Nichts
weiter.

Wenn man diese wenigen Entlehnungen Ragewins in
Betracht zog, so musste man ihm als mittelalterlichem Historiker immerhin eine gewisse Enthaltsamkeit zugestehen. Aber
Ragewin war von seinen Vorbildern viel abhängiger, als Wilmanns je geahnt hatte: Ragewin war wirklich das Studium
der römischen Litteratur derart in succum et sanguinem übergegangen, dass er einen nicht unbeträchtlichen Theil seines
Werkes fast wörtlich daraus entnahm.

Prutz hat diese Neigung Ragewins zuerst eingehender
beleuchtet; ihm ist es gelungen, Entlehnungen Ragewins aus
alten Schriftstellern nachzuweisen, die einen erstaunlichen
Grad erreichen.

So sehr sich Prutz aber auch bemüht hat, das Verhältniss Ragewins zu den Alten klar zu legen, auf Vollständig-
keit können seine Resultate keinen Anspruch machen, überhaupt wird es nicht leicht gelingen, in diesem Punkte endgültig das Conto zu schliessen: man mag klassische Anklänge
herausfühlen, ohne ihren Ursprung nachweisen zu können; ein
glücklicher Zufall kann uns auf ein neues Muster Ragewins
hinführen.

Beginnen wir damit Ragewins Citaten nachzuspüren.
Wo von Prutz oder seinen Vorgängern schon auf dieselben
aufmerksam gemacht ist, begnügen wir uns mit einfacher
Stellenangabe. Da bei Ragewin, wie wohl bei allen Schriftstellern des Mittelalters die Reden durchaus nicht den Werth
wirklich gehaltener Reden haben, so werden auch hier etwaige
Citate oder Entlehnungen berücksichtigt.

Ragewin citirt an folgenden Stellen, wo seine Quellen
bis jetzt nachgewiesen sind:

Aus der Bibel:

III. 32. quod dicitur: pulchra ut luna etc. Cant. 6, 9.

IV. 4. ubi dictum est, crescite et multiplicamini etc. Genes. 1. 28.

IV. 11. ut merito sibi diceretur: Amice, ascende superius. Lucas 14. 10.

IV. 11. attendens illud evangelicum: Nesciat etc. Matth. 6. 3.

IV. 24. de quo dictum est: Tu signaculum similitudinis. Ezechiel 28. 12.

IV. 24. ne illis competenter dicatur: Et omnis sapientia. Psalm 106. 27.

IV. 40. et ibi illud, quod dicitur: Residuum locustae etc. Joel 1. 4.

Auch andere Anklänge an die Bibel, deren allgemeine Kenntniss Ragewin doch voraussetzt, können hier ohne Gefahr eingereiht werden. So:

Prolog. sed dies hominis velocius transire quam . a texente tela succiditur . . . Hiob 7. 6.

et vitam eius velocius umbra aut vento declinare erinnert an Hiob 14. 2 und Psalm 101. 12.

III. 10. quasi gladium igni adderet bemerkt Prutz eine Anlehnung an Genesis 22. 6. Er irrt jedoch; die Stelle ist dem Horaz nachgebildet: Sat. II. 3. 275. Adde cruorem Stultitiae, atque ignem gladio scrutare modo; etc.

Nur an wenigen Stellen nennt Ragewin seinen Gewährsmann.

Prolog. Quidam enim, ut ait Josephus, non quod rebus interfuerint etc. aus Josephus Bell. Jud. Prolog.

III. 33. Huius rei si quis exempla desiderat, ad Leoprandum, qui gesta Longobardorum subnotavit, recurrat. Dies Citat wird ergänzt durch: III. 38. . . . ut in gestis Longobardorum reperitur.

Prutz hat hier die Quelle Ragewins nicht erkannt und wirft ihm vor, er habe sich nur einen gewissen gelehrten Nimbus geben wollen.

Die erste Stelle (III. 33) bezieht sich auf die Treulosigkeit Mailands: hac usa temeritate, ut . . . geminorum

potius dominorum quam unius super se iuste regnantis affec-
taret principatum. Dümmler in seiner Ausgabe der Werke
Liutprands von Cremona macht darauf aufmerksam, dass
diesem Passus folgende Stelle in Liutprands Antapodosis I.
37 entspricht: et quia semper Italienses geminis uti dominis
volunt, quatinus alterum alterius terrore coherceant. Das
von Liutprand unter dem gelehrten und für den nicht Ein-
geweihten fast unverständlichen Titel Antapodosis verfasste
Werk ist überwiegend Longobardengeschichte: da ist es denn
im Mittelalter gelegentlich als Longobardengeschichte bezeichnet worden und wird als solche auch von Ragewin citirt.

Das zweite Citat (III. 38) spricht vom arcus Romanus
vor Mailand und dessen Entstehung: er sei von einem alten
Kaiser als Triumphbogen aufgerichtet, sive, ut in gestis Longobardorum reperitur, ad expugnationem et cladem civitatis
ab uno rege nostrorum fuerit fabricata. Auch hier dient
Liutprand als Quelle: Antapod. III. 14 wird von der Expe-
dition des Herzogs Burchard von Schwaben nach Italien berichtet; bevor der Fürst die Stadt betrat, sei er zur Kirche
St. Lorenz gegangen: sed, ut aiunt, non tantum peticionis
causa. quantum alterius rei gratia. Dicunt enim, quia prope
civitatem est ecclesia, miro atque precioso opere fabricata, eum
ibidem munitionem constituere velle. quo non solum Mediolanenses sed et plures Italiae principes cohercere decrevisset.

Sonst beschränkt sich Ragewin darauf, sein Citat nur
allgemein anzudeuten:

III. 11. ex appetitu libertatis, quae, ut dicitur, res
inaestimabilis est = Jos. b. J. III. 40.

III. 18. quippe, ut alias de quibusdam dicitur, quibus
nullus labor insolitus == Sall. Cat. 7. Ein Citat, welches
Prutz gar nicht hervorgehoben hat.

III. 28. fuere tamen plerique, sicut alibi de quibusdam
dicitur, qui se et rem publicam obstinatis animis perditum
irent. Prutz hat die Quelle dieser Aeusserung nicht erkannt.
Es ist: Sall. Cat. 36. fuere tamen cives, qui seque remque
publicam obstinatis animis perditum irent.

III. 28. quoniam, ut dicitur, egestas facile habetur sine
damno. Auch das ist wörtlich dem Sallust Cat. 37 entnommen.

3

III. 40. nam, ut ait quidam: Quod reverentia dignum est, in fame negligitur = Jos. VI. 14.

III. 40 haec sunt. ut ait quidam, odium, amicitia, ira atque misericordia etc. = Sall. Cat. 51.

III. 40. Sed profecto in omni re fortuna dominatur, ea, ut dicitur, cunctas res etc. = Sall. Cat. 8.

III. 40. Sensit mecum, qui dixit: Heus, omnium rerum vicissitudo est! Scio, qui dicunt: Libertas res inaestimabilis est, pulchrum pro libertate pugnare = Jos. VI. 12. [1]

IV. 3. et iure, quam, ut dicitur, omnia impune facere, hoc est regem esse = Sall. Jug. 31. nam impune quaelubet facere, id est regem esse.

IV. 11. Si quis autem, ut ait quidam, durior misericordiae sit iudex etc. = Jos. Prolog.

IV. 38. eius studium, ut de quodam dicitur, modestiae, decoris, sed maximae severitatis erat = Sall. Cat. 54.

IV. 49. ut dicitur: Nulla pestis efficacior ad nocendum, quam familiaris inimicus. = Boetius De consolat. philos. III. pr. 5. Quae vero pestis efficacior ad nocendum, quam familiaris inimicus?

IV. 61. Supervacua enim, ut ait quidam, est de utilibus oratio. = Jos. II. 16.

IV. 76. Igitur divus augustus Fridericus, ut de Theoderico quidam scribit, et moribus etc. Das nun folgende Charakterbild ist zum grossen Theil dem Apollinaris Sidonius ep. I. 2 nachgebildet, wie schon Wilmanns erkannt hat.

Das sind die Berufungen, die früher schon von Anderen oder jetzt von mir auf bestimmte lateinische Prosaiker zurückgeführt sind. Es bleiben noch einige, gleich allgemeine Citate, für die ich die Quelle leider nicht nachweisen kann.

III. 1. sicut placet his, qui situs terrarum descriptionibus notant . . . Ragewin giebt hier eine eingehende Schilderung Polens; es wäre von Bedeutung, wenn man seinen Gewährsmann herausfinden könnte. [2]

IV. 11. nisi, ut quidam incusant, fata virtutibus invidissent.

IV. 24. Habent, ut ait quidam. ista omnia modos suos, causas, rationes. utilitates.

---

[1] Vgl. dazu III. 11 auf der vorausgehenden Seite.

[2] Ragewin beginnt: Est autem Polimia etc. Dazu vergleiche man III. 8: Est autem Bisuntium.

Wo Ragewin klassische Dichter benutzte, hat er nur einmal das Citat als solches gekennzeichnet.

III. 4. Parcere prostratis etc. = Verg. Aen. VI. 853.

III. 20. Danaum insidias = Verg. Aen. II. 65.

III. 21. auri sacra fames = Verg. Aen. III 54.

IV. 24. Quod dicitur: An nescis longas regibus esse manus = Ovid. Heroid. XVII. 166.

III. 29. contra audaces non est audacia tuta = Ovid. Metam. X. 544.

Dazu kommen noch folgende bisher nicht erkannte Verse:

III. 34. vitam pacisci pro laude = Verg. Aen. V. 230: vitamque volunt pro laude pacisci.

und III. 10 quasi gladium igni adderet, das, wie schon erwähnt, sich an Horat. Sat. II. 275 anlehnt.[1]

Citatähnlich ist IV. 49. quisve, ut ita dixerim, iustius induit arma, entnommen aus Lucan. Pharsal. I. 126: quis iustius induit arma Scire nefas.

Ausserordentlich zahlreich aber sind die Entlehnungen Ragewins, bei denen er längere Abschnitte anderer Schriftsteller verwendet und die ich als Nachbildungen bezeichnen möchte. Prutz hat hier mit Glück geforscht, er hat nicht bloss mit Rücksicht auf Sallust die Nachweise der Benutzung vermehrt; er hat zuerst auch eine Entlehnung aus Einhards Vita Caroli erkannt; er hat dann mehrere Capitel auf einen Brief Wibalds von Corvey zurückgeführt; er hat endlich vor Allem die Entdeckung gemacht, dass Ragewin vornehmlich den Jüdischen Krieg des Josephus in der Uebersetzung des Rufinus benutzt habe. An dieser Stelle begnügen wir uns in betreff der schon erkannten Nachbildungen auf Prutz Radew. p. 21 — 50) hinzuweisen. Wir kehren zunächst noch einmal zum Sallust zurück. Denn es ist uns gelungen, eine nicht

---

[1] In den Briefen, die Ragewin mittheilt, kommen nur selten Citate vor, und diese sind vorzugsweise biblisch. Anlehnungen an die Alten finden sich im Briefe Eberhards IV. 19. Vgl. Giesebrecht Kaiserzeit V. 1. p. 220—222. Uebrigens ist: Flebile principium melior fortuna sequetur, nach welchem Verse Giesebrecht umsonst gesucht hat, aus Ovid. Metam. VII. 518.

geringe Anzahl Sallustianischer Reminiscenzen bei Ragewin aufzudecken, die sich bisher der Kenntnissnahme entzogen hatten. Wir führen die Stellen wörtlich an.

III. 12 (gegen Schluss).

Bellum ultro inferentem, postquam superatus sit, queri quod iniuriam facere nequivisset, fugam ipsum simulasse, in regno manere licuisse.

Jug. XV. 1. Adherbalem ultro bellum inferentem, postquam superatus sit, queri, quod iniuriam facere nequivisset.

Jug. XIV. 20. fingere me verba et fugam simulare, cui licuerit in regno manere.

III. 13. In eadem curia dux Boemorum Bolislaus, vir ingenio validus, viribus praepollens, consilio, manu audaciaque magnus.

Jug. VI. 1. Qui ubi primum adolevit, pollens viribus, decora facie, sed multo maxime ingenio validus.

Jug. VII. 1. manu promptus.

Charakteristik Reinalds und Ottos.

III. 18. Inerat utique his praeclaris viris personarum spectabilitas gratiosa, generis nobilitas, ingenium sapientia validum, animi imperterriti, quippe, ut alias de quibusdam dicitur, quibus nullus labor insolitus, non locus ullus asper, non armatus hostis formidolosus. Nullius sibi delicti, nullius libidinis gratiam faciebant. Laudis avidi, pecuniae liberales erant, gloriam ingentem, divitias honestas volebant. Aetas iuvenilis, eloquentia mirabilis, prope moribus aequales, praeter quod uni ex officio et ordine clericali necessaria inerat mansuetudo et misericordia, alteri, quem non sine causa portabat, gladii severitas dignitatem addiderat.

Cat. VI. 6. quibus .. ingenium sapientia validum erat.

Cat. VII. 5. Igitur talibus viris non labor insolitus, non locus ullus asper aut arduus erat, non armatus hostis formidolosus... Laudis avidi, pecuniae liberales erant; gloriam ingentem, divitias honestas volebant.

Cat. LIV. 1. Igitur his genus, aetas, eloquentia prope aequalia fuere.

2. Ille mansuetudine et misericordia clarus factus, huic severitas dignitatem addiderat.

Cat. XXXI. 1. Quibus rebus permota civitas atque immutata urbis facies etc. verbotenus.

III. 28. Quibus rebus apud Mediolanum compertis, permota civitas atque immutata urbis facies erat, ex summa laetitia atque lascivia, quae diuturna requies pepererat,

repente omnes tristitia invasit.
Festinare, trepidare, suo quisque
modo et metu pericula metiri.
Ad haec mulieres, quibus suae
rei publicae magnitudine belli
timor insolitus incesserat, afflic-
tare sese, manus supplices ad
coelum tendere, miserari parvos
pueros, omnia pavere. Fuere
tamen plerique, sicut alibi de quibusdam dicitur, qui se et rem
publicam obstinatis animis perditum irent. Nam semper in civitatibus, quibus opes nullae sunt,
qui aes alienum solvere non
possunt, bonis aliorum et quieti
invident, nova exoptant, odio
suarum rerum omnia mutari student, seditionibus sine cura aluntur, quoniam, ut dicitur, egestas
facile habetur sine dampno.
Praeterea iuventus, quae magis[1]
manuum labore victum quaerens
inopiam tolerabat, publicis largitionibus excita, urbanum ocium
ingrato labori praetulerat. Unde
factum est, ut multitudine huius
vulgi praevalente, rei publicae
iuxta ac sibi consulerent, ac li-
bentibus animis belli eventum
expectarent, nobilioribus et melioribus metu talium silentio addictis.

invasit.
Festinare, trepidare, neque loco
neque homini cuiquam satis cre-
dere, neque bellum gerere neque
pacem habere, suo quisque metu
pericula metiri. Ad hoc mulieres
etc. verbotenus.
      miserari parvos
liberos, rogitare, omnia pavere.
Cat. XXXVI. 4. Fuere tamen
cives, qui seque remque publicam
obstinatis animis perditum irent.
Cat. XXXVII. 3. Nam semper
in civitate, quibus opes nullae
sunt, bonis invident, malos ex-
tollunt, vetera odere, nova exoptant, odio suarum rerum mutari omnia student: turba atque
seditionibus sine cura aluntur,
quoniam egestas facile habetur
sine damno . . . .
Praeterea iuventus, quae in agris
manuum mercede inopiam tole-
raverat, privatis atque publicis
largitionibus excita urbanum ocium
ingrato labori praetulerat. Eos
atque alios omnis malum publi-
cum alebat: quo minus mirandum
est homines egentes, malis moribus, maxuma spe, rei publicae
iuxta ac sibi consuluisse. Praeterea, quorum victoria Sullae parentes proscripti, bona erepta, ius
libertatis imminutum erat, haud
sane alio animo belli eventum
exspectabant.

Man wird nicht läugnen können, dass Ragewin seine
Mosaikarbeit recht geschickt zusammengesetzt hat. Er trägt
mit wahrem Bienenfleisse litterarische Blüthen herbei, wie und
wo er sie findet, und verwebt Alles zu einem kunstvollen, in
sich einheitlichen Ganzen. Stärker zeigt sich das noch:

---

[1] Der Vergleich mit Sallust zeigt, dass in agris zu lesen ist.

III. 34. (De excursu Mediolanensium et quomodo et a quibus
excepti seu repulsi).

Neque enim vineis, turribus,
arietibus aliorumque generum
machinis tantam civitatem attemp-
tandam putabant, sed longa potius
obsidione fatigatos ad deditionem
cogi . . . .

Jug. XXI. 3. Igitur Jugurtha
oppidum circumsedit, vineis turri-
busque et machinis omnium generum expugnare aggreditur.

Oppidani non segnius ea quae
sibi usui forent procurare, muni-
menta castrorum disturbare etc.

Jug. LXXV. 10. Oppidani,
qui se locorum asperitate muni-
tos crediderant, magna atque in-
solita re perculsi, nihilo segnius
bellum parare.

alter apud alterum formidinem
simul et tumultum facere . . .

Jug. LIII. 7. alteri apud
alteros formidinem simul et tumultum facere. .

deinde alius alium appellare,
hortari, arma capessere, venientes
excipere, instantes propulsare,

alius alium laeti appellant.

clamor permixtus hortatione,
strepitus armorum ad coelum ferri,
tela utrinque volare,

Jug. LX. 2. clamor permixtus
hortatione, laetitia, gemitu, item
strepitus armorum ad coelum
ferri, tela utrinque volare

pro ingenio quisque, pars cominus gladiis, pars pugnare lapidibus seu alterius generis missilibus. Non procul ab hinc rex
Boemorum castra fixerat.

Jug. LVII. 4. Romani, pro
ingenio quisque, pars eminus
glande aut lapidibus pugnare.

Is ex quo bellicum clamorem
accepit, decernit laborantibus sociis auxilio fore debere . . . . .

Jug. LII. 6. ne legatus co-
gnita re laborantibus suis auxilio
foret.

non asperitas et insolentia loci
retinebat . . .

Jug. L. 6. nostros asperitas
et insolentia loci retinebat.

hortari se invicem ne deficerent neu paterentur hostes iam
iam fugituros vincere. Aderant
Boemi, tum demum maxima vi
certatur, maximo clamore cum infestis signis concurritur. Rex ipse
cominus acriter instare, laborantibus succurrere, hostem ferire,

, Jug. LI. 4. Simul orare, hortari milites, ne deficerent, neu
paterentur hostis fugientis vincere.

Cat. LX. 2. maxumo cla-
more cum infestis signis concur-
runt . . maxuma vi certatur.
Interea Catilina cum expeditis in

strenui militis et boni regis officia simul exequebatur.

prima acie versari, laborantibus succurrere, integros pro sauciis arcessere, omnia providere, multum ipse pugnare, saepe hostem ferire, strenui militis et boni imperatoris officia simul exequebatur.

Oppidani ubi vident contra ac rati erant, se in medios hostes devenisse . . . .

Petrejus ubi videt Catilinam, contra ac ratus erat, magna vi tendere, cohortem praetoriam in medios hostes inducit.

magna pars vulneribus confecti.

Jug. LX. 7. magna pars volneribus confecti abeunt.

In diesem einen Kapitel muss Sallust mit Folgendem herhalten: Jug. 21. 50. 51. 52. 53. 57. 60. 75 und Cat. 60! Und sie werden in folgender Reihenfolge benutzt: Jug. 21. 75. 53. 60. 57. 52. 50. 51. Cat. 60. Jug. 60.

III. 35 (Mitte). [1]

Populus civitatis tumultu excitatus, improviso metu, incerti quid potissimum facerent, trepidare

Jug. LXVII. 1.

Romani milites improviso metu incerti ignarique, quid potissimum facerent, trepidare

III. 36 (gegen Ende).

Tum spectaculum horribile, sequi, fugere, occidi, capi, equi atque viri afflicti, ac multi vulneribus acceptis neque fugere posse, neque quietem pati, niti modo, ac statim concidere. Postremo omnia constrata telis, armis, cadaveribus, et infecta sanguine tellus.

Jug. CI. 11.

Tum spectaculum horribile in campis patentibus, sequi, fugere, occidi, capi; equi atque viri afflicti, ac multis volneribus acceptis neque fugere posse neque quietem pati, niti modo ac statim concidere; postremo omnia, qua visus erat, constrata telis, armis, cadaveribus et inter ea humus infecta sanguine.

ipseque dux — haud dubie iam victor.[2]

Jug. CII. 1. consul haud dubie iam victor.

---

[1] Zu dem kurz vorher gegangenen visum est eis temptandam fortunam vgl. Cat. LVII. 5. Jug. VII. 1. LXII. 1.

[2] Die in III. 40 und 42 folgenden Entlehnungen aus Cat. LI. VIII. und Jug. CII. hat Prutz p. 25 und 26 zusammengestellt. Ich trage nur nach: III. 40: Urgentibus itaque pariter fame, ferro = Jug. XXIV. 3: ferro an fame acrius urguear incertum est; dann sind III. 42 in dem Satze summisso vultu, supplici voce pauca pro delicto suo verba faciunt die vier ersten Worte aus Cat. XXXI. 7, die übrigen aus Jug. CII. 12 entlehnt.

Es ist bezeichnend, dass Ragewin IV. 42. wo ein Kampf der Mailänder während der zweiten Belagerung geschildert wird, dieselbe Salluststelle wiederum fast wörtlich ausschreibt. **IV. 3** finden sich (Jug. XXXI. 26, ist schon bemerkt) folgende Sallustiana:

IV. 3. omnia impune facere, hoc est regem esse, per licentiam insolescere et imperandi officium in superbiam dominationemque convertere.	Jug. XXXI. 26. nam impune quaelubet facere, id est regem esse.
	Cat. VI. 7. Post, ubi regium imperium, quod initio conservandae libertatis atque augendae rei publicae fuerat, in superbiam dominationemque convertit . . . . eo modo minume posse putabant per licentiam insolescere animum humanum.
Deo favente, mores non mutabimus cum fortuna; quibus initio partum est, his artibus retinere curabimus imperium. Nec per nostram desidiam quenquam eius gloriam et excellentiam imminuere patiemur. Quia ergo vel bello vel pace clarum fieri licet etc.	Cat. II. 4. Nam imperium facile iis artibus retinetur, quibus initio partum est; verum ubi pro labore desidia, pro continentia et aequitate lubido atque superbia invasere, fortuna simul cum moribus immutatur.
	Cat. III. 1. vel pace, vel bello clarum fieri licet.
IV. 4. Meminimus sine extanti crimine factas proscriptiones locupletium, magistratus, sacerdotia nefaria turpique conventione commutata et alia multa, quae libido dominantium imperaret, nostris sub oculis irreverenter perpetrata.	Cat. XXI. 2. Tum Catilina polliceri tabulas novas, proscriptionem locupletium, magistratus, sacerdotia, rapinas, alia omnia, quae bellum atque lubido victorum fert.
IV. 21. Id (sc. vulgus) ingenio mobili, seditiosum atque discordiosum erat, cupidum novarum rerum, quieti et ocio adversum. Aliquantae etiam nobilitatis parti, studio talium rerum incitatae, tumultus ipse et res novae satis placebant.	Jug. LXVI. 2. nam volgus, uti plerumque solet, et maxume Numidarum, ingenio mobili, seditiosum atque discordiosum erat, cupidum novarum rerum, quieti et otio advorsum.
	4. Idem plebes facit, pars edocti ab nobilitate, alii studio talium rerum incitati, quis acta consiliumque ignorantibus tumultus ipse et res novae satis placebant.

Legati ergo, quorum quidam intra muros urbis erant, improviso metu incerti ignarique quid potissimum facerent, trepidare..

et portae ante clausae fugam prohiberent

IV. 23. nobis in hoc negocio, ut libet, vel milite, vel imperatore utimini.

IV. 27. Inter haec Fridericus nichil apud se remissum, nichil apud hostes tutum pati. Impigre prudenterque suorum et hostium res pariter attendere, explorare, quid boni utrinque aut contra esset. [1]

IV. 32. Ita conatus eorum et delicta occultiora fuere.

Quae postquam ex sententia instruunt, de improviso cum magna multitudine oppidum circumveniunt,

ac quidam eorum murum modo suffodere, modo scalis aggredi cupere, pars eminus glande aut lapidibus seu iaculis pugnare.

Milites Romani tumultu perculsi, arma alii capere, pars territos confirmare, quidam in proximos saxa devolvere, tela eminus missa remittere, pauci in pluribus minus frustrati, si Ligures propius accessissent. Omnia a-

Jug. LXVII. 1. Romani milites improviso metu incerti ignarique, quid potissimum facerent, trepidare . . .

portae ante clausae fugam prohibebant

Cat. XX. 16. Vel imperatore vel milite me utimini.

Jug. LXXXVIII. 2. Sed Marius impigre prudenterque suorum et hostium res pariter attendere: cognoscere, quid boni utrisque aut contra esset, explorare itinera regum, consilia et insidias eorum antevenire, nihil apud se remissum neque apud illos tutum pati.

Jug. XXXVIII. 2. ita delicta occultiora fore.

ibid. 4. Quae postquam ex sententia instruit, intempesta nocte de improviso multitudine Numidarum Auli castra circumvenit.

Jug. LVII. 4. Romani, pro ingenio quisque, pars eminus glande aut lapidibus pugnare, alii succedere ac murum modo suffodere, modo scalis aggredi, cupere proelium in manibus facere.

Jug. XXXVIII. 5. Milites Romani perculsi tumultu insolito, arma capere alii, pars territos confirmare

Jug. LVII. 5. Contra ea oppidani in proximos saxa volvere

Jug. LVIII. 3. sed tela eminus missa remittere, pauci in pluribus minus frustrati: sin Numidae propius accessissent, . .

---

[1] Zu hostem infestum in IV. 28 cf. Jug. XXIII. 2.

aspera, omnia foeda, atrocitate utrinque praeliantium periculum anceps, victoria primo in incerto erat; per totum enim triduum continue pugnatum est. Verum enim vero castellani die nocteque vigiliis iciuniis laboreque fatigati, impetum hostium diutius sustinere non poterant, cum hi per vices et successiones alter alteri laboranti succurreret, istorum vero nullus loco, quem uti defenderet acceperat, cedere potuisset. Defessis itaque omnibus et exhaustis atque languidis, ubi locum hostibus introeundi dederunt, Ligures cuncti irrupere, oppidani universi vel occisi vel capti. Sed nec hosti triumphanti usquequaque laeta cessit victoria, quam pluribus ex illis caesis et lethali vulnere sauciatis.

Cat. XXVI. 5. aspera foedaque evenerant.

Jug. XXXVIII. 5. periculum anceps; postremo fugere an manere tutius foret, in incerto erat.

Cat. LX. 4. Interea Catilina cum expeditis in prima acie vorsari, laborantibus succurrere

Jug. XXXVIII. 6. et centurio primi pili tertiae legionis per munitionem, quam uti defenderet acceperat, locum hostibus introeundi dedit, eaque Numidae cuncti irrupere.

Cat. LXI. 7. Neque tamen exercitus populi Romani laetam aut incruentam victoriam adeptus erat: nam strenuissumus quisque aut occiderat in proelio, aut graviter volneratus discesserat.

Ragewin hat hier bei der Schilderung des Kampfes um Trezzo mit ausserordentlicher Sorgfalt Redewendungen aus Sallust entlehnt und derart in bunter Reihe verwendet oder nachgebildet, dass die mühselige Zusammensetzung nicht herauszumerken ist. Er hat benutzt: Jug. 38. 57. 38. 58. 38. Cat. 60. Jug. 38. Cat. 61.

Prutz hat IV. 38 bei der Charakteristik Heinrichs des Löwen und Welfs Entlehnungen aus Sall. Cat. 53 und 54 nachgewiesen; man kann aber noch folgende Nachlese halten:

IV. 38. In omnibus gloriosis plurimum facere et minimum ipse de se loqui. Is . . . . ubi naturam et mores hominum cognovit, multa cura, multo consilio in totam[1] claritudinem brevi pervenerat, ut treuga per totam

Jug. VI. 1. plurimum facere, minimum ipse de se loqui.

Jug. VII. 4. Nam Jugurtha, ut erat impigro atque acri ingenio, ubi naturam P. Scipionis, qui tum Romanis imperator erat, et morem hostium cognovit, multo labore

---

[1] Nach Sallust ist in tantam zu lesen.

Baioariam firmata, bonis vehementer carus, malis maximo terrori esset, adeo ut

multaque cura, praeterea modestissume parendo et saepe obviam eundo periculis in tantam claritudinem brevi pervenerat, ut nostris vehementer carus, Numantinis maxumo terrori esset.

IV. 42 wird Jug. 101 stark benutzt und, wie schon erwähnt, eine Stelle daraus zum zweiten Male. Wilmanns ist die Entlehnung nicht entgangen, wohl aber, dass Ragewin schon einmal sich dasselbe Cap. zu Nutze gemacht hat.

IV. 42. Mediolanenses, qui prope iam se victoriam adeptos putabant, videntes se circumventos undique a regiis equitibus, nec ullum sibi fugae praesidium superesse, adversus omnia imparati, occidi, capi, equi atque viri afflicti. Tum spectaculum horribile campis patentibus, cum medii hostium, nec pugnare nec fugam inire permissi, sine misericordia caederentur. Postremo omnia qua visus erat, constrata sunt telis, armis, cadaveribus aut mortuorum aut ad mortem sauciatorum.

Jug. CI. 9. At Jugurtha, dum sustentare suos et prope iam adeptam victoriam retinere cupit, circumventus ab equitibus dextera sinistra omnibus occisis solus inter tela hostium vitabundus erumpit. Atque interim Marius fugatis equitibus adcurrit auxilio suis, quos pelli iam acceperat. Denique hostes iam undique fusi. Tum spectaculum horribile in campis. patentibus: sequi, fugere, occidi, capi; equi atque viri afflicti.... postremo omnia, qua visus erat, constrata telis, armis, cadaveribus.

Man vergleiche III. 36, das von tum spectaculum horribile ab sich auch an Jug. 101 anlehnt, und man wird finden, dass Ragewin, auch wenn er den Fehler begeht, an zwei verschiedenen Stellen sich derselben Schilderung Sallusts anzuschliessen, dennoch zwischen III. 36 und IV. 42 genug Unterschiede übrig lässt, welche beweisen, wie sorgsam er bei der Nachbildung das zu Entnehmende abwog.

Der Kampf um Crema IV. 44 trägt ebenfalls Sallustianische Farben:

IV. 44.

... magnaque vi omnibus ibi diebus certatur. Nam ad portas ubi quisque principum curabat,

Jug. LX. 1.

Eodem tempore apud Zamam magna vi certabatur. Ubi quisque legatus aut tribunus curabat, eo co acerrime niti, neque alius in alio magis quam in se spem habere, pariterque oppidani similiter agere.

acerrime niti, neque alius in alio magis quam in sese spem habere; pariterque oppidani agere.

Bei der Schilderung der Belagerung von Manerbe IV. 48 verfährt Ragewin wiederum eklektisch.

IV. 48. Jamque compositis rebus, Mediolanensibus se ostendere, minitari, neque praelium facere, neque otium pati, tantummodo hostem ab incepto retinere, neque copiam pugnandi facere, donec qui e castris expectabatur miles superveniret.

Jug. LV. 8. modo se Metello, interdum Mario ostendere, postremos in agmine temptare ac statim in collis regredi, rursus aliis, post aliis minitari; neque proelium facere neque otium pati, tantummodo hostem ab incepto retinere. — Jug. LVI. 1. neque ab hoste copiam pugnandi fieri.

Rati Ligures id, quod negocium poscebat, imperatorem laborantibus suis auxilio venturum et indubitatum praelium futurum..
ad civitatem evadere festinant..

Jug. LVI. 1. ratus id, quod negotium poscebat, Jugurtham laborantibus suis auxilio venturum ibique proelium fore
Jug. LVI. 5 .. ni Marius
.. evadere oppido properavisset.

magna illos vi a tergo urget..
reliqui amissis omnibus profugi

Jug. LVI. 6 .. maiore vi hostes urgent, paucis amissis profugi discedunt.

Das sind die mir aufgefallenen Entlehnungen aus Sallust, die von meinen Vorgängern noch nicht nachgewiesen waren. Ich kann noch hinzufügen, dass Ragewin auch die Epitome des Florus nicht unbenutzt liess.

Ragew. Prolog.

Ita enim late et magnifice per orbem terrarum arma circumtulit, tantum opere pace belloque gessit, ut, qui res eius legerit, non unius, sed multorum facta regum seu imperatorum arbitretur.

Flori Epit. lib. I. prooem.

— tantum operum pace belloque gessit, ut etc. — Ita late per orbem terrarum arma circumtulit, ut, qui res illius legunt, non unius populi, sed generis humani facta condiscant

III. 1.

Ea denique pax in Germania erat, ut mutati homines, terra alia, coelum ipsum mitius molliusque videretur

Florus II. 30.

ea denique in Germania pax erat, ut mutati homines, alia terra, caelum ipsum mitius molliusque solito videretur.

Es giebt noch mehrere Stellen im Ragewin, die vermuthen lassen, dass er sich auch da mit fremden Federn geschmückt hat. So die Ergebenheitsversicherungen der Griechen den kaiserlichen Gesandten gegenüber:

III. 20 aequitas in vivos, misericordia in mortuos, honor in principem, munificentia in optimates, haec esse affectus sui erga nostros, probationes certissimas fictisque criminationibus veriores.

In der Rede des Kaisers III. 27. finden sich klassische Anklänge: Mediolanum est. quod patriis vos laribus excivit. Und später: Non inferimus, sed depellimus iniuriam.

Die begeisterte Freude, welche die Mailänder bei der Kunde vom endlich zu Stande gebrachten Frieden ergriff, scheint auch nach älterem Muster geschildert zu sein: III. 43. Quanta laeticia, quantusque concursus, dum pater filium, fratrem frater, generum socer, affinis cognatum diu perditum invenit, inventum gratulabunda voce salutat etc.

In III. 40 Tendamus cum rota: forsitan qui infimus axe teritur, elevatus rursus ad astra feretur hat schon Prutz p. 24 eine Entlehnung gemuthmasst und zwar eine dichterische. Die Quelle aufzufinden, ist leider auch mir nicht gelungen.

Eine Uebersicht derjenigen Stellen, in denen Ragewin seine Litteraturkenntnisse verwerthet hat, wird zeigen, wie ausserordentlich gross und zahlreich seine Anlehnungen an fremde Autoren sind. Von den Citaten, die ich schon S. 33 und 34 zusammenstellte, wird abgesehen.

Gesta III. Prolog. interrogans generationem — velocius transire   Joseph. III. 15.
ibid. med. quidam enim — confirmant   Joseph. prol. init.
ibid. exeunt. Ita enim late et magnifice
— arbitretur   Flor. epit. Prooem. I.
III. 1. Ea denique pax — videretur   Flor. epit. II. 30.
III. 3. 4. 5. Imperator ergo --   Wibaldi ep. M. C. II. p.
           596 n. 434.
III. 4. debere autem — imperium   Joseph. VI. 12.
III. 12. bellum ultro — facere nequivisset Sall. Jug. 15.
ibid. fugam ipsum — licuisse   Sall. Jug. 14.

III. 13. vir ingenio validus – magnus Sall. Jug. 6.
III. 18. ingenium — validum Sall. Cat. 6.
ibid. quibus nullus labor — fomidolosus Sall. Cat. 7.
ibid. laudis avidi — volebant Sall. Cat. 7.
ibid. Aetas — addiderat (mit Unter-
brechungen) Sall. Cat. 54.
III. 28. Quibus rebus — omnia pavere Sall. Cat. 31.
ibid. fuere tamen — perditum irent Sall. Cat. 36.
ibid. nam semper — expectarent Sall. Cat. 37.
III. 31. revertentes — arctius cogitabat Joseph. VI. 4.
III. 32. itaque postera die — omni exercitu Joseph. III. 5. 4.
III. 34. vineis - machinis Sall. Jug. 21.
ibid. Oppidani — procurare Sall. Jug. 75.
ibid. alter apud alterum — tumultum
facere Sall. Jug. 53.
ibid. clamor permixtus — utrinque volare Sall. Jug. 60.
ibid. pro ingenio quisque, pars Sall. Jug. 57.
ibid. laborantibus sociis auxilio fore Sall. Jug. 52.
ibid. non asperitas — retinebat Sall. Jug. 50.
ibid. hortari se invicem — vincere Sall. Jug. 51.
ibid. tum demum maxima vi – rati erant Sall. Cat. 60.
ibid. magna pars vulneribus confecti Sall. Jug. 60.
III. 35. improviso metu -- trepidare Sall. Jug. 67.
III. 36. tum spectaculum — tellus Sall. Jug. 101.
III. 37. illud etiam — occidere Joseph. VII. 5.
III. 38. inter haec — explorare Joseph. VI. 9 init.
ibid. Mirabilis autem fuit — appareret Joseph. VI. 5.
ibid. erant in ea virorum — capacia Joseph. VI. 6.
III. 40. Einzelne Stellen aus Sall. Cat. 51. 8. 3.
ibid. iamque malis etc. Joseph. VI. 14.
III. 42. Einzelne Stellen aus Sall. Jug. 102.
IV. 2. nempe antiquam — positi exer-
centur Joseph. III. 4.
ibid. per licentiam — convertere Sall. Cat. 6.
ibid. mores non mutabimus Sall. Cat. 2.
ibid. vel bello vel pace clarum etc. Sall. Cat. 3.
IV. 4. proscriptiones locupletium etc. Sall. Cat. 21.

ibid. cum ludendum est — severitatem idem
ibid. in patria lingua — utitur   Einh. Vit. Carol. 23. 25.

Bedenken wir, dass ausserdem ein grosser Theil von
Ragewins Werk nichts anderes ist als eine wörtliche Wiedergabe ihm überlassener Briefe und Schriftstücke, so leuchtet
seine ausserordentliche Unselbstständigkeit ein. Wir wissen
dazu nicht, ob nicht auch in den Capiteln, deren stilistische
Gestaltung wir Ragewin noch zuschreiben konnten, später
eine neue. bisher nicht erkannte Anlehnung an irgend einen
alten Schriftsteller entdeckt wird.

V.

HAT UNTER DEN NACHBILDUNGEN DIE WAHRHEIT GELITTEN?

Prutz hat es versäumt danach zu forschen, ob unter
den massenhaften Entlehnungen die Glaubwürdigkeit Ragewins gelitten habe; aber gerade diese Frage ist für das End-
resultat wichtiger, als der Quellennachweis. Prutz erscheint
Ragewin schlechthin als ein sehr geschickter, aber auch völlig
gewissenloser Abschreiber. Wir werden Ragewin jedoch
genau auf seine Zuverlässigkeit prüfen.

Nicht den modernen Massstab historischer Treue haben
wir an den mittelalterlichen Historiker anzulegen. Was jetzt
als Plagiat gilt, war damals erlaubte stilistische Ausschmückung.
Die Pracht der Rede durch Anlehnung an classische Muster
zu erhöhen, war gestattet. Wenn nicht eine Entstellung des
Thatsächlichen dadurch herbeigeführt wurde, konnte der Geschichtsschreiber als Stilist unselbstständig sein.

Indem wir an die Prüfung gehen, wollen wir nicht den
einzelnen Ausdruck, mag er nun dem Josephus oder Sallust
entstammen. auf die Wagschale legen; wir wollen den Kern
der Sache untersuchen. Hat die glänzende Umhüllung diesen
verdorben, dann können wir in das Verdammungsurtheil von

Prutz einstimmen; ist der Kern unversehrt geblieben, nur in eine anmuthige Fassung gebracht, so hat Ragewin trotz seiner „Plagiate" an innerem Werthe nichts verloren.

Beginnen wir mit dem für die Geschichte weniger Wichtigen, mit den von Ragewin mitgetheilten Reden. Es sind meistens Paradestücke rhetorischer Kunst, von Ragewin abgeschrieben, von Josephus oder Andern verfasst. Es ist da zuerst III. 31., das von revertentes an bis arctius cogitabat dem Jos. VI. 4. nachgebildet ist. Der Kaiser tadelt das Heer, das voreilig zum Angriff geschritten war. Ragewin hält sich streng an sein Vorbild und schreibt Josephus so gewissenhaft aus, dass er sogar directe und indirecte Rede wechselt, je nach seinem Muster. Der Vorgang aber, auf den sich die Rede bezieht, ist ein historisch durchaus beglaubigter, und Ragewin schildert mit grosser Sachkenntniss den unglücklichen Ausgang des Kampfes. Ekkebert von Pütten, der zum Angriff herausgefordert hat, fällt; mit ihm werden andere Adlige getödtet. Vincenz von Prag, der ebenfalls diesen Vorfall detaillirt wiedergiebt, nennt den Ekkebert einen „princeps de regia stirpe, imperatoris cognatus". Dass die Kunde vom Unfall der Seinigen den Kaiser mächtig ergriffen hat, berichtet auch Vincenz: haec fama ad aures domni imperatoris pervenit, unde maximo dolore commotus plus in Mediolanum sevit. Und auch Vincenz deutet an, dass der Kaiser auf ein einheitliches Vorgehen Gewicht lege: ut in arma ad signum domni imperatoris tota sua militia sit praeparata indicitur. Die Annal. Col. Max. aber bestätigen, dass der Kaiser seinem Unwillen über die Voreiligkeit der Seinigen Ausdruck gegeben habe. S. S. XVII. 769. 14. Ibi fortissimus comes Eckebertus occisus est cum nonnullis, aliqui vero captivati sunt. Quo comperto cesar inter cenandum praedictum comitem satis luctuose deploravit, alios de inobedientia coarguit.

Ragewin, dem der einfache Bericht darüber nicht genügte, malte den Ausbruch kaiserlichen Zornes weiter aus, und da er eigenen Kräften nicht traute, lieh er von Josephus. Die Rede ist so allgemein, eben so recht rhetorisch gehalten, dass sie bei gleicher Situation jedem Feldherrn in den Mund

4

gelegt werden konnte. Wir geben die Rede selbstverständlich ihrem Wortlaute nach preis, aber wir halten ihre Vorbedingungen fest; kurzum wir meinen: nicht um mit einem rhetorischen, einem Andern entnommenen Paradestücke zu prangen, hat Ragewin die Angabe erfunden, der Kaiser habe die zurückkehrenden Soldaten unwillig empfangen; umgekehrt: weil der Kaiser den Unvorsichtigen eine Strafpredigt hielt, hat Ragewin, um sie effectvoll herzurichten, den Josephus ausgeschrieben.

III. 40 berichtet Ragewin über die Noth, welche in Mailand herrschte. Der verständigere Theil der Einwohner beschliesst, in einer Volksversammlung auf die Grösse der Gefahr aufmerksam zu machen und von der Rebellion zurückzuschrecken. Huius auctor negocii dicitur fuisse Guido comes Blanderatensis, vir prudens. dicendi peritus et ad persuadendum idoneus. Is cum esset naturalis in Mediolano civis, hoc tempestate tali se prudentia et moderatione gesserat, ut simul, quod in tali re difficillimum fuit, et curiae carus et civibus suis non esset suspiciosus. Aptus ergo qui ad transigendum fidus mediator haberetur, et pro concione huiuscemodi usus sermone commemoratur. Es folgt die Rede, die mühsam, aber nicht ungeschickt aus Jos. VI. 6. 14 und Sallust Cat. LI. 8. 3. zusammengetragen ist.

Niemand wird glauben, dass der biedere Graf von Biandrate seinen Sallust und Josephus in Wirklichkeit so schön gekannt hat als Ragewin — das Prunkstück geben wir sofort auf. Aber wie steht es mit der Nachricht, dass Guido den Frieden angebahnt habe? - dies scheint mir der historische Kern zu sein, den Ragewin mit seiner glänzenden Schale umgiebt.

Im Berichte von der Fehde der Mailänder mit Pavia 1157 erzählen die Annal. Mediol. S. S. XVIII. 364. 17 [1], dass

---

[1] et tunc constituerunt (sc. Mediolanenses) Guidonem comitem de Brandate praeesse exercitui.

die Mailänder Guido zu ihrem Heerführer gemacht hätten. —
Bei Gelegenheit des beginnenden Schismas erwähnen sie ihn
als kaiserlichen Gesandten in Rom, der Octavian mit bewogen
hat, zur Tiara zu greifen. [1] Er handelt hier durchaus im
kaiserlichen Interesse. — Vincenz von Prag zählt unter den
Herren Lombardiens, die der Belagerung Mailands beiwohnten,
auch unsern Guido auf und zwar an zweiter Stelle. [2] Im
Jahre 1161, während des erneuerten Kampfes Mailands gegen
Friedrich finden wir Guido entschieden auf Mailänder Seite.
Ja, die Annal. Med. XVIII. 372. 44 geben an: Interea data
est publice licentia et potestas comiti de Blandrate, de quo
Mediolanenses confidebant et Osae etc., ut de pace cum imperatore loqueretur. Guido führt dann seine Vermittlerrolle
zwar erfolglos, aber gewissenhaft durch. Selbst die Annal.
Col. Max. XVII. 775, [3] welche in einem parteiisch gefärbten
Berichte Guido den strengeren Rathgebern des Kaisers zu-
rechnen, lassen ihn sich später für die unglücklichen Mailänder verwenden, indem er sich, das Kreuz in den Händen,
dem Kaiser zu Füssen wirft.

Aus allen Nachrichten geht hervor, dass Guido eine
Zwischenstellung einnahm; die Mailänder Annalen lassen ihn
seine Farbe wechseln, doch stets so, dass er sich nie gegen

[1] Ann. Med. (XVIII. 368. 11) Interea quidam cardinalis nomine
Octavianus, cum conscilio duorum aliorum cardinalium, atque ut fere-
batur conscilio Ottonis palatini comitis et Guidonis comitis de Blandate,
qui tunc erant legati imperatoris missi apostolico, ex industria fecerat
venustissimum mantum quendam suum clericum ibi portare.

[2] Vinc. Prag. Ann. (XVII. 673. 21) Lombardie etiam huic obsi-
dioni hii affuerunt principes: Ugo marchio de Monte ferrato, Guido
comes Blandratensis cum filiis suis etc.

[3] Maior etiam pars, cuius caput Blandratensis, conventionem
recipiendam persuasit, tum quia Mediolanenses ad hanc promptiores
viderentur, tum quia ipsam solvere non possent, et tunc imperator in
misericordia minus peccaret, si conventione non soluta fortius in eos
vindicaret . . . 776. 22 Tertio comes Blandratensis pro illis olim amicis
suis miserabiliter perorans, vim fecit omnibus ut possint lacrimari, et
ipso crucem praeferente et tota multitudine item cum ipso suppliciter
procidente, sed imperator solus faciem suam firmavit ut petram.

Mailand selbst wendet: überall wird ihm die Fähigkeit zu
versöhnen zugesprochen, öfters das Amt zu vermitteln übertragen.

Dass er vorzugsweise der Mann des Raths, der Rede
war, leuchtet aus allen Berichten hervor. Vincenz nennt ihn
einen vir eloquentissimus. [1] Acerbus Morena, der uns so treffende Charakteristiken der Heerführer Friedrichs hinterlassen
hat, sagt von Guido unter anderm: erat lingua facundus,
consilio pollens. [2]

Wir versuchen nicht die Rede des Grafen bei Ragewin
zu retten, die ausserdem in ihrer speciell mailändischen patrio-
tischen Gesinnung mit der sonstigen Handlungsweise desselben nicht in Einklang zu bringen ist, — aber der Nachricht
Ragewins, dass Guido vermittelt habe und dazu der geeignete
Mann gewesen sei, dass er, der vir eloquentissimus, seine
Ueberredungskunst angewendet habe, schenken wir vollen
Glauben und so bleibt uns Ragewin trotz seiner Entlehnung
ein anzuerkennender Historiker.

IV. 3. giebt Ragewin die Rede des Kaisers wieder,
die er zur Eröffnung des Roncaglischen Tages gehalten hat.
IV. 4 wird die Antwort des Erzbischofs von Mailand mitgetheilt. Ragewin ist selbst zu Roncaglia gewesen, [3] und mögen
auch die Reden ihre stilistische Abrundung dem fleissigen
Geschichtsschreiber selber verdanken, der auch hier nicht
vergass, seine classische Gelehrsamkeit zu verwerthen, [4] die
Reden selbst sind ihrem Inhalt nach historisch beglaubigt.
Gar anschaulich schildert Ragewin die Redesucht der Italiener.
als Probestück so zu sagen, hebt er die Rede des Erzbischofs
heraus. Ein Meisterwerk ist sie keineswegs, auch wenn wir
davon absehen, dass der Text uns ganz entschieden corrum-

---

[1] XVII. 676. 1.
[2] XVIII. 641. 27-30.
[3] Gesta IV. 3. Porro qui principes et optimates eidem curiae
interfuisse a nobis visi sunt etc.
[4] Wenigstens nicht in der Rede des Kaisers, vgl. S. 34 und 40.

pirt überliefert ist, aber die Stimmung, welche diesen Tag
beherrschte und in der Rede eines der mächtigsten Fürsten
Italiens zum Ausdruck kam, ist in den Worten des Erzbischofs trefflich gezeichnet: Quod principi placuit, legis habet
vigorem, cum populus ei et in eum omne suum imperium et
potestatem concesserit. Dieser den Instit. I. 2, 6 entlehnte
Satz entspricht genau den kaiserlichen Tendenzen, — auf dem
Reichstage, der des Kaisers Machtfülle ad oculos demonstrirte,
konnte Ragewin keine andere Rede eher der Wiedergabe
für werth halten, als diese, die derartige kaiserliche Ansprüche
sanctionirte.

Die Anrede des Kaisers an die Vertheidiger Cremas
IV. 46. ebenso jener heroische Mahnruf des zum Martertod
verurtheilten Cremesen an seine Mitbürger IV. 47 gehören
wohl lediglich der Phantasie unseres Autors an und lassen
sich durch nichts historisch belegen. Ragewin hat hier seinen
Josephus mit grosser Genauigkeit abgeschrieben [1], — das
Thatsächliche jenes grauenhaften Vorganges, bei dem Ragewin den Josephus benutzte, wird uns später beschäftigen und
wir werden uns da zu Gunsten Ragewins entscheiden.

IV. 61 giebt Ragewin die Rede, die der Patriarch von
Aquileja an die Unterhändler Cremas gerichtet. — es ist das
wörtlich dieselbe Rede, die bei Josephus Agrippa den Juden
gegenüber hält. [2] Sie mag dem Ragewin auch darum so gut
in seine Arbeit gepasst haben, weil hier auch schon bei
Josephus der Germanen Tapferkeit erwähnt wird und er die
dort gesagten Worte nur zu wiederholen brauchte: Experti
feritatem Germanorum, virtutem et magnitudines corporum etc.
Es ist gewiss, dass der Patriarch niemals diese Worte ge-

---

[1] IV. 46 — Josephus VII. 10. IV. 47 — Josephus VII. 24.
[2] Josephus II. 16.

sprochen hat, ebenso wenig wie des Josephus Agrippa so
seine Rede an die Juden gehalten, — aber der Patriarch
rückt dadurch bei den Verhandlungen in den Vordergrund.
Die Rede ist nur Illustration, die für die historische Bedeutung jenes Vorgangs indifferent ist.

Nicht viel anders wird es mit den Reden des Tages
von Occimiano sein (2. Februar 1159) IV. 23 und IV. 24.
Der Kaiser klagt über das Betragen der Mailänder, der
Bischof von Piacenza räth zu einem energischen Vorgehen
gegen sie. Das Resultat ist die Vorladung der Mailänder.
Wir müssen wiederum betonen, dass weder Kaiser noch
Bischof solche citatenreichen Reden gehalten haben, aber
gerade hier haben wir einen Anhalt für eine relativ genaue
Berichterstattung Ragewins. Ragewin zählt unter den Anwesenden auch Bischof Albert von Freising auf: dieser wird
dem Historiographen gemeldet haben, was auf dem Tage
vorging, er wird ihm gesagt haben, dass der Kaiser sich be-
schwert, der Bischof Vorkehrungen angerathen habe. An den
vom Bischof Albert angedeuteten Gedankengang knüpfte
Ragewin in gewohnter Weise an und spann Reden aus, die
trotz ihres rhetorischen Gepränges des historischen Kernes
nicht ermangelten. [1]

Im Ganzen werden wir eingestehen müssen, dass Ragewin bei Abfassung der Reden durchaus nach eigenem Willen
verfuhr und sie nach ihm beliebigen Mustern componirte, —

---

[1] Die beiden Reden entbehren auch nicht der individuellen
Färbung — der Kaiser braust auf in seinem Zorn und schwört den
Mailändern Rache; der Bischof stimmt dem Herrscher scheinbar zu,
lenkt die Sache jedoch so, dass er der Aufwallung des Kaisers ent-
gegentritt. Der Bischof will nur von einem gesetzmässigen Verfahren
wissen. wie es auch später eingeschlagen ist: his adversus eos utendum
censeo, quae legibus comparata sunt, bonumque imperatorem et iustum
iudicem declarabit cum inimicis ante legibus quam armis decertare.

aber eine Geschichtsentstellung können wir nicht constatiren und bei dem geringen Werthe, den man bei mittelalterlichen Werken überhaupt nur auf Reden legen kann, genügt das.

———

Viel wichtiger ist es, bei der eigentlichen Darstellung des Thatsächlichen eine Nachprüfung auf historischen Werth zu halten, nachdem so eingehend auf Entlehnungen hin geforscht worden. Eine derartige Untersuchung hat, wie schon gesagt, Prutz ganz versäumt.

Die erste Stelle, wo Ragewin sich eine längere Composition erlaubt, ist III. 28. Es wird der Eindruck geschildert, den in Mailand die Nachricht vom Entschlusse des Kaisers macht, die Stadt unweigerlich zu bekriegen. Ragewin verbindet hier Sall. Cat. XXXI. XXXVI. XXXVII. zu einem kunstvoll gebauten Ganzen, so dass man bei ihm nicht die Kunst abzuschreiben, sondern die Kunst so abzuschreiben bewundern muss. Die Unruhe, welche sich der Stadt bemeistert, der sofort erwachende Factionsgeist derer, die nichts besitzen und darum auch nichts zu verlieren haben, — Erscheinungen, die sich in ähnlicher Lage fast überall in gleicher Weise wiederholen werden, — das ist hier in Sallustianischen Worten in anschaulicher Weise geschildert, — für die historische Forschung ist freilich der Bericht über die Stimmung in der Stadt ziemlich indifferent.

Es folgt jener schon berührte unvorsichtige Angriff Ekberts von Pütten. Der Kaiser empfängt die zurückkehrenden Krieger mit scheltenden Worten III. 31. Am nächsten Tage, so fährt R. III. 32 fort, führte der Kaiser das Heer zur Belagerung der Stadt. Ragewin giebt uns eine detaillirte Schilderung der Heeresordnung bei diesem Zuge, — aber sie ist compilirt aus Josephus III. 21 und III. 5.

Bindet sich nun Ragewin streng an sein Vorbild? — Er ändert die Reihenfolge und nicht ohne Absicht. Zudem giebt er kleine Zusätze mitten in der Compilation, die anderweitig ihre Bestätigung finden. Itaque postera die quae lucescit in 8. Kalend. Augusti Fridericus ad obsidionem civitatis ducens exercitum, omnes copias suas in 7 legiones partitur, praeficiens singulis de principibus rectores ordinum, quos antiqui centuriones, hecatontarchos seu chiliarchos appellare consueverunt, cum signiferis aliisque disciplinae et ordinis custodibus.

Die Nachricht, dass der Kaiser sein Heer in 7 Abtheilungen unter Anführung einzelner Fürsten gesondert habe, wird von Vincenz von Prag ausführlich bestätigt — Vincenz giebt genau die 7 Heerestheile und ihre 7 Führer an. [1]

Nicht ohne Bedeutung ist der Ragewinsche Zusatz: cum signiferis aliisque disciplinae et ordinis custodibus. der dem Josephus seine Entstehung nicht verdankt. Dieser Zusatz zeigt, dass Ragewin mit der Heeresordnung vertraut war. Wie Baltzer [2] des Näheren ausführt, erhält jede Abtheilung, der man eine gewisse Selbständigkeit geben will, ihren vexillarius oder signifer. Ragewin bestätigt hier diese Ansicht oder vielmehr man sieht, dass er abwägte, was er schrieb.

Die nun folgende Heeresordnung ist der bei Josephus nachgeschrieben, aber die einzelnen Theile sind verschoben. Die Ordnung ist so:

Bei Ragewin:

1. praemissi milites cum stratoribus viarum.

2. circum aquilam et signa alia tubicines et cornicines. Hier wo die signa, ist auch der signifer — ihm folgt Führer und Heer. Also hier marschirt das eigentliche Heer.

3. Servi singulorum agminum cum peditibus, advehentes militum sarcinas.

4. sequebantur, qui expugnandis civitatibus machinas portarent.

Bei Josephus:

1. Auxiliatores levius armati et sagittarii cum quibus Romanorum armata portio equites peditesque.

2. de singulis hecatontarchiis deni equites et pedites armaturam suam ferentes mensurasque castrorum.

3. stratores viarum

4. sarcinae et tuitiones caesaris et subiectorum.

5. caesar ipse cum magno comitatu peditum equitum nec non lanceariorum.

---

[1] XVII. 672. 5—20.

[2] Martin Baltzer Zur Geschichte des deutschen Kriegswesens in der Zeit von den letzten Karolingern bis auf Kaiser Friedrich II. Leipzig 1878. pag. 111 ff.

5. omnium agminum postrema mercenaria multitudo.

6. sequebantur, qui expugnandis civitatibus machinas portarent

7. rectores, chiliarchi.

8. post hos circa aquilam signa alia

9. cornicines

10. acies in latitudine suis digesta militibus

11. adhaerebat hecatontarchos atque ordinis custos.

12. servi advehentes militum sarcinas.

13. postrema mercenaria multitudo eamque armorum coactores sequebantur armati pedites equitumque non pauci.

Stellt sich so auf den ersten Blick ein Unterschied heraus, so kann man Ragewin nicht des blossen Plagiats beschuldigen, – oder beruht seine Veränderung der Anordnung, seine Abkürzung lediglich auf Willkür? Wenn uns auch nicht die Hilfsmittel zu Gebote stehen, hier Ragewin genau zu controliren, so scheint er doch nicht ohne Absicht verändert und gekürzt zu haben. Ragewin unterscheidet nur 5 Abtheilungen, Josephus, wenn man präcise zählt 13, — bei Ragewin figuriren zuerst die stratores viarum, die bei Josephus an dritter Stelle stehen. An Analogieen zu diesen stratores viarum fehlt es uns nicht. So heisst es in den Annal. Hildesh. S. S. III. 115. 1126. Rex, rapta acie admodum parva, in Boemiam pro restituendo Ottone . . . tendit . . . Ducenti vero expeditiores regem praecedebant, ad praecidendas indagines silvae, quae Boemiam a Saxonia disterminant dispositi. Dem Heer, das sich um den Adler und die andern Feldzeichen schaart, folgen die servi, die das Gepäck der Ritter befördern, die Trainknechte also, — sie stehen bei Josephus an vorletzter Stelle. Den Trainknechten schliessen sich die Leute an, welche die Belagerungsmaschinen fortbringen, — bei Josephus folgen sie unmittelbar dem Cäsar selbst. Den Schluss macht bei beiden die mercenaria multitudo; nur hat Josephus noch den Zusatz: eam sequebantur

armorum coactores armati pedites equitumque non pauci.
Nach Baltzer [1] findet sich vor dem 12. Jahrhundert bei deutschen Heeren keine Spur von mercatores, aber schon das
Heergesetz Friedrichs I., das Ragewin III. 26 mittheilt, giebt
umfassende Bestimmungen über die mercatores, aus denen
hervorgeht, dass beim Heere ständig mercatores waren.

Man sieht, Ragewin benutzt zwar den Josephus, beschränkt sich aber auf das Nothwendige, — es ist kein Grund,
seine Heeresordnung deshalb anzufechten.

Schliessen wir hier sogleich eine andere Stelle an, die
speciell militärwissenschaftlich ist und bei der Ragewin seine
geschickten technischen Ausdrücke wiederum aus Josephus
herholt.

Es ist das IV. 2 de dispositione tabernaculorum. ein
fast wörtliches Plagiat aus Jos. b. J. III. 4. Ragewin beginnt das Capitel mit diesen Worten: Nempe antiquam Romanae militiae consuetudinem Romani miles imperii adhuc
observare solet, ut videlicet quotiescunque in hostilem terram
intraverint, castrorum primo munitioni studeant.

Thatsache ist, dass bei Betreten des Feindeslandes sofort für Aufschlagen eines Lagers gesorgt wurde: die Even-
tualität einer Einquartierung ist im Heergesetz Friedrichs I.
nicht vorgesehen; auch sonst lässt sich die Unterbringung
königlicher Heere in Dörfern als Quartieren nicht nachweisen.
Es ist Brauch, im eigenen Lager das Heer unterzubringen.
und die gelehrte Notiz Ragewins, der Soldat halte noch den
alten römischen Brauch fest, ist ganz richtig; sie verräth nur.
dass er bei der jetzigen Beschreibung eine Schilderung des
römischen Lagers vor Augen gehabt hatte. Aber Ragewin
ist damals selbst zu Roncaglia gewesen, er konnte sich das
Lager in Musse anschauen, und wenn er in der Beschreibung
von Josephus abweicht, so war es doch wohl, weil ihm der
Augenschein den Unterschied gelehrt hatte, — wenn er des
Josephus Worte beibehielt, geschah es, weil er hier eine

[1] a. a. O. 87.

treffliche Illustration des vom alten Historiker Beschriebenen
vorfand. [1]

Ragewin sagt, man stecke das Lager mit viereckigem
oder kreisförmigem Perimeter ab: Dimensio vel in orbem vel
in quatuor angulos designatur. Josephus kennt nur die
Vierecke: Quatuor vero angulis eorum dimensio designatur·

Josephus fährt fort: Et interior quidem castrorum pars
tabernaculis distribuitur, ambitus autem eorum extrinsecus
muri faciem praefert, ordinatis etiam turribus pari spacio
dispositis, quarum intervalla talis atque ballistis aliisque machinis saxa intorquentibus omnibusque instrumentis missilium
complent, ut cuncta scilicet iaculorum genera in promptu sint.
Diesen wichtigen Satz, wonach das von Josephus beschriebene
Lager auf eine grössere Dauer und Dauerhaftigkeit berechnet
ist, lässt Ragewin als für ihn unbrauchbar aus.

Josephus sagt weiter: Ex omni vero muri parte quatuor portas aedificant — Ragewin ändert das um in: plateas
et portas assimilant: Man schied die Quartiere so ab, dass
daraus etwas entstand, das den Strassen und Thoren ähnlich
war, — wirkliche Thore gab es nicht, da ja auch das Lager
keine Umwallung besass. Das römische Lager glich einer
Festung, das mittelalterliche blieb blosses Quartier; diesen
Unterschied fühlte Ragewin heraus und hat ihn auch bei
seiner unselbständigen Berichterstattung gewahrt.

III. 34 lesen wir den Ausfall der Mailänder und dessen
Verlauf. Auf dem Raum einer kleinen Octav-Druckseite liefert
uns hier Ragewin Entlehnungen aus Sallust Jug. L. LI. LII.
LIII. LVII. LX. Cat. LX. Er weiss die verschiedenartigen
Elemente derart mit einander zu verquicken, dass man, erst
durch anderweitigen Raub misstrauisch geworden, die Zeilen
auf ihre Originalität hin prüft. Aber hat unter diesen un-
erhörten Plagiaten nicht die Wahrheit gelitten? — Keineswegs. Ragewin entnimmt zuerst dem Sallust das, was wohl
allen heissen Kämpfen gemeinsam ist, und verwendet es zu

---

[1] Vergleiche Baltzer, a. a. O. § 10 Unterbringung der Heere.

einer lebhaften Schlachtenschilderung: alter apud alterum
formidinem simul et tumultum facere .. clamor permixtus hortatione, strepitus armorum ad coelum ferri, tela utrinque
volare — pro ingenio quisque, pars cominus gladiis, pars
pugnare lapidibus seu alterius generis missilibus. Aber das
Wesentliche wird mit andern Berichten übereinstimmend geschildert.

Conrad, Pfalzgraf bei Rhein, Bruder des Kaisers, und
Friedrich, Herzog von Schwaben, werden post occasum solis
von den Mailändern überfallen. Es entsteht der Kampf in
den die obigen Sallustiana verwoben werden. Darauf fährt
Ragewin fort: Non procul ab hinc rex Boemorum castra
fixerat. Der Beschluss des Königs zu Hilfe zu eilen. wird
in Sallusts Worten erzählt; dann befiehlt er den Seinen die
Waffen zu ergreifen, die Pferde zu besteigen; ipso cum militibus electis et sagittariis et tubicinis ac tympanistris pracire.
Weinberge und Unebenheit des Bodens halten sie nicht ab,
— daran sind die Slavenpferde gewöhnt. Sobald die „Unsrigen"
aus dem Schall der Trompeten auf des Königs Ankunft schliessen
konnten, widerstehen sie frohen Muthes. Der fernere Kampf
wird ganz in Sallustianischen Worten wiedergegeben, und was
Sallust Cat. LX. vom Catilina ausspricht, wendet Ragewin auf
den König an: Rex ipse cominus acriter instare etc. Auch
die Flucht der Mailänder wird nach Cat. LX. geschildert.
Schliesslich werden die Mailänder energisch verfolgt bis ad
augustias portarum.

Vincenz von Prag entwirft einen ganz ähnlichen Schlach-
tenbericht. Die Mailänder greifen circa horam vespertinam
den Bruder des Kaisers an. Man widersteht ihnen tapfer.
endlich sendet man zum Böhmenkönig um Hilfe. Dieser lässt
zum Angriff blasen; sobald die Angegriffenen das Signal ver-
nehmen, hebt sich ihr Muth, der König selbst greift tapfer
in den Kampf ein, endlich macht die Nacht dem Ringen ein
Ende, die Sieger verfolgen die Mailänder bis an die Thore.

So ist hier Ragewin in betreff des Thatsächlichen ein
guter Gewährsmann.

III. 36. bei der Erzählung vom Kampfe des Herzogs von Oesterreich mit den Mailändern läuft eine Salluststelle unter, die aber eben nur schildernd ist: tum spectaculum horribile, sequi, fugere, occidi etc. bis infecta sanguine tellus.

___

III. 37 wird der Einzelkampf zwischen dem Mailänder und dem Grafen Albert von Tyrol berichtet und zwar ganz entsprechend Josephus VII. 5.

Gegen die Thatsache des Zweikampfes lässt sich wohl wenig sagen. denn Ragewin nennt den Namen des Grafen von Tyrol und giebt interessante Details des Kampfes: der Graf tritt dem Prahler entgegen: inermis et palefrido sedens. solo clypeo accepto et hasta, d. h. der Graf war nur so weit gerüstet, wie es jeder Ritter auf dem Marsche ist.

Viel bedenklicher ist, meint Prutz, dass Ragewin Alles, was Josephus von den drei Thürmen auf der dritten Mauer Jerusalems sagt, ohne Weiteres auf die Befestigungen Mailands überträgt, und dass er unmittelbar vorher das, was Josephus dem Jerusalem belagernden Titus nachrühmt, Friedrich vor Mailand thun lässt. Prutz bezieht sich auf III. 38. Dort erzählt Ragewin wirklich, der Kaiser habe die Mauern umritten: muros modo cum paucis, modo cum multis et lectis militibus circuire. Aehnlich heisst es bei Josephus; — man könnte also an ein einfaches Abschreiben Ragewins denken: dagegen findet sich dieselbe Notiz beim Vincenz von Prag: S. S. XVII. 674. 13. domnus autem imperator singulis diebus cum exercitibus, ne aliqui inde exirent, Mediolanum circuire non cessat. Ragewins Nachricht war also völlig glaubwürdig!

Viel schwerer wiegt es, wenn Ragewin wirklich seine Kenntnisse über die Befestigungen Mailands lediglich aus dem Josephus hergestellt hat. Die angeregte Stelle lautet: III. 38. Erat non longe a vallo, id est quantum arcus iacere potest, quasi turris quaedam fortissima, ex quadris lapidibus solido opere compacta. Mirabilis autem fuit lapidum magnitudo. Nec enim ex vulgaribus saxis, aut quae homines ferre posse

crederentur, sic autem manibus artificum formata, ut quatuor
columnis sustentata, ad similitudinem Romani operis, vix aut
nusquam in ea iunctura compaginis appareret, unde et Arcus
Romanus appellatus est.

Von mirabilis ferre posse herrscht wörtliche Uebereinstimmung mit Joseph VI. 5. Letzterer fährt dann fort:
verum secto marmore candido et singulis per triginta cubitos
longis latisque per decem ac per quinque altis erant aedificatae. Duae ita inter se copulatae erant, ut singulae turres
singula saxa viderentur.

Josephus giebt Specialia an, die Ragewin weglässt, weil
sie auf seinen Thurm nicht passen; das Allgemeine, die Grösse
des Thurms scheut er sich nicht mit Josephus Worten zu
schildern. Dagegen fügt nun Ragewin seinerseits Specialia
hinzu. Es ist die Bemerkung, dass die turris quatuor columnis sustentata war, dass sie arcus Romanus genannt wurde.
Ragewin hat einen ganz bestimmten Thurm im Auge, den
arcus Romanus, sive ab antiquo aliquo Romanorum imperatore ob decorem et memoriam in fornicem triumphalem erecta
(sc. turris) sive ad expugnationem et cladem civitatis ab uno
rege nostrorum fuerit fabricata. Schon früher haben wir
gesehen, dass die letzte Notiz, die sich auf die gesta Longobardorum beruft, in Liutprands Antapodosis III. 14 ihre Bestätigung findet. Und dieser Thurm wird in allen zeitgenössischen Quellen mit gleicher Auszeichnung hervorgehoben.
Nicht weniger sind die Specialien Ragewins auch anderwärts
betont: Vinc. Prag. XVII. 673. 43. Turris maxima de for-
tissimo opere marmoreo, quae arcus Romanus dicebatur, ad
honorem antiquorum imperatorum facta, non longe a porta
illa (sc. Romana) inter staciones domni imperatoris et portam
illam stabat; in qua Mediolancnses milites suos posuerant ad
defendendum ibi stationes imperatoris. — Otto Morena. XVIII.
605. 29. tunc autem Mediolancnses iam armaverant turrem,
que dicebatur arcus Romanus, que valde erat magna et ad
videndum mira et que hedificata erat in capite burgi porte
Romane. — Geradezu aber eine Rettung der Glaubwürdigkeit Ragewins sind die Aussagen der Annal. Med. und des
Chron. Ursperg., welche beide den auffälligen Zusatz Rage-

wins turris quatuor columnis sustenta vollauf bestätigen. Ann.
Med. XVIII. 365 49. sed turris quedam lapidea, mirabili modo
constructa erat in via que vadit Melegnianum, ante portam
Romanam iuxta domum infirmorum, que vocabatur arcus
Romanus, quoniam quatuor arcus inferius habe-
bat, et dicebatur, quod Romani, qui subiugaverant Mediolanum, in signum victorie eam hedificaverant. — Chron. Ursp.
XXIII. 347. Post talem belli gloriam suburbia fecit incendi
relicta sola turri, quam coram porta Romana Romani con-
struxisse feruntur, quae erat sublimis, quatuor subnixa
columnis, a vallo distans parum plus quam sit iactus lapidis,
quae usque ad ostium erat solida et saxis compaginata quadris.

Gerade hier hat Ragewin ·mit Sorgfalt abgewogen, wie
weit er von Josephus leihen durfte. Ragewin fährt fort:
Erant in ea receptacula et coenacula 40 lectorum vel amplius
capacia; auch diese Worte sind dem Josephus VI. 6 entlehnt,
nur dass Josephus 100, Ragewin dagegen bloss 40 Schlaf-
stätten angiebt, eine Aenderung, die wohl nicht ohne Grund
getroffen ist. Eine directe Bestätigung findet Ragewins Angabe nicht, aber überall wird hervorgehoben, dass der Thurm
eine starke Besatzung aufnehmen könne. Ann. Med. a. a. O.
quam turrem Mediolanenses proposuerant manutenere et
defendere, et custodiam in eam posuerant. Otto Morena.
supra quam ipsi Mediolanenses ascenderant et eam fere per
octo dies ab exercitu imperatoris defenderant.

III. 40 führt uns Ragewin die Hungersnoth und das
Elend in den Mauern Mailands lebhaft vor Augen. Er kann
sich auch hier seines geliebten Josephus nicht entschlagen
(VI. 14), ebenso wie sich einige Anklänge an Sallust. Jug.
XXIV. finden, aber er entnimmt nur Wendungen, die allein
der stilistischen Rundung dienen, ohne die historische Erzählung zu beeinträchtigen. Sein Sallustianisch gefärbter Zusatz: urgentibus itaque pariter fame, ferro, peste etc. findet
anderwärts seine grauenvolle Bestätigung. Vinc. Prag. XVII.
674. 36 Mediolanenses etenim foris vastabat gladius, intus
pavor, estus autem, pulvis, fetor cadaverum intollerabilis ex

utraque parte omnes cruciabat exercitus, ita quod iam plurimi
plurimis cruciabantur egritudinibus. — Ann. Col. Max. S. S.
XVII. 769. 30. multitudine ruricolarum intus conglobata, cum
animalia ad pascua exire nequirent, fetor ingens in urbe praevaluit. — Selbst Godefried von Viterbo lässt sich hierüber
in Versen aus:

Gesta Frid. pag. 14.

Turba fame moritur, nec valet ire foras.

Maior erat pecorum numerus quam turba virorum.

Febribus et gladiis mortis metus instat eorum;

Plena iacet feretris strata, platea, forum.

Omne pecus periit numerosaque copia plebis

Quos gladius cedit, fetor. malus undique ledit.

Die Ann. Med. wissen hiervon nichts: sie lassen sogar
den Kaiser den Frieden suchen, weil er sah, civitatem hoc
modo per vim nullo modo habere nec superare posse!

IV. 21 berichtet Ragewin von dem üblen Empfang,
welcher den kaiserlichen Gesandten Reinald, Otto und Gozwin
von den aufgeregten Mailändern bereitet worden ist. Die
Schilderung der Unzuverlässigkeit des Volkscharakters ist aus
Sall. Jug. LXVI und LXVII zusammengetragen; es ist das
mehr ein allgemeines Raisonnement, als Wiedergeben historischer Thatsachen und es spricht für Ragewin, dass er hier
ebenfalls kleine Züge, deren Uebereinstimmung mit andern
Quellen überraschend ist, nach freier Bearbeitung des Sallust
hinzufügt. Ich meine: Aliquantae etiam nobilitatis parti. studio
talium rerum incitatae tumultus ipse et res novae satis place-
bant, wofür bei Sallust steht: idem plebes facit, pars edocti
ab nobilitate, alii studio talium rerum incitati, quis acta con-
siliumque ignorantibus tumultus ipse et res novae satis place-
bant. Ragewin hat die nobilitas nicht absichtslos, in ver-
änderter Form und etwas modificirtem Sinn, in seinen Bericht
eingefügt. Die Annal. Med. nennen uns sogar die Anstifter
des Aufruhrs namentlich:

S. S. XVIII. 367. Huius autem tumultus occasionem
prestiterunt Martinous Malaopera, Azo Bultrafus, Castellus de
Ermanulfis.

Beim Ueberfalle Trezzos durch die Mailänder bildet Ragewin Jug. XXXVIII. LVII. XXX. LVIII. XXXVIII. Cat. LX. Jug. XXXVIII. Cat. LXI nach. Wahrlich, das geschah nicht, um sich die Sache leicht zu machen; schon aus der eigenthümlichen, mosaikartigen Composition ersieht man, dass er nach bekannten Mustern nur erzählen wollte, was er selbst vernommen hatte: die lebendige Darstellung Sallusts musste ihm zu Hilfe kommen. Der Ueberfall ist am Tage geschehen, darum schreibt er auch: de improviso cum magna multitudine oppidum circumveniunt, während es bei Sallust Jug. XXXVIII heisst: intempesta n o c t e de improviso multitudine . . . circumvenit. Ragewin versäumt es nicht, positive Angaben zu machen: per totum enim triduum continue pugnatum est. Aehnliches sagt Vincenz von Prag aus: S. S. XVII. 676. Paucis transactis diebus alius nuntius venit, dicens castrum Trek funditus esse deletum.

Dass Ragewin nicht abschrieb, ohne sich um das Einzelne zu kümmern, beweist der Schluss der Entlehnung:

Ragewin IV. 33. Itaque omnes eorum exitus asservari praecepit, frumenti aliarumque rerum eis auferens commercium.	Joseph. III. 7. Itaque omnes eorum exitus asservari praecepit. Illi autem frumenti quidem aliarumque omnium rerum intus habebant copiam praeter salem.

Mit grossem Geschick erzählt er hier; fast dieselben Worte gebrauchend, wie sein Vorbild, ungefähr das Gegentheil von dem, was Josephus berichtet; er hat den Widerspruch im Thatsächlichen gemerkt und demgemäss geändert.

Eine Schilderung dieses Verwüstungszuges liefert uns auch Vinc. Prag. S. S. XVII. 677. 5. In ipsa secunda feria prima die rogationum imperialia rosea vexilla et exercitus suo ordine dispositi ante ipsas portas Mediolanenses progrediuntur, fruges, vineas, oliveta, castaneas et alias arbores fructiferas nullo prohibente funditus destruunt, villas, castra, turres igne comburunt et destruunt, sic provincia Mediolanensis tota in circuitu usque ad ipsum Ticinum destruitur. Imperator autem sic terra illa desolata et destructa etc.

IV. 42 handelt von dem Kampfe der Pavesen mit den
Mailändern; letztere sollen in den Hinterhalt gelockt werden,
aber die List scheint zu misslingen, da stürmt der Kaiser
heran und schlägt die Mailänder, die sich schon Sieger
dünkten. Um das Schlachtgewühl lebhaft auszumalen, benutzt Ragewin Sallust Jug. CI: occidi, capi, equi atque viri
afflicti — constrata sunt telis, armis, cadaveribus.

Er vergisst dabei, dass er sich schon III. 36 derselben
Salluststelle bedient hat. Die Ausdrücke sind so allgemein,
dass sie, falls nur das ganze Factum historisch beglaubigt ist,
für die Forschung nicht in Betracht kommen. Zur Beglau-
bigung bringt aber Ragewin den Brief des Kaisers an Albert
von Freising bei, welcher den glücklichen Ausgang des Unter-
nehmens hervorhebt.

IV. 48 bringt Ragewin einige Sallustiana aus Jug. LV
und LVI. Es handelt sich um den vergeblichen Zug der Mailänder gegen Manerbe. Goswin hat ihren Anschlag gemerkt
und sendet zum Kaiser um Hilfe. Unterdess vermeidet er
den Kampf, das erzählt uns Ragewin mit Sallusts Worten,
er fügt aber hinzu: neque copiam pugnandi facere, donec qui
e castris expectabatur miles superveniret. Die Aehnlichkeit
der Situation hat ihn veranlasst, dem Sallust zu folgen; wo
diese aufhört, weicht er von Sallust ab und bringt eigene
Angaben. Schliesslich geben die Mailänder ihr Unternehmen
auf und ziehen ab, weil sie fürchten, der Kaiser werde den
Seinen zu Hilfe kommen. Das sagt Ragewin mit Sallusts
Ausdrücken; eine Entstellung des Thatsächlichen liegt darin
nicht, da Ragewin doch eben davon berichtet, Goswin habe
zum Kaiser um Unterstützung gesendet.

Bei den Kämpfen vor Crema IV. 57. 58. 59, wozu die
Rede des Patriarchen IV. 61 und der Triumphzug des Kaisers
in Pavia IV. 62 gehört, ist Josephus wiederum vielfach das
Vorbild Ragewins.

IV. 57 erzählt, wie die Cremesen sich durch List gegen

die Kaiserlichen zu halten suchen (alio ingenio alioque commento nostros fallere cogitant). Sie stellen Fallen, sie legen leicht überdeckte Gruben an. Die Kaiserlichen erleiden hierdurch manchen Schaden. Der nun folgende Satz: Eiusmodi et alii multi latrocinales doli tam ad rapinas quam ad incendia machinarum — magis irritabatur giebt einzelne Ausdrücke des Josephus III. 7 wieder. Das dem Josephus Entlehnte ist ohne Bedeutung, es ist nur eine Erweiterung dessen, was Ragewin selbst gebracht hat.

Ebenso leuchtet die Unschädlichkeit der Entlehnung IV. 59 ein. Gegen Schluss lautet es: porro qui murum transcendere conati sunt, quamvis singillatim digni essent memoria, omnium tamen fortissimus demonstratus est Otto palatii comes de Baioaria etc. bis auf den Namen beinahe wörtlich Josephus VII. 5 entsprechend.

Beim Bericht über den Belagerungsapparat nimmt sich Ragewin Josephus III. 9 zum Muster. Es ist die Schilderung des letzten Sturmes auf Crema IV. 58. Ein genauer Vergleich zeigt, dass Ragewin von Josephus wesentlich abweicht. Josephus spricht davon, dass der Feldherr die Dämme höher machen lässt und führt fort: tres vero turres quinquagenum pedum in excelsum iubet erigi ferro undique tectas etc. Ragewin hat statt dessen turres in excelsum erectas ferro variaque materia tectas. Er lässt die Zahl der Thürme unbestimmt, er giebt ihre Grösse nicht an. Die Nachricht, dass die Besatzung der Thürme, ohne selbst gesehen zu werden, die Leute auf den Mauern der Stadt und innerhalb der Stadt leicht überblicken und mit ihren Geschossen erreichen könne, ist durchaus dem Berichte des Josephus analog, aber Otto Morena, der bei der Belagerung von Crema besondere Sachkenntniss zeigt, bestätigt das Ragewinsche Plagiat vollkommen: S. S. XVIII. 617. 3. Theotonici tamen, sub ipsis gattis, cum arcubus et balistis occulte morantes. Cremenses intus iuxta murum ipsius castri sive supra scrimalias seu machinas ipsius castri sive de subtus euntes, ipsis ignorantibus, mirabiliter sauciabant.

In der weiteren Beschreibung des Kampfes weicht Ragewin durchaus von Josephus ab, nur gegen Schluss, wo er

die Bemerkung macht, dass die Cremesen widerstanden, obgleich
täglich Viele umkamen, ohne dem Feinde erheblichen Schaden
zu thun, kleidet er seinen Bericht in Worte des Josephus.
Diese Bemerkung entspricht durchaus dem Thatbestande, —
verliert sie ihro Glaubwürdigkeit. weil ihre stilistische Rundung durch eine litterarische Anleihe erzielt wurde?

Prutz nennt den Abschnitt völlig werthlos, weil aus
Josephus entlehnt; gerade dieser Abschnitt zeigt, wie gut
Ragewin es verstand, zu entlehnen ohne zu entstellen.

Der Einzug des Kaisers nach dem Falle Cremas in
Pavia IV. 62 ist eine getreue Copie des Triumphzuges des
zum Kaiser erhobenen Vespasian bei Josephus VII. 16. Nur
wenige Worte sind geändert, so die auf den Cultus bezüglichen. Hier zeigt sich Ragewin einmal als echter Plagiator.
Wir können den ganzen Passus ohne Gefahr streichen, ein
Glück, dass dadurch die historische Ueberlieferung kaum
beeinflusst wird. Uebrigens wird anderweitig bestätigt, dass
der Kaiser nach Pavia ging. Otto Morena S. S. XVIII.
620. 5. imperator cum omni exercitu suo Papiam perrexit.
Ein feierlicher Einzug ist gewiss nicht ausgeschlossen.

IV. 74 beschliesst der Kaiser seine Truppen zu entlassen, IV. 75 versammelt er die Führer um sich und hält
an sie eine schwungvolle Abschiedsrede, die sich sehr hübsch
liest; dann vertheilt er Geschenke, erfreut und erheitert Alle
je nach Verdienst und entlässt die Seinigen, von ihren Segens-
wünschen begleitet. Dieser so eindringlich mitgetheilte Ab-
schied entstammt fast wörtlich dem Josephus VII. 14 und
wir glauben sehr gern, dass Friedrich solche Reden nicht
gehalten hat. Wenn aber Ragewin folgende kleine Aenderungen macht, so meinen wir, dass er dazu guten Grund
gehabt hat:

| Rag. IV. 75. ait, se habere gratiam pro benevolentia et fidelitate, qua erga se utendo perseverassent. | Jos. VII. 14. ait illis se habere gratiam pro benevolentia qua erga se utendo perseverassent. |

Ebenso scheint mir mittelalterlichen Zuständen ent-

sprechend der Zusatz Ragewins: beneficia feudorum
aliaque donaria largiter et regaliter distribuebat.

Mit Absicht sind kleinere Entlehnungen nicht berücksichtigt worden, weil sie mit der Glaubwürdigkeit Ragewins
nichts zu thun haben. Die dem Florus entnommene Schilderung des Glückes Deutschlands III. 1, das Lob der uner-
müdlichen Thätigkeit Friedrichs (IV. 27 = Sall. Jug.
LXXXVII), der Bericht der ersten Anfänge des Kampfes
um Crema (IV. 44 = Sall. Jug. I.) — sie sind so allgemein
gehalten, dass sich aus ihnen weder etwas für die Geschichte
gewinnen, noch gegen das geschichtlich Glaubhafte beweisen
lässt.

Schliesslich gehen wir auf diejenigen Entlehnungen Ragewins ein, die er beim Entwerfen von Charakteristiken für
nöthig befunden hat.

Wir müssen vorerst bemerken, dass bei mittelalterlichen
Charakteristiken das Individuelle, auf welches als das Unter-
scheidende wir besonderen Werth zu legen pflegen, wenig
zur Geltung kommt. Um eine klare Anschauung über die
Denk- und Sinnesart eines von mittelalterlichen Historikern
Geschilderten zu erhalten, werden wir aus dem thatsächlich
Berichteten, aus den Handlungen schliessen müssen; die Charakteristiken kommen erst in zweiter Linie in Betracht. Die
Ragewins gehören zu den ausgiebigsten dieser Epoche und sie
entbehren nicht manchen individuellen Zuges. Aber gerade
auf ihnen lastet die Schuld der Entlehnung.

Nicht ausführlich und nur gelegentlich eingeschoben ist
die Charakterschilderung von Kanzler Reinald und Pfalzgraf
Otto III. 18, die aus Sall. Cat. VI. VII. LIV. zusammengetragen ist. Wir legen ihr wenig Bedeutung bei, obgleich
Ragewin auch hier zeigt, dass er nicht gedankenlos benutzt.
Sallust Cat. LIV schreibt dem Caesar mansuetudo et misericordia zu — dieselbe Eigenschaft betont Ragewin bei Reinald:
uni ex officio et ordine clericali necessaria inerat mansuetudo

et misericordia, von Cato sagt Sallust Cat.' LIV aus: huic
severitas dignitatem addiderat. Ragewin nimmt das für
Otto in Anspruch: alteri. quem non sine causa portabat, gladii
severitas dignitatem addiderat.

Der treffende Vergleich, den Sallust zwischen Caesar
und Cato gezogen, hat auf Ragewin einen so mächtigen Eindruck gemacht, dass er sich desselben bei kommender Gelegenheit noch viel ausgiebiger bedient.

IV. 38 werden Herzog Welf und Heinrich der Löwe
verglichen. Welf ist der Sallustianische Caesar, Heinrich
Cato und gegen Schluss ruft denn auch Ragewin in naiver
Begeisterung aus: valdeque iocundum, ut in his duobus claris-
simis viris nostra tempora suum Catonem in uno, in altero
suum Caesarem invenissent. Aber Ragewin bindet sich nicht
an Sallust, er setzt Manches hinzu. so bei Heinrich: multo
consilio in totam ¹ claritudinem brevi pervenerat, ut treuga
per totam Baioariam firmata esset. Bei Welf legt
Ragewin auch auf seine äussere Stellung Gewicht: Gwelfo
princeps Sardiniae, dux Spoleti, marchio Tusciae etc. Im
Ganzen werden wir dem Charakterbilde nicht viel Werth
zusprechen können.

Einen grossen Theil jener ausgedehnten Charakteristik
Friedrichs I., die durch ihre Ausführlichkeit und Frische be-
sticht, hat Ragewin aus andern Schriftstellern compilirt. Einmal ist es Theoderich der Grosse, wie ihn uns Sidonius
Apollinaris geschildert hat, dann Karl der Grosse, wie Einhard ihn charakterisirt. Aus Zügen dieser beiden grossen
Herrscher setzt Ragewin das Bild seines Fürsten zusammen.
Und was Ragewin dem Einhard entnimmt, das schuldet dieser
wieder dem Sueton. Das antike Gewand, mit dem Einhard
seinen Helden umkleidet, schmückt nun auch den spätern
Germanenfürsten. Ranke sagt von Einhard: es ist auffallend,
dass ein Schriftsteller, der eine der grössten und seltensten
Gestalten aller Jahrhunderte darzustellen hat, sich dennoch
nach Worten umsieht, wie sie schon einmal von einem oder dem
andern Imperator gebraucht sind. Dasselbe gilt bei Ragewin.

Wie sehr sich aber Ragewin auf den ersten Blick an

---

¹ Muss heissen tantam. Vgl. S. 43 Anm. 1.

seine Vorbilder bindet, er verliert doch nicht seine Selbst-
ständigkeit. Die Composition ist eine wohldurchdachte. Er
verquickt Wendungen des Sidonius Apollinaris mit eigenen
und denen des Einhard-Sueton zu einem Gesammtbilde, dem
man nicht anmerkt, aus wie verschiedenartigen Elementen es
besteht. Er schreibt nicht gedankenlos ab, sondern er ändert
da, wo er meint von seiner Quelle abweichen zu müssen;
schliesslich möge man auch bedenken, dass der ganze letzte
Abschnitt, welcher die aus der Persönlichkeit Friedrichs her-
vorgehenden thatsächlichen Erfolge behandelt, sein eigenstes
Werk ist. Mancher individuelle Zug, den er entlehnt hat,
findet sich auch anderwärts, Manches lässt er aus, weil es
nicht zu seinen Absichten stimmt; seine eigenen Zuthaten
zeigen, wie sorgsam er bedacht ist, uns das Bild Barbarossas
ganz und erschöpfend wiederzugeben, sie lassen sich aus
andern Quellen als zutreffend erweisen.

Sidonius Apollinaris sagt wörtlich: Aurium legulae, sicut
mos gentis est, crinium superiacentium flagellis operiuntur.
Ragewin lehnt sich an seinen Ausdruck an und bringt doch
durch Einschiebung eines vix und durch einen erweiternden
Zusatz das Gegentheil: Aures vix superiacentibus crinibus
operiuntur, tonsore pro reverentia imperii pilos capitis et
genarum assidua succisione curtante.

Ebenso wird er nicht ohne Absicht folgende Stelle des
Sidonius unberücksichtigt gelassen haben: capitis apex rotundus, in quo paululum a planicie frontis in verticem caesaries
refuga crispatur.

Mitten in den Sätzen, die er aus Sidonius entlehnt,
schiebt er das wichtige: flava caesaries, barba subrufa ein.

Er hebt, wie Einhard, die clara vox des Herrschers
hervor, aber er lässt das Folgende weg: sed quae minus
corporis forma conveniret; hat er doch nach Sidonius ausge-
sagt, Friedrichs Gestalt sei nicht besonders hervorragend:
statura longissimis brevior, procerior eminentiorque mediocribus.

Die Bemerkung von Ragewin-Sidonius, welche Stälin
W. G. II. 80 N. 3 besonders tadelt, der Kaiser suche, „sacerdotum suorum coetus“, allein oder in geringer Begleitung

auf, scheint ganz gut dazu zu stimmen, dass Friedrich vor
dem Zuge nach Italien 1158 sich bei Hartmann von Brixen
und den reliqui sacerdotes (III. 14) Raths erholte. [1]

Wenn Ragewin-Sidonius sagt: forma decenter exacta;
statura longissimis brevior, procerior eminentiorque mediocribus, so stimmt Acerbus Morena (S. S. XVIII. 640) ungefähr dazu: erat mediocriter longus. Das heitere Aussehen
des Kaisers wird auch von Acerbus bestätigt: illari vultu,
ut semper velle ridere putaretur.

Ragewin-Einhard behauptet: in patria lingua admodum
facundus, Latinam (Einhard Graecam) vero melius intelligere
potest quam pronuntiare. Dasselbe wird Wibald ep. 275
meinen, wenn er angiebt: splendide disertus iuxta idioma
linguae suae. Daher nennt Saxo Grammaticus (Watterich
Vitae pont. II. 531) den Kaiser: latinae linguae admodum rudus.

Die weissen Zähne, die Ragewin mit Sidonius hervorhebt (dentium series etc.) lobt auch Acerbus Morena: denti-
bus candidis.

Hübsch ist die Bemerkung Ragewins: humeri paulisper
prominentes, um so glaubwürdiger, als sie durchaus keine
Schmeichelei enthält.

Die Nachbildungen des Sidonius Apollinaris und des
Einhard haben dem Ragewin die Möglichkeit gegeben, die
Charakteristik seines Helden auch äusserlich so fein zu gestalten, wie es sein pietätvoller Sinn verlangte, aber darum
hat seine Charakterschilderung ihren innern Werth nicht ver-
verloren. In alledem liegt mehr ein Lob Ragewins denn ein
Tadel.

Nach dem Vorhergehenden können wir dem Facit von
Prutz, dass ein sehr beträchtlicher Theil Ragewins wegen
seiner Entlehnungen sachlich jedes Werthes entbehre, nicht
beistimmen.

Wir haben gesehen, dass, soweit Reden in mittelalterlichen Historikern überhaupt verwerthbar sind, Ragewins
Reden diesen Anforderungen genügen; wir haben festgestellt,

---

[1] Vgl. auch Vita Hartmanni ap. Pez Scr. rer. Aust. I. 514: clericos
et religiosos semper honorare et venerari consuevit.

dass dasjenige Charakterbild, auf das Ragewin am meisten
Sorgfalt verwendet hat, in seiner Bedeutung durch die Nachbildungen nichts verloren hat; wir haben schliesslich bewiesen,
dass Ragewin bei aller Abhängigkeit von fremden Mustern
nur Solches berichtete, was sich beglaubigen liess oder dessen
Glaubwürdigkeit nichts im Wege stand. Erstaunlich ist es,
wie es ihm gelang, durch einige kleine Veränderungen die
Nüancirungen vom Antiken zum Mittelalterlichen hervorzu-
bringen. Manches konnte er ohne Weiteres von den Alten
herübernehmen.

Es liegt darin ein Zeugniss dafür, dass es im geschichtlichen Leben Erscheinungen giebt, die uns den engen Um-
kreis menschlichen Wirkens vor Augen führen, ich meine den
Parallelismus der Geschichte.

VI.

DIE NACHTRÄGLICHE UND ZUM THEIL UNRICHTIGE
EINREIHUNG VON BRIEFEN.

Ragewin hat ziemlich gleichzeitig mit den Ereignissen
geschrieben; es ist ihm öfters geschehen, dass er schon mit
seiner Darstellung fertig war, als erst das aktenmässige Material
in seine Hand gelangte. Er hielt sich dann für verpflichtet,
die Briefe oder Dokumente in den Text einzureihen. Aber
das Ganze stimmte nicht mehr zusammen; selbst einige Zusätze, die Ragewin alsdann einschaltete, konnten einzelne
Widersprüche zwischen Akten und eigenem Texte nicht vollkommen verwischen. Schon früher hat man die eine und
andere Ungleichheit dieser Art bemerkt, aber den Grund und
Zusammenhang des eigenthümlichen Verhältnisses hat man
meines Erachtens nicht erkannt, und die Consequenzen sind
noch nicht gezogen worden.

Ich werde nachweisen, dass eine beträchtliche Anzahl
von Briefen mit erläuternden Worten Ragewins erst nachträglich eingeschoben ist, dass bei einigen diese Einschiebung

völlig verunglückte, weil Ragewin sie an einem verkehrten Orte vornahm und dadurch die Chronologie verwirrte.

Betrachten wir den Tag von Augsburg 1158. III. 22. Die päpstlichen Gesandten überbringen ein versöhnliches Schreiben Hadrians IV., in welchem der früher etwas unvorsichtig gewählte Ausdruck „beneficium" auf sein richtiges Mass zurückgeführt wird. Der Brief schliesst mit den hoffnungsreichen Worten: celsitudo tua studeat convenire, ut inter te ac matrem tuam sacrosanctam Romanam ecclesiam nullius discordiae seminarium debeat remanere.

Unmittelbar hierauf führt Ragewin fort: Lectis et benigna interpretatione expositis litteris, imperator mitigatus est clementiorque factus, quasdam causas alio loco memorandas, quae seminarium discordiae praestarent, si non congrua emendatio interveniret, legatis per capitula distinxit.

Ragewin hält sein Versprechen nicht, die Ursachen, welche einen Streit veranlassten, später zu erwähnen. Diese Ursachen sind aber schon einmal mitgetheilt und zwar in den Briefen, die Ragewin uns giebt. Sie liegen implicite in dem Antwortschreiben des deutschen Episcopats an Hadrian III. 16. Dort wird die Antwort des Kaisers auf die päpstliche Ermahnung zum Frieden mitgetheilt. Es heisst da: sed illis abusionibus, quibus omnes ecclesiae regni nostri gravatae et attenuatae sunt et omnes pene claustrales disciplinae emortuae et sepultae, obviare intendimus.

Gegen Schluss von III. 16 fügen dann die Bischöfe noch ihrerseits hinzu: haec et alia, utpote de concordia Rogerii et Willelmi Siculi et aliis, quae in Italia facta sunt conventionibus, quae ad plenum prosequi non audemus, ab ore domini nostri imperatoris audivimus.

Also die andern Beschwerdepunkte des Kaisers waren: kirchliche Missbräuche und der Friede Hadrians zu Benevent. Sie wurden von Friedrich schriftlich formulirt: per capitula distinxit. Und Ragewin überlässt es dem Leser, diese wichtigen Dinge, die wirklich ein seminarium discordiae waren, sich mühsam aus den Briefen herauszusuchen. Daher kommt es denn, dass Prutz [1] die Ragewinsche Notiz dahin abschwächt:

---

[1] Friedrich I. Bd. I. S. 128.

„Einige noch schwebende Fragen wurden ebenfalls zu des Kaisers Befriedigung erledigt."

Von einer Erledigung erwähnt Ragewin nichts. Und was diese einigen noch schwebenden Fragen bedeuteten, haben wir gesehen.

Aber ich glaube, es giebt eine Erklärung für die sonderbare Ausdruckweise Ragewins.

Als Ragewin III. 23 von den causae memorandae sprach, waren sie ihm selbst noch nicht näher bekannt; deshalb das unbestimmte quaedam, und der Brief III. 16, der uns die Veranlassung zu Zwistigkeiten angiebt, war noch gar nicht in seinen Händen. Cap. 15 und 16 sind eingeschoben und zwar später, als cap. 23 schon verfasst war. So konnte damals Ragewin die causae – memorandae nennen, uns erscheinen sie als memoratae.

Die an und für sich — wie mir scheint — schon sehr glaubliche Vermuthung findet ihre anderweitige Bestätigung: III. 14 erzählt Ragewin von der Absicht des Kaisers über die Alpen zu gehen. Friedrich zieht den wegen seiner Sittenstrenge und Frömmigkeit gefeierten Bischof Hartmann von Brixen zu Rathe: dieser findet gerechten Grund zum Zuge, er und die Geistlichen feuern ihn, indem sie ihn durch Segenswünsche stärken, zum Kriege gegen die Aufständischen an. Ganz genau an diesen Schluss von III. 14 knüpft der Anfang von III. 17 an: Feliciter ergo procinctum movens ac apud Augustam Rhetiae civitatem . . . castra ponens, confluentem ex diversis partibus militem per septem dies operitur. Ursprünglich folgte unmittelbar auf cap. 14 cap. 17; nehmen wir cap. 15 und 16 hinweg, so wird der Gang der Erzählung durchaus nicht unterbrochen, im Gegentheil cap. 14 und 17 bilden ein organisches Ganzes. Daher denn auch das ergo im Anfang von cap. 17, das auf cap. 15 und 16 gar keinen Bezug haben kann, sehr gut aber zum Schluss von cap. 14 passt. Das Subject des ersten Satzes in cap. 17 ist der Kaiser, Ragewin spricht von ihm nur in der dritten Person Singular, er setzt als selbstverständlich voraus, wen sie bedeuten soll. Aber nach cap. 16 und 17, wo der Kaiser innerhalb des erzählenden Theils gar nicht vorkommt, darf Ragewin eine

solche Voraussetzung nicht machen, wohl aber, wenn cap. 17
sich an cap. 14 anschliesst, denn dort ist der Kaiser wirklich
der Gegenstand der Erzählung.

Man kann sich den Vorgang so denken: Als Ragewin
den Augsburger Tag besprach, war ihm bekannt geworden,
dass es sich noch um andere Differenzen handelte als den
Streit von Besançon; ihm war zugleich bedeutet worden, dass
ihm darauf bezügliches Material zugestellt werden würde.
So gab er denn, in die Sache noch nicht eingeweiht, seinen
Bericht in unbestimmten Worten und verwies auf die Zukunft.
Als er endlich die Briefe erhielt, schien es ihm richtiger, sie
ein wenig früher einzuschieben.

Aehnliche Schwierigkeiten bieten die in der ersten Hälfte
des 4. Buches enthaltenen Briefe. Sie tragen den Stempel
der Echtheit an sich; Ragewins Anordnungen aber verwirren
das Ganze und hüllen es in ein Dunkel, aus dem nur die
Annahme späterer Einschiebung herausführen kann.

IV. 15 berichtet Ragewin, der Papst habe, während der
Kaiser in den Winterquartieren gelegen, durch Andere aufgereizt, sich an das seinen Gesandten in Besançon geschehene
Unrecht erinnert. Zugleich habe er sich über die Insolenz
derer beklagt, die das Fodrum einsammelten, sowie über Be-
lästigung seiner Castellane. Als er nun vernommen, dass die
Bischöfe, Aebte und Städte dem Kaiser das Recht der Regalien zuerkannt hätten, habe er, nach einer Gelegenheit
suchend, dem Kaiser einen Brief überreichen lassen, der auf
den ersten Blick zwar gemässigt, genauer betrachtet jedoch
scharfer Ermahnungen voll war, und zwar durch einen un-
ansehnlichen, nicht standesgemässen Boten, der, noch ehe der
Brief gelesen war, sich aus dem Staube machte. Da wollte
Friedrich, wie Ragewin weiter berichtet, Gleiches mit Gleichem
vergelten, entschloss sich dann aber doch, dem Papste durch
eine geehrte Persönlichkeit zu antworten. „Schon vorher"
war der Bischof von Vercelli zum heiligen Stuhl gesandt, um
die Bestätigung des Guido von Biandrate als Erzbischof von
Ravenna zu erlangen. Cum autem hoc a Romano pontifice,

volente in irritum revocare, quod factum fuerat, negaretur, mittitur denuo Hermannus Ferdensis .episcopus in id ipsum, ciusque negotium item effectu caruit. Quod si quis plenius scire desiderat, epistolas utrinque directas consulat, quorum talia scripta inveniuntur. Dann folgt ein Brief Friedrichs an Hadrian, in dem er, seinen Namen voransetzend, in durchaus höflicher Weise den Papst um Bestätigung des Guido ersucht; darauf theilt Ragewin die Antwort des Papstes mit, der ebenfalls höflich, aber entschieden, die Gewährung des kaiserlichen Wunsches versagt. Ragewin fährt fort IV. 18. Princeps ergo et ipse accepta occasione suam hoc modo solatur indignationem. Jubet notario, ut in scribendis cartis nomen suum praeferens, Romani episcopi subsecundet, et dictionibus singularis numeri ipsum alloquatur. Diese Massregel erhitzte den Conflict derartig, dass man davon sprechen konnte, es seien Briefe aus der päpstlichen Kanzlei aufgegriffen worden, in denen die Mailänder und andere Städte zur Empörung aufgereizt würden. Ragewin schliesst das Capitel mit den Worten: Huius negocii veritatem tenor subiectarum epistolarum declarabit, quae a diversis personis hinc inde missae sunt. Es folgen IV. 19 ein Brief des Cardinalpresbyters Heinrich an Bischof Eberhard von Bamberg und des Letzteren Antwort; beide beziehen sich auf die Massregel des Kaisers in Betreff der Anrede; das Schreiben Eberhards betont noch die beleidigende Botschaft des Papstes und geht auf die Streitpunkte selbst ein.

Ich habe eine genaue Paraphrase des Zusammenhanges gegeben: die wesentliche Frage, welche die Forscher beschäftigt hat, bezieht sich auf die Gesandtschaft Hermanns von Verden und die Briefe in cap. 16 und 17. Wie sind dieselben einzuordnen?

Frühere Meinungen glaube ich ohne Schaden bei Seite lassen zu dürfen;[1] am Verständigsten hat zuletzt Paul Wagner,[2] ohne freilich das Richtige zu sehen, über die Controverse

---

[1] Tourtual Schisma 198 Anm. 293. Prutz Friedrich I. Bd. I. Beilage 9. Reuter Alexander III. Bd. I. S. 38. 39.

[2] Eberhard II. Bischof von Bamberg 99—107.

gehandelt. Er nimmt an, dass die Gesandtschaft Hermanns
von Verden den Zweck hatte, die Antwort des Kaisers auf
jenes so formlos überbrachte Schreiben dem Papste einzu-
händigen. Dazu stimmt aber nicht: 1) dass die beiden Briefe
cap. 16 und 17, die Ragewin unmittelbar an die Absendung
Hermanns anschliesst, lediglich über die Wahl Guidos von
Biandrate handeln, dass sie kein Wort über die Klagen des
Papstes, über seine unanständige Botschaft enthalten; 2) dass
nach Ragewins eigenen Worten Hermann entsandt wird „in
id ipsum", d. h. in derselben Angelegenheit, worin vorher
der Bischof von Vercelli zum heiligen Stuhl gegangen war,
nämlich wegen der Wahl Guidos von Biandrate.

Es liegt auf der Hand, dass die Sendung Hermanns
von Verden und die folgenden Briefe durchaus in die rück-
greifende Erzählung einzubeziehen sind,[1] welche Ragewin
mit „iam antea" eingeleitet hat. Er nimmt die Darstellung,
an welche sich seine Einschaltung anschliesst, erst mit cap. 18
wieder auf: wenn man die Briefe in cap. 16 und 17 mit der
historischen Einleitung „iam antea" in cap. 15 sich hinweg-
denkt, so erhält man den besten Zusammenhang. Friedrich
will Gleiches mit Gleichem vergelten, d. h. er will dem Papste
durch einen Proletarier antworten, dann aber besinnt er sich
und sendet eine angesehene Person.[2] Soweit gelangte Ragewin, als er mit „iam antea" das Versäumte nachholte; — im
Anfang von cap. 18 folgt jetzt erst die Rache, denn nicht
auf diese selbst hat der Kaiser verzichtet; nur die Art und
Weise, in der er den Papst straft, ist eine andere, als die

---

[1] Zu meiner Freude habe ich nachträglich gesehen, dass ich in
diesen Ausführungen, die der philosophischen Facultät zu Strassburg
schon vor längerer Zeit vorlagen, mit Giesebrechts später erschienener
Darstellung übereinstimme. Vgl. Kaiserzeit V. 218. Uebrigens erscheint mir die Sache so klar, dass ich glaube, mich jeder weiteren
Polemik und Widerlegung enthalten zu dürfen.

[2] Wer diese „honorata persona" war, wird uns freilich nicht ge-
sagt. Dass Ragewin den Namen nennen müsse, — das ist wohl die
Erwägung gewesen, welche die früheren Forscher bestimmt hat, den
Bischof von Verden in ihm zu erblicken. Aber muss Ragewin den
Namen denn durchaus gekannt haben?

ursprünglich beabsichtigte: an Stelle eines vilis et indignus
nuntius tritt die Vorsetzung des kaiserlichen, die Nachstel-
lung des päpstlichen Namens und die Anredung des Papstes
mit Du. Im weiteren Verlaufe theilt Ragewin die Briefe
über diese Dinge mit.

Wenn mir etwas noch fraglich zu bleiben scheint, so
ist es nur, ob die Einschaltung zugleich ein späterer Nachtrag
sei. Zunächst spricht die jedenfalls eigenthümliche Art der
Darstellung für die Annahme, auch hier seien dem Autor die
Materialien erst zugekommen, als er schon über die Zeit, in
welche sie hineingehören, seine Darstellung hinausgeführt
hatte. Sonst würde er die Briefe doch wohl nicht in einer
so ungeschickten Weise, wodurch der Leser — wenn ich so
sagen darf — vollständig aus dem Sattel gehoben wird, der
Erzählung eingefügt haben. Wichtiger ist vielleicht eine
Kleinigkeit: cap. 18 berichtet Ragewin, der Kaiser habe dem
Notar befohlen, ut in scribendis cartis nomen suum praeferens
Romani episcopi subsecundet. Nun ist aber schon in dem
Briefe cap. 16 der Name des Kaisers vorausgestellt. Wenn
Ragewin cap. 16 und 18 in unmittelbarer Folge geschrieben
hätte, würde ihm das Versehen nicht begegnet sein: so be-
zeichnet er in cap. 18 als eine Neuerung, was in cap. 16 schon
Gebrauch ist. Offenbar waren die Worte in cap. 18 schon
geschrieben, als dem Autor der Brief in cap. 16 zukam: —
Ragewin vergass zu ändern.

Das Schlimmste im Einschieben am verkehrten Platze
leistet Ragewin IV. 30 und 31. Seine Darstellung geräth
dadurch in Widersprüche, welche Wagner nicht zu lösen ver-
mochte, da er nur an ein anachronistisches Berichten Ragewins, nicht aber an sein späteres redactionelles Einschieben
glaubte. Die Resultate, zu denen wir gelangen, weichen von
denen Wagners ab und geben nicht unwichtigen Aufschluss
über die Art Ragewins zu arbeiten. Zugleich sind sie für
die Chronologie der letzten Verhandlungen Hadrians mit dem
Kaiser von Bedeutung.

An dem Tage, da der Kaiser die Mailänder bannte

(19. April 1159 [1]), so erzählt Ragewin, — waren auch die Legaten des päpstlichen Stuhles Octavian, Heinrich, Wilhelm, Guido zugegen. Den Zweck ihrer Reise, sowie den der Boten des römischen Senats und Volkes enthält das Schreiben des Bischofs Eberhard von Bamberg.

Dieser Brief hat folgenden Inhalt: der Papst hat die Cardinäle Octavian und Wilhelm gesandt, welche exorbitante Forderungen stellten — capitula durissima sagt Eberhard —, nämlich: der Kaiser solle ohne Wissen des Papstes keine Boten nach Rom senden, da alle Amtsgewalt sammt allen Regalien dort dem heiligen Petrus gebühre; im Patrimonium solle er kein Fodrum erheben ausser zur Zeit der Krönung; die Bischöfe Italiens sollten nur den Fidelitätseid, nicht das Hominium leisten; kaiserliche Boten dürften in den Bischofpfalzen nicht aufgenommen werden; der Kaiser müsse die Besitzungen der römischen Kirche wiederherstellen und für mehrere Territorien Tribut entrichten. Der Kaiser ergeht sich in Klagen über die Uebergriffe des Papstes, bricht aber die Verhandlungen nicht ab; die Cardinäle benachrichtigen den Papst

---

[1] Giesebrecht Gesch. der deutschen Kaiserzeit Bd. 5. Abthlg. 1. pag. 192 setzt die Aechtung auf den 18. April, ebenso wie Tourtual Mailänderkrieg 86 und 169 und Prutz Friedrich I. 1. p. 201. Die Ann. Med. XVIII 367. 16 geben den Tag so an: Post haec imperator abiit Bononium, et sollempnia pasce celebravit ibi. Die autem Jovis festorum pasce Mediolanenses bannivit et eos hostes coronae iudicavit. Aber der Termin war nach Vincenz auf den 19. April angesetzt, von einer Beschleunigung der Angelegenheit macht er keine Andeutung, und Ragewin sagt ausdrücklich: iam dies aderat, quae Mediolanensibus tertio vel quarto praefixa fuerat. Wenn der Kaiser am 14. noch in Modena weilt, ist es kaum möglich, dass er schon am 18. einen glänzenden Hoftag in Bologna abhält. Er wird den rechtmässigen Termin abgewartet haben, um der Welt gegenüber als derjenige zu erscheinen, der sich völlig auf dem Rechtsboden hielt. Die scheinbar praecise Angabe der Ann. Med. verdient um so weniger Berücksichtigung, als sie gerade in dieser Sache sich durch Entstellung der Thatsachen auszeichnen. Ihnen ist es darum zu thun, dem Kaiser die Schuld des definitiven Bruches zuzuschieben; erst nach der Aechtung hört er vom Ueberfall von Trezzo. Et cum audisset, Tricium obsideri, tribus diebus venit ad montem Gezonis qui dicitur Laude; et cum audisset captum Tricium, usque ad mortem doluit.

hiervon und bitten um neue Gesandte; der Papst weigert sich
dessen. Während dieser Verhandlungen sind die Gesandten
der Römer gekommen und, da sie Worte des Friedens
sprachen, gut aufgenommen und in Gnaden entlassen worden.
Auf Bitten der Cardinäle trägt sich der Kaiser mit der Absicht, Boten nach Rom zu senden, die mit dem Papst unter-
handeln sollen, sobald aber Hadrian IV. den Frieden nicht
wolle, mit dem römischen Volk. Zum Schluss berichtet Eberhard, der Kaiser stehe glorreich da, man erwarte die Kaiserin
und den Herzog von Sachsen und Baiern mit andern Fürsten
und mit Truppen; auch halte der Kaiser einige Vornehme
aus Mailand und Brescia in Gefangenschaft.

Ragewin theilt nun die schneidige Antwort des Kaisers
auf die exorbitanten Forderungen des Papstes mit.

IV. 31 berichtet er, der Kaiser, habe beabsichtigt,
ein Schiedsgericht von sechs Cardinälen päpstlicherseits und
sechs Bischöfen seinerseits den Streit schlichten zu lassen,
aber der Papst sei auch darauf nicht eingegangen. Hierüber
handelt ein Brief des Kaisers an Erzbischof Eberhard von
Salzburg, dessen Text wörtlich folgt.

Er schreibt: Zwei Cardinäle sind vom Papst zum Kaiser
gekommen; sie sagen aus, der Papst wünsche den Frieden
und Vertrag mit dem Kaiser zu halten, den er einst mit
Eugen geschlossen. Der Kaiser antwortet, er erachte sich
durch jenen Frieden nicht mehr gebunden, da der Papst ihn
gebrochen, doch sei er zu Unterhandlungen bereit und unter-
werfe sich dem Spruche der Fürsten und Geistlichen. Die
Cardinäle berichten nach Rom, der Papst verlangt — natürlich durch eine neue Botschaft — Aufrechterhaltung des
Constanzer Vertrages; der Kaiser weigert sich dessen und
betont, dass er sich gern einem Schiedsgerichte unterstelle.
Zugegen waren Boten der Römer, die über das, was sie hörten,
Staunen und Unwillen zeigten, denn der Papst verlangte:
nova et gravia et nunquam prius audita.

Im Briefe des Kaisers lassen sich deutlich zwei Gesandtschaften des Papstes unterscheiden. Die erste stellt sich
auf den Boden des Vertrages mit Eugen und wird vom Kaiser

zurückgewiesen, nun kommt die zweite, welche unerhörte
Forderungen des Papstes enthält. Der Brief Eberhards beschäftigt sich ausschliesslich mit der zweiten Gesandtschaft.

Wagner folgert daraus, dass der Brief Eberhards später
abgefasst sei als der Brief Friedrichs, dass also im Ragewin
eigentlich der Brief des Kaisers zuerst hätte stehen, dann der
Brief des Bischofs folgen müssen. Ich sehe hierzu keinen
zwingenden Grund, lasse aber die Frage, als eine unterge-
ordnete, auf sich beruhen. Gewiss ist mir die Hauptsache:
beide Briefe passen nicht an diesen Ort.

Das zu zeigen, bedarf es zunächst einer chronologischen
Fixirung.

Eberhard erwähnt, der Kaiser habe einige Vornehme
von Mailand und Brescia in Gefangenschaft. Die ersten Mailänder aber werden am 31. Mai gefangen genommen. [1] Weiter
sagt Eberhard: Domnus imperator ... domnam imperatricem
et ducem Baioariae et Saxoniae cum aliis superventuris principibus et copiis expectans, und da Heinrich der Löwe und
die Kaiserin erst am 20. Juli vor Crema eintreffen, [2] so fällt
der Brief in die Zeit von Anfang Juni bis ungefähr Mitte
Juli. Doch man kann den Termin noch genauer bestimmen.
Das Entscheidende liegt in der Erwähnung der Gesandtschaft
der Römer. In Eberhards Brief wird schon ihre gnädige
Entlassung gemeldet. Aehnliches sagt auch Friedrich. Wir
werden fragen, wann die Römer beim Kaiser waren. Sie
trafen nach Ragewin IV. 41 beim Beginn der Belagerung
Cremas am kaiserlichen Hoflager ein. Der Kaiser selbst steht

---

[1] IV. 34. Mediolanenses cum 500 equitibus occulte ad novam
Laudam in die sancto pentecostes venientes, praedam pecorum
abegere. Episcopo vero Mantuano Carsidonio...eos insecutis,.. 16 captos
de suis melioribus ibidem perdiderunt. IV. 35 erleiden die Bres-
cianer eine ähnliche Schlappe; auch sie verlieren Gefangene, das geschieht gleichzeitig: hisdem diebus.

[2] Otto Mor. XVIII. 612. 19. In diebus vero illis domna impera-
trix, uxor imperatoris, quo domna Beatrix vocatur, cum suo exercitu
et una cum duce Henrico de Saxonia .. ad eandem obsidionem Cremo
in die Lune, que fuit 12. (immo 13.) Kalendas Augusti venerat.

aber erst am 9. Juli vor Crema.[1] demnach müssen wir den
Eberhardschen wie den kaiserlichen Brief in die Mitte Juli
setzen.[2]

Dem steht scheinbar entgegen, dass Ragewin IV. 30,
also im April 1159 schon die römische Gesandschaft erwähnt,
Aber IV. 41, als der Kaiser sich anschickt, Crema zu belagern, d. i. eben im Juli, bringt Ragewin wiederum eine
römische Gesandtschaft. In der That ist letztere die einzige,
welche überhaupt zu dieser Zeit an Friedrich geschickt worden
ist. Der Beweis dafür liegt in cap. 41 selbst. Ragewin erzählt: Fridericus, pro eo quod in priori expeditione severius
cum illis egerat, indulgentius eorum accepta legatione etc.
Wäre schon vorher eine römische Gesandtschaft erlassen
worden, so hätte Ragewin sich auf cap. 30 zurückbeziehen
müssen, so hätte er deren freundliche, schon von Eberhard
erwähnte Aufnahme betonen müssen, während er jetzt auf
den ersten Römerzug zurückweist, auf dem der Kaiser nach
II. 21 sich gegen die Gesandten der ewigen Stadt sehr un-
gnädig erwies. Cap. 41 ignorirt vollständig das im cap. 30 Ge-

---

[1] Otto Morena S. S. XVIII. 610. 31. Postea vero die Jovis que
fuit secundo die sequentis proximi mensis Julii, iverunt Cremenses ad
obsidionem circa castrum Cremo absque imperatore. Post octo autem
dies imperator cum omni exercitu suo ad ipsam Cremam obsidendam
perrexit.

[2] Da sie offenbar in unmittelbarem Anschluss an die zuletzt geschilderten Ereignisse geschrieben sind, so wird man annehmen müssen,
dass die Träger beider Gesandtschaften Anfangs Juli noch am kaiserlichen Hofe weilten: die zwei zuerst geschickten Cardinäle blieben dort,
um die Ankunft ihrer zwei Collegen abzuwarten: gemeinsam wollten
sie dann — so ist unzweifelhaft der Brief des Kaisers zu deuten, —
die Verhandlungen auf Grund neuer Entschliessungen des Papstes weiter-
führen. Danach waren einmal vier Cardinäle beim Kaiser, aber gewiss
nicht, wie Ragewin IV. 30 sagt, schon bei der Belagerung Mailands,
Mitte April, denn die zwei zuletzt gesandten sind doch erst kurz vor
Abfassung der Briefe eingetroffen, also etwa Ende Juni. Hiernach ist
IV. 30 zu berichtigen; aber man wird daher die Namen der zuerst
gesandten, uns anderweitig nicht genannten Cardinäle entnehmen dürfen:
die zuletzt entsandten nennt Eberhard, und ihre Namen finden sich
unter den vier, von Ragewin angeführten wieder; es bleiben aus seiner
Aufzählung die beiden anderen Namen für die erste Gesandtschaft.

sagte; es weiss nur von dieser einen Gesandtschaft der Römer während des Zuges.

Die Briefe gehören also frühestens in den Anfang Juli, d. h. sie gehören nicht an den Platz, wohin Ragewin sie gestellt: er lässt sie auf die Aechtung Mailands in cap. 30 folgen, also auf ein Ereigniss aus dem Anfang April. Ragewin hätte sie nach cap. 41 einreihen müssen, d. h. nach Ereignissen aus dem Anfang Juli.

Sind auch sie nun dem Ragewin zu spät zugegangen? — Nur unter dieser Annahme wüsste ich mir zu erklären, wie Ragewin zu dem schon hervorgehobenen Widerspruche betreffs der Gesandtschaft der Stadt Rom gekommen ist.

Ragewin hatte schon cap. 41 abgefasst, hatte da an ganz richtiger Stelle von der römischen Gesandtschaft erzählt, als ihm die Schreiben Eberhards und des Kaisers zukamen. Nun schob er beide an verkehrtem Platze ein, nämlich cap. 30 zur Zeit der Aechtung Mailands, weil er gehört hatte, dass da die Verhandlungen mit dem Papste wieder aufgenommen seien. In beiden Schreiben geschieht der Gesandtschaft der Römer Erwähnung, Ragewin hält es darum für nöthig, in einigen einleitenden Worten kurz das Zugegensein der römischen Gesandten einzufügen. Er hatte dabei das vorher im cap. 41 hiervon Berichtete vergessen. Danach ist natürlich auch Alles Andere bis zum cap. 32 eingeschoben. Ursprünglich schloss sich an die Aechtung der Mailänder unmittelbar der Bericht von dem neuen Frevel derselben, dem Zuge gegen Trezzo. Dem Beschlusse der Richter und Rechtsgelehrten setzt Ragewin mit Absicht das: At Mediolanenses novarum turbarum non iam in occulto sed apertissime tale sumunt principium entgegen.

Dass Ragewin den grössten Theil von cap. 30 und ganz cap. 31 noch nicht verfasst hatte, als er cap. 41 schrieb, zeigt auch der Bericht über des Kaisers Gesandtschaft nach Rom. Er lässt die Boten — Pfalzgraf Otto und Propst Heribert — zugleich mit den Römern weggehen, während Eberhard cap. 30 schreibt: nuncii Romanorum . . . bene recepti ac dimissi sunt. Rogatu tamen cardinalium domnus imperator nuncios ad domnum papam et ad Urbem missurus est. Ragewins Sachkenntniss ist cap. 41 noch ungenau.

Der Gang der Verhandlungen wäre ungefähr so zu denken: Zur Zeit der Aechtung Mailands, Mitte April 1159, kommt die erste päpstliche Gesandtschaft zum Kaiser, sie richtet nichts aus; die zweite trifft beim Kaiser ein, doch wohl Ende Juni, als der Kaiser nach der vierzigtägigen Verwüstung des Mailändischen Gebiets in Lodi verweilte. Auch diese führte zu keinem Resultate; sie holt sich Instructionen vom Papste, der sich aber zu keinem Schritte mehr bewegen lässt. Das ist im Juli vor Crema. Der Kaiser selbst beginnt die Belagerung am 9. Juli. Gleich zu Anfang derselben finden sich die Boten der Römer ein, sie werden bald gnädig entlassen. schon Mitte Juli; die Cardinäle bleiben noch beim Kaiser. Etwas später, also gegen Ende Juli, sendet der Kaiser den Pfalzgrafen Otto und Propst Heribert nach Rom, die dort Zeit genug haben zu längeren Unterhandlungen, ehe der Papst unvermuthet schon am 11. September stirbt.[1]

Unsere Untersuchungen zeigen, wie Ragewin gearbeitet hat. Seine Berichterstattung ist ziemlich gleichzeitig mit den Ereignissen; meistens war der Text schon niedergeschrieben, als die Briefe eintrafen. Er schob sie dann in eine Darstellung ein, die gar nicht auf sie berechnet war, und machte hie und da Zusätze, ohne das aus den Briefen entnommene Material mit dem früher fertigen Texte in rechten Einklang zu bringen. Er mehrte die Verwirrung noch dadurch, dass er die Briefe und die aus ihnen gezogenen Folgerungen an falscher Stelle einreihte.[2]

---

[1] Die neueste Darstellung, Giesebrecht V. 224—225, stimmt im Allgemeinen mit meinen Ausführungen überein Vgl. dazu das schon S. 78 Anm. 1 Gesagte.

[2] In den sechs Briefen, welche Ragewin uns vor dem Concil zu Pavia zur Verfügung stellt (IV. 50—56), hält er sich nicht streng an die chronologische Ordnung. Das Schreiben Victors steht an erster Stelle und ist vom 28. Oktober datirt, der Brief Friedrichs an Hartmann ist der letzte und trägt das Datum 23. Oktober! Wir wissen ander-

Diese Unregelmässigkeiten sind an sich fast unbegreiflich, da Ragewin bei der Ausarbeitung seines Textes die grösste Mühe verwandte und ausserdem sein Werk den kaiserlichen Beamten Heinrich und Ulrich zur Durchsicht und Berichtigung vorlegte; sie lassen sich jedoch in der Weise erklären, dass Ragewin selbst sein Werk noch nicht abgeschlossen hatte und dass die Durchsicht nicht erfolgt ist.

Schon aus den Worten, die Ragewin im Prologe an die Beamten Heinrich und Ulrich richtet, darf man das schliessen. Er unterwirft sich und sein Werk, wie Prutz sagt, einer unbedingten Censur. Es heisst da gegen Ende: Vos itaque ambos in hoc opere praeceptores, testes et iudices eligo, rogans, ut . . . qui rebus ipsis tanquam familiares et conscii secretorum interfuistis, si quid corrigendum est, ad regulam veritatis emendare, si quid parum aut superflue dictum est, vel radere vel superaddere, quantum satis est, non pigretemini. Aehnlich drückt sich Ragewin im Epiloge aus: De qualitate autem operis, vos dilectissimi domini mei, videritis, quos in hoc opere arbitros elegimus et correctores. Vobis enim adiudicandum erit quod editis, per vos iudicandum quod delendum duxeritis. Prutz hat ganz Recht, wenn er hieraus folgert, dass Ragewins Werk zunächst ein noch zu begutachtender Entwurf und nicht mit Nothwendigkeit in dieser Gestalt zu veröffentlichen war.

Aus Ragewins Berichten zieht Prutz einige Stellen heran,

weitig, dass der als zweiter gebrachte Brief Alexanders am 5. Oktober in Terracina erlassen ist (Jaffé Reg. Pont. 7129. Meyer. Die Wahl Alexanders III. und Victors IV. p. 11). Die Schreiben der Anhänger Victors und Alexanders (das dritte und vierte) sind erst nach den Briefen ihrer Parteihäupter verfasst. Bei chronologischem Verfahren hätte Ragewin die Briefe in folgender Ordnung bringen müssen: 1. Brief Alexanders (2). 2. Brief der Anhänger Alexanders (4). 3. Brief Friedrichs an Roland (5). 4. Brief Friedrichs an Hartmann. 5. Brief Victors (1). 6. Brief der Anhänger Victors (3).

Die Abweichung Ragewins lässt sich hier leicht erklären. Er wollte zuerst die Briefe, die über die Wahl berichten, mittheilen, dann die Einladung des Kaisers, die eine Folge der Wahl war. Wenn er aber den Brief Victors der später verfasst ist, früher giebt, als den Alexanders, wenn er ebenso später erst das Schreiben der Anhänger Victors, dann das der Wähler Alexanders bringt, so ist das stillschweigend eine Concession im kaiserlichen Sinne.

die seine Folgerung aus dem Vor- und Nachwort Ragewins erhärten. Wirklich sprechen manche Ausdrücke Ragewins ganz entschieden gegen ein definitiv abgeschlossenes Werk.

III. 24. Eodem loco hiisdemque diebus nuntii regis Daciae N. nuper electi principis adeunt praesentiam.

III. 31. Occisi sunt ibi quidam alii nobiles, quorum unus erat Johannes dux et maior de exarchatu Ravennatensium, et regii milites N. et N. capti quidam, caeteri ad castra revertuntur.

IV. 3 berichtet Ragewin von dem Reichstage zu Roncaglia und zählt diejenigen Fürsten, die er daselbst gesehen habe, auf. Unter ihnen fungirt auch: N. Mediolanensis archiepiscopus. Wilmanns meint, Ragewin habe den Namen des Erzbischofs nicht gewusst; — wenn aber Ragewin selbst zugegen war, wird er doch den Namen eines so hohen Kirchenfürsten, dessen Rede er gleich darauf wiedergiebt, haben erfahren können. Als Ragewin an dieser Stelle arbeitete, war ihm der Name momentan entfallen, wie das Jedem leicht geschehen kann, und er bezeichnete ihn mit N., sich eine Ergänzung vorbehaltend. Dass Ragewin ein solches Unglück auch sonst verfolgt, ersehen wir aus IV. 14: Nobiles quoque complures et milites strenuissimos. quorum nomina mihi scribenti non occurrunt, . . idem tempestatis turbo involvit.

Die Hoffnung, welche Ragewin aussprach, ist nicht erfüllt worden. Der Protonotar und der Kanzler haben es unterlassen, das Werk zu corrigiren. Der beste Beweis, dass sie es nicht thaten, ist die fehlerhafte Wiedergabe der Briefe.

Die Mängel Ragewins erscheinen nun in einem milderen Lichte. Darin, dass vor Prutz Niemand hieran gedacht hat, liegt schon ein Lob Ragewins verborgen. Die ungleichmässige Arbeit Ragewins wird auch hierin begründet sein; [1]

---

[1] Wir haben gesehen, wie grossen Werth Ragewin auf die stilistische Feile seines Werkes legte und wie sehr er zu dem Zwecke von Andern lieh. Wenn trotzdem stilistische Nachlässigkeiten vorkommen, so dürfen wir sie wohl aus dem eben Gesagten erklären und entschuldigen. Ich denke an IV. 42 und III. 36, wo Ragewin zwei Schlachtenschilderungen mit denselben Ausdrücken giebt, und diese Worte sind dem Sallust Jug. 101 entlehnt. Die unermüdliche Thätigkeit Friedrichs

jedenfalls darf man bei der Beurtheilung Ragewins nie vergessen, dass er sein Werk nicht in dieser Gestalt der Nachwelt überliefern wollte.

— · —

SCHLUSS.

Fassen wir kurz die in vorliegender Abhandlung gewonnenen Ergebnisse zusammen!

Von den Codices, welche Wilmanns benutzt, dürfen einige zur Herstellung des Textes gar nicht zugezogen, höchstens zur Vergleichung verwerthet werden; überhaupt ist Wilmanns in seiner Ausgabe nicht methodisch verfahren. — Ragewins Gesten sind innerhalb der Zeit vom 9. März bis 18. Juni 1160 beendigt worden; er hat ziemlich gleichzeitig berichtet. — Spuren von Benutzung etwaiger Vorarbeiten Ottos von Freising finden sich nicht vor. Seine Berichte beruhen zum Theil auf Autopsie und mündlichen Mittheilungen, sie erhalten ihren Hauptwerth durch die Aktenstücke, die ihm aus der kaiserlichen Kanzlei und aus bischöflichen Archiven zugestellt sind. — Ragewin citirt und entlehnt in sehr ausgedehntem Maasse; ausser dem von Prutz Beigebrachten sind Ragewin noch viele Nachbildungen des Sallust nachgewiesen, [1] wenige anderer Autoren. — Der Werth der in Ragewins Gesten enthaltenen Reden wird durch die Entlehnungen inhaltlich gefährdet, aber nicht zerstört; und die Charakteristik Friedrichs verliert nicht ihre monumentale Bedeutung. Die Nachbildungen bewirken keine Entstellung der Thatsachen, im Gegentheil Ragewin zeigt sich als Meister der Kunst, beinahe wortgetreue Anlehnung an fremde Muster mit Wahrheitsliebe zu vereinigen. — In der Mittheilung der Aktenstücke ist er zwar gewissenhaft, verräth aber Mangel

wird dreimal mit fast denselben Worten hervorgehoben III. 1. 13. 46. Aehnlich ergeht es Ragewin mit einem Citate aus Josephus, welches er das eine Mal im eigenen Texte bringt, dann den Guido in seine Rede verflechten lässt (libertas res inaestimabilis etc. III. 11 und 40).

[1] Ich trage hier nach, dass das Citat IV. 11, für welches ich Seite 34 die Quelle nicht nachweisen konnte, auch eine Reminiscenz aus Sallust ist: Quod si virtuti vostrae fortuna inviderit. Cat. LVIII. 21.

an Verständniss; daher sind seine Briefe inhaltlich correct, aber oft am falschen Platze eingereiht. Ragewin geräth mit sich selbst in Widerspruch. Wir müssen es ihm aber zu gut halten, dass uns keine abgeschlossene Arbeit, sondern ein Entwurf vorliegt, den Ragewin selbst corrigiren zu lassen beabsichtigte.

Ein Vergleich mit Otto zeigt, dass Ragewin den Ausdruck nicht derart beherrschte, wie sein Vorgänger und sich genöthigt sah, fremde Hilfe zu suchen. Ebenso vermag er nicht das Material zu bewältigen, welches ihm von allen Seiten zuströmte, dagegen müssen wir bedenken, in einer wie viel ruhigeren Epoche Otto schrieb, wie wenig Aktenmässiges er in seine Erzählung einzureihen hatte, — und schliesslich wird die Darstellung Ottos durch das Hereinziehen scholastisch-aristotelischer Erörterungen erheblich gestört. Von diesem Fehler hält sich Ragewin gänzlich frei; er ist Geschichtsschreiber und mengt nicht heterogene Dinge herein. Er ist seinem Meister Otto gegenüber nicht so ganz Geselle, wie man gemeint hat.

Herr Prof. Scheffer-Boichorst hat mir bei Anfertigung obiger Abhandlung freundliche Anleitung gewährt. Ihm wie Herrn Prof. Baumgarten statte ich meinen aufrichtigen Dank ab, für die Anregung, die sie mir während meiner Studien haben zu Theil werden lassen.